변화하지 않는 교회

"본질을 회복하지 않는 교회, 변화하지 않는 사람들과 공동체에 대한 직언"

이강옥 지음

킹덤처치연구소
KINGDOM CHURCH INSTITUTE

변화하지 않는 교회

본질을 회복하지 않는 교회,
변화하지 않는
사람들과 공동체에 대한 직언

이강옥 지음

킹덤처치연구소
KINGDOM CHURCH INSTITUTE

차 례

들어가며 · 7

추천사 · 9

1부   교회에서의 변화와 혁신

01. 이상하다, 신앙생활
    — 하나님 앞에 살아가는 법을 배우는 여정에서 · 23
02. 교회여, 왜 늦는가? — 변화와 변질 사이, 본질로의 회복을 위하여 · 28
03. 정체성 — 변화를 이끄는 동력 · 34
04. 선한 영향력으로 다시 세우는 도시의 교회 · 38
05. 다음 세대를 위한 교회, 시대를 읽는 선교 · 41
06. 목회자와 장로의 정체성 혼란
    — 교회의 성장과 안정을 가로막는 가장 큰 원인 · 46
07. 신앙보다 앞선 신념과 이데올로기 · 53
08. 성소수자와 애완동물 - 크리스천의 태도 · 58
09. 교회에 스며든 뿌리 깊은 샤머니즘과 기복신앙 · 63
10. 교회와 고정관념 - 교회 음악과 조직관리 중심으로 · 68
11. 규정과 법은 바꾸라고 있는 것이다 · 78
12. 고정관념을 깨면 일이 보인다
    — 형식보다 본질로, 사람을 보는 사역의 혁신 · 83
13. 예수님은 고정관념을 깨뜨리신다 · 86
14. 주인의식과 주인노릇 — 교회는 내 것인가, 주님의 것인가? · 90
15. 성경 오해와 자기합리화 — 크리스천의 함정 · 94
16. 외식으로 가득 찬 크리스천 리더들 — 신앙의 중심을 다시 묻다 · 97
17. 십자가는 부적이 아니다 · 100
18. 역설의 정확성 · 104
19. 크리스천 타임과 약속의 빛 — 신앙인의 시간의식 · 108
20. 흔들리는 시대에 신앙의 중심을 지키다 · 112

2부   창조적 리더

01. 무질서 속의 질서 - 다양성을 품는 교회 리더십의 본질 • 119
02. 창조적 기업경영정신과 리더 • 123
03. 서번트 리더십의 재정립 • 127
04. 직책과 직급(직분) • 134
05. 교회에서의 고객 • 138
06. 교회와 직장에서의 토론문화 • 143
07. 달란트와 은사 • 148
08. 고유기술과 관리기술 • 151
09. 하늘의 시간표를 앞서 읽는 사람
    — 거룩한 성공을 향해 노 저어 가는 크리스천의 사명 • 155
10. 한 우물을 파지 말고 한 방향을 파라
    — 일관된 가치관이 만들어낸 창조적 삶의 지혜 • 160
11. 강력한 변화주의자의 기업경영방침 • 165
12. 크리스천 기업인의 시대 해석법 • 172
13. 교회에서 리더의 덕목 — FBI 요원이 되어라 • 177
14. 지혜(Wisdom)와 지식(Knowledge) • 183
15. 시대적인 상황과 아픔을 통해 주시는 하나님의 선물 • 187
16. 크리스천 리더십 — 6C 정신 • 192
17. 일터에서 하나님을 말하다(CBMC) • 200
18. 떠날 때를 아는 리더십 • 205

3부   변화의 동력, 나의 인생

01. 조용한 호기심, 그리고 따뜻한 품속에서 피어난 삶의 뿌리 • 213
02. 나의 B.C 와 A.C • 218

03. 교회의 이단아 - 형식과 본질을 넘어서 • 222
04. 고정관념을 타파하는 생활 습관 • 228
05. 쳇병 — 허상과 진실 사이에서 • 232
06. 믿는 자의 특권 — 참 자유 안에서 누리는 창조 • 236
07. 나는 엄청난 변화주의자이다
　— 신앙과 삶, 존재 전체를 바꾸는 영적 탈피의 여정 • 240
08. 목적 없는 일 — 소그리산과 속리산 • 244
09. 약속과 책임 — 삶의 품격을 세우는 두 기둥 • 249
10. 사고파괴 자녀교육 • 253
11. 나는 야미가 좋다
　— 정식이 아닌 길에서 피어난 삶의 이야기 • 264
12. 폼보다 본질을 좋아하는 나 • 269
13. 고수는 하수를 알아도 하수는 고수를 알 수 없다
　— 운동을 통해 깨달은 삶의 지혜 • 274
14. 삶의 나침반, 그리스도 • 279
15. 나를 기억할 것 같은 세 사람 • 284
16. 끝이 좋은 사람 • 292
17. 핑계를 넘어서 정공법으로 • 297
18. 광야의 길 위에서 • 302

4부　내가 만든 나의 노래

01. 체육 선생님과 하모니카 • 309
02. 나의 음악 생활 - 하모니카에서 시작된 인생의 선율 • 313
03. 가족을 위한 나의 노래 • 321
04. 나의 노래들 • 327

부록 (주제별 리더십 교재 워크시트) • 377

들어가며

기본적인 성향이 제도권 교회 안에서는 아웃사이더로 신앙생활을 하는 편이 나은 사람이 감사하게도 38세에 포용력과 유연성의 리더십을 가진 안산빛나교회 유재명 목사님을 만나게 되면서 다면적이고 입체적인 성향도 충분히 제도권 교회 안에서도 교회생활을 할 수 있게 되었고 장로의 직분까지 받을 수 있게 되었다.

청년 시절부터 기준과 방향이 정립되지 않으면 쉽게 움직이지 않는 사람이었다. 때로는 오래 기다리더라도 분명한 기준이 세워질 때까지 행동을 유보했고 일단 기준이 세워지면 그 위에 길을 놓고 최선을 다해 걸어왔다. 그렇지만 그 길이 아무리 옳다고 판단되더라도 하나님의 때를 기다렸다. 교회에서는 목사님의 'NO'라는 말씀과 사회에서는 상사의 결정 앞에서 정면으로 맞서지 않고 묵묵히 기다렸다. 반면 가정에서는 최종 결정권자였기에 누구보다 책임감 있게 고민하며 아내와 협의해 한 걸음씩 길을 만들어 갔다.

자녀교육은 더욱 그러했다. '몬테소리 교육'을 기반으로 한 창의적 양육을 아내에게 제안했고 아내는 기꺼이 함께 해주었다. 사업의 시작도 마찬가지였다. 직장생활을 지켜본 아내가 묵묵히 인정하고 동행해 주었기에 가능했다. 이렇게 걸어온 모든 과정은 주님과의 교통 속에서 얻은 삶의 지혜와 경험의 열매였다.

가정과 일터라는 두 축과 교회는 내 삶의 삼각축을 이루었다. 그러나 청년 시절부터 끊임없이 품은 질문이 떠나지 않았다. "왜 교회는 변화하지 않는가?". 외형적 교회 건물이라기보다 '하나님의 부르심을 입은 사람(에클레시아)과 공동체는 세상 그 어느 기관, 단체보다 본질을 회복하고 변화해야 함에도 불구하고 타락과 회복을 반복하는 모습이 안타까웠다. 게다가 자기위주의 습관과 아집으로 벽을 쌓는 모습은 답답할 따름이다.

교회 사역 속에서도 하나님께서 주신 창의적인 지혜를 활용해 길을 만들고자 노력했는데 그 시작은 언제나 "이 방법이 정말 옳은가?", "다른 길은 없는가?"라는 질문에서 시작되었다. 한국의 많은 교회들은 전통이라는 이름 아래 불합리한 절차와 결정들이 존재하며 내용보다 형식을 강조하는 리더십으로 인해 젊은 세대들과 단절을 넘어선 지 오래다. 그러나 안산빛나교회는 달랐다. 유재명 목사님의 유연하면서도 카리스마 있는 리더십 아래 두터운 평신도 리더십과 자발적 사역이 살아 있는 건강한 공동체로 성장한 대표적인 사례다. 비록 원하는 빠른 속도감은 아니었으나 분명한 변화의 흐름을 느끼며 감사함으로 사역을 감당할 수 있었다. 그 과정에서 받은 은혜와 축복은 내 인생에 덤으로 주어진 선물이었다.

교회 밖 세상에서의 신앙은 더욱 분별이 필요했다. 신앙이라는 이름 아래 배타적이고 이기적이며 이중적인 태도로 살아가는 사람들을 자주 보았다. 자신감이나 아집, 자기 확신으로 포장된 그릇된 신앙심, 겉으로만 겸손한 모습은 늘 이질적으로 다가왔다. 그래서 청년 시절부터 그런 흐름과 거리를 두며 신앙의 본질을 붙들고자 노력했다. 직장에서는 말보다 실력으로 외형보다 내용으로 승부하며 신앙생활을 통해 삶의 증인이 되고자 애썼다. 그렇게 **유연하면서도 탁월한 존재가 되기 위해 기도**하며 길을 걸었다.

주님이 가르쳐주시고 주님과 함께 개척해 나가는 길이었다. 때로는 외롭고 조심스러웠지만 결국 나만의 믿음의 길을 걷게 되었다. 부족하지만 이 글이 같은 길을 걸어갈 후배 신앙인들에게 작은 등불이 되기를 바란다. 하나님 나라를 향한 험난한 여정 속에서 누군가의 어깨를 토닥이며 용기를 북돋는 작은 격려가 되기를 간절히 소망한다.

추천사

유재명 원로목사 | **안산빛나교회**

이메일로 보내진 원고를 읽으면서 깜짝 놀랐다.

내용과 분량에 있어 깊이에까지 이 정도의 원고는 하루아침에 나올 수 있는 것이 아니기 때문이다.

원고를 읽으며 '허허실실'이라는 사자성어가 떠올랐다.

이강옥 장로님은 겉으로는 설렁설렁한 것 같은 모습을 보이지만 각양각색의 알맹이들로 가득 채운 삶을 살아내셨고 무엇을 하시든지 스스로를 '논두렁' 인생이라 표현하면서도 내면의 삶은 질서정연하게 심겨 있는 '못자리' 인생이었음을 확인할 수 있었다. 한 가정의 소망이 꿈이 되고 미래적 행복이 담겨 있는 '못자리 인생'이었던 것이다.

책에서 다루고 있는 '정체성, 변화, 고정관념, 다양성, 균형' 등의 주제들은 장로님과 깊은 대화를 나누고자 하면 어김없이 사용되는 용어들이다. 마치 이강옥 장로님과 글로 대화하고 있는 느낌이 들었다.

많은 주제들을 '논두렁' 형식의 말들로 표현하고 계신 것은 익히 알고 있었지만 질서정연한 모습의 글들로 정리되고 있을 것으로는 생각도 못 했던 것이다.

한 사람의 목회자로서 바라보는 이강옥이라는 사람이 틀림없는 사람이란 것을 확인하는 것 같아 기쁘고 행복했고 이강옥 장로님이 우리 빛나교회의 장로임에 한없이 자랑스럽게 느껴졌다.

이강옥 장로님을 처음 만난 지 벌써 30년이 되어간다.

장로님의 첫인상은 어딘가 정리되지 않은, 많은 부분이 럭비공처럼 튀는 것 같아 여러 사람들에게 오해를 받곤 하였다. 하지만 나의 눈엔 결코 못생기지 않은 멋진 하나님의 아들의 모습이 보였다.

가정과 사업장, 사회에서도 특별히 교회에서 매서운 눈으로 상황을 읽고 실용적 결론을 그려내는 모습들을 종종 볼 수 있었기 때문이다.

그 멋진 남자 이강옥 장로님이 책을 출판하게 되었다.

청년 때부터 신앙생활로 고민하고, 하나님의 지혜로 해결하며 사회에서 인정을 받고 교회에서 장로가 되기까지의 품고 있던 생각들을 글로 정리하였다.

특별히 기독교와 교회를 향한 염려들은 원로목사로 살아가는 나에게 도전이 되었고 교회와 원로목사로서 '나는 누구여야 하는가?'를 깊이 성찰하게 만든다.

이강옥 장로님을 언제까지라도 동행하고 싶은 목사의 친구로 주위 사람들에게 소개하곤 했다. 장로로서 교회를 사랑하고 목사를 섬겨주면서도 때로는 최대한 조심스럽게 조언하곤 했던 이강옥 장로님을 존경하고 사랑한다. 무엇보다 이강옥 장로님이 오늘에 이르기까지 아내로서 최선을 다해 조력한 정정초 권사님과 두 자녀에게도 힘께 축하하고 싶다.

'변화하지 않는 교회 …'라는 책이 특히 교회의 많은 리더들에게 읽히기를 기대하며 기쁨으로 추천한다. 무엇보다 이 책은 읽히는 데 그치지 않고 나눔과 적용을 나눌 수 있도록 하여 작은 소모임 등에도 많은 유익을 줄 수 있을 것으로 생각하며 기도하는 마음으로 추천한다.

김인중 원로목사 | 안산동산교회, 동산고등학교 설립이사장

이강옥 장로님을 처음 뵌 것은 지금으로부터 4~5년 전이었다.

안산·화성지역 CBMC 회장을 지내신 우리 교회(안산동산교회)의 최○○장로님을 통해서다. 경기도 화성시 송산면 천등리에 있는 깨끗하고 아담한 장로님 소유 전원주택에서 차를 마시며 대화를 나누던 중 장로님은 '혹시 선교사님이나 목회자, 혹은 사업가 중에 지치고 쉴 곳이 필요한 분이 있다면 언제든 이곳을 사용하세요.' 말씀하시던 그 따뜻한 마음과 넉넉한 믿음의 배려가 지금도 잊히지 않는다.

그로부터 3년쯤 지난 후 우리 안산동산교회는 6·25 전쟁 당시 대한민국의 자유를 위해 아시아에서 가장 먼저 군대를 파병해준 나라가 필리핀이며 그들은 7,400명의 병력을 파견, 첫 전투에서만 112명이 전사했고 약 700명의 청년들이 낯선 이 땅에서 자유를 위해 싸우다 목숨을 바친 사실을 알게 되었고 '우리 일주일에 커피 한 잔만 덜 마시고 수입의 3%만이라도 필리핀 참전용사 후손 장학금으로 드립시다.'라는 나의 제안에 우리 교인들이 한마음으로 동참하여 매년 약 6천만 원을 모아 3년째 50명의 참전용사 후손들에게 매달 100달러씩 장학금을 보내고 있는데 이 소식을 들은 이강옥 장로님은 우리 교회 성도가 아님에도 불구하고 기쁜 마음으로 매월 후원을 이어오고 계신다.

이강옥 장로님은 인생의 풍랑을 믿음으로 견뎌내며 신앙과 경영, 리더의 길을 성실히 걸어오신 분이다. 20대초반에 예수를 영접하고 '왜 예수님을 구주로 믿는 사람들이 사회생활과 교회생활 사이에서 갈등을 겪는가?' '왜 교회는 이렇게 변화가 더디고 여전히 고정관념 속에 머물러 있는가?'라고 자문하며 하나님의 손길을 체험 끝에 그 과정을 한권의 책으로 엮으셨다.

이 책은 크리스쳔 젊은이들과 교회 직분자 들에게 '신앙과 직업, 그리고 삶의 균형'을 깨닫게 해주는 귀한 지혜서이다. 또한 신앙인이 아니더라도 '무엇을 위해 일하며 돈을 어떻게 벌고 어디에 써야 하는가'를 깊이 성찰하게 만드는 실천적 통찰을 담고 있다.

교회 안팎에서 빛과 소금의 역할을 감당하고자 하는 모든 이들에게 이 책은 용기와 희망을 줄 것이다. 특히 변화되지 않는 교회의 현실에 안타까움을 느끼는 성도들에게 이 책은 교회 탓을 하는 것 보다 먼저 나의 지혜와 덕, 그리고 나의 역할이 먼저 무엇인지를 보여주는 구체적인 길잡이가 될 것이다. 전쟁터와 같은 중소기업 현장과 자영업의 치열한 삶 속에서, 그리고 굳어진 교회문화 속에서도 하나님의 빛을 드러내고자 애쓰는 모든 신앙인들에게 이 책을 기쁨과 확신으로 추천한다.

김학중 목사 | **꿈의교회**

이 책의 첫 페이지를 펴는 순간부터 정말 이강옥 장로님다운 글이라는 생각이 들었습니다. 세상에서 어떻게 하면 남들을 이길 수 있는지 잘 알지만, 그것조차 하나님 앞에 기꺼이 내려놓을 만큼 하나님 앞에 순수하게 서려는 장로님답게 이 책에서도 화려한 수사나 거창한 이론이 아닌 평생을 신앙과 삶의 경계에서 고민하며 걸어온 한 사람의 정직한 목소리가 들려왔습니다.

장로님은 스스로 '야미 인생'이라 자신을 낮추지만 이 책을 잘 보면 겉으로는 자유로워 보이는 가운데 그 안에는 흔들리지 않는 강력한 중심과 일관된 방향성이 있습니다. 이 책에서 무엇보다 인상 깊었던 것은 장로님께서 평생 품어온 질문입니다. 비판을 위한 비판이 아니라 사랑하기에 더 아파하고 소망하기에 더 절실히 묻는 그 진심이 페이지마다 묻어납니다.

그런 점에서 이 책을 한마디로 말하면 교회와 신앙에 관한 이야기이면서 동시에 한 인간의 성장과 성숙에 관한 기록입니다. 극심한 우울의 골짜기에서 빛을 만났던 청년이 어떻게 가정을 세우고 기업을 경영하며 교회의 리더로 서게 되었는지 그 여정 자체가 우리에게 용기를 줍니다. 특히 장로님이 수십 년 전 자녀에게 했던 약속을 끝내 지켜낸 이야기에서는 한 사람의 품격과 신실함이 무엇인지를 배웁니다. 또한 우선순위를 지키며 본질을 잃지 않으려 애쓰는 노력, 화려함보다 깊이를, 빠름보다 방향을 선택한 균형감을 보며 독자들은 세상을 어떻게 살아야 하는지 굵직한 지혜를 배웁니다.

물론 이 책은 인생에 관한 완벽한 답을 제시하지 않습니다. 다만 장로님 자신이 걸어온 길을 솔직하게 나누며 같은 길을 걷는 이들에게 작은 등불이 되고자 합니다. 확신하건대 교회 안에서 숨 막혀하는 청년들에게, 신앙과 현실 사이에서 방황하는 이들에게, 그리고 변화를 꿈꾸지만 어떻게 시작해야 할지 모르는 리더들에게 이 책은 따뜻한 동행자가 되어줄 것입니다.

때로는 불편하고 때로는 뜨끔하지만 읽는 내내 저자의 진심이 느껴져 고개를 끄덕이게 하는 이 책! 그래서 이 책을 여러분께 기꺼이 추천합니다.

백동조 목사 | 목포사랑의교회, 행복목회아카데미 대표

성경적인 목회의 본질을 '행복목회'로 찾아온 나는 이 강옥 장로님의 저서를 읽으며 다시 한 번 본질의 중요성을 보게 되었다. 신앙의 길은 언제나 본질을 향한 여정이며 그 여정은 단순히 교회 안에서만이 아니라 세상 속의 삶 전체에서 드러나야 한다. 이 장로님의 삶을 따라가다 보면 사회생활 속에서도 교회 공동체 안에서도 끊임없이 신앙의 중심을 붙들고자 노력한 한 신앙인의 진지한 발자취가 생생히 전해진다.

목회자의 사명은 성도들에게 영적인 충만함을 공급하고, 말씀의 생수를 전하는 일이다. 그러나 언제나 느껴온 한계는 성도들의 복잡하고 다면적인 현실 속까지 목회자가 직접 들어가 삶의 적용을 도와주는 일은 쉽지 않다는 점이다. 세상은 너무도 다양하고 각자의 환경은 너무도 다르다. 그러기에 신앙이 '현장'에서 빛을 발하기 위해서는 각 영역 속에서 믿음을 구체적으로 실천하는 평신도 리더들의 역할이 절대적으로 필요하다. 이강옥 장로님의 책은 바로 그 역할의 중요성을 보여준다. 그는 교회 안에서 뿐 아니라 사회 속에서 하나님 나라의 리더십을 실천하는 믿음의 모델을 제시하고 있다.

교회 안의 예배와 봉사만이 아니라 가정과 직장 사회의 모든 영역에서 성도들이 하나님의 말씀을 기준으로 선택하고 행동하는 것이야말로 참된 신앙의 실천이다. 그런 의미에서 이 책은 단순한 신앙서적이 아니라 '삶으로 드리는 예배의 안내서'와 같다.

저자는 신학적인 깊이와 실제적 경험을 함께 녹여내어 각자의 자리에서 하나님께 쓰임 받는 방법을 제시한다. 이 책을 읽는 모든 성도들이 말씀에 기초한 가치관을 세우고 각자의 삶의 현장에서 선한 능력을 발휘하는 리더로 서기를 소망한다. 더 나아가 신앙과 전문성이 조화를 이루는 삶을 통해 세상 가운데 빛과 소금의 역할을 감당하길 기도한다. 하나님 나라의 리더로서 탁월한 자로서 왕 앞에 선 그날을 소망하며 이 책을 보는 신앙인들에게 기쁜 마음으로 추천한다.

한기홍 목사 | 남가주은혜한인교회, Grace Ministries International(GMI) 총재

신앙생활은 교회생활과 다릅니다. 많은 크리스천들이 교회 안에서는 신실하게 예배드리고 봉사도 잘하지만 정작 교회 밖에서는 신앙의 본질을 삶으

로 살아내지 못하는 경우가 많습니다. 그 결과는 실로 안타깝고 때로는 처참함은 물론 사회적인 지탄의 대상이 되기도 합니다. 교회에서 말씀과 성령의 능력으로 변화된 성도라면 그 변화가 가정과 일터, 사회 속에서 선한 영향력으로 드러나야 합니다. 그러나 현실은 교회 문을 나서는 순간 그 능력이 사라져버리는 경우가 많습니다. 목회자로서 이 지점에서 늘 깊은 한계와 아쉬움을 느껴왔습니다.

그런데 이강옥 장로님의 저서를 접하며 저는 오랜 고민 속에서 새로운 희망과 빛을 보게 되었습니다. 이 책은 단순한 신앙서적이 아니라 '교회에서의 말씀과 실제 삶을 연결하는 영적 다리(Bridge)'와 같습니다. 설교로는 다 전하지 못했던 신앙의 실천적 영역을 명확하게 제시하며 신앙인들이 세상 속에서 어떻게 빛과 소금으로 살아가야 하는지를 구체적으로 보여줍니다.

특히 이 책은 교회 안의 영적 원리를 사회와 비즈니스의 현장 속에서 현실적으로 풀어낸 귀한 교과서입니다. 신앙과 일, 믿음과 경영, 말씀과 실천을 통합적으로 제시하며 오늘날 많은 크리스천 리더들이 고민하는 '신앙의 실제적 적용'에 대한 훌륭한 해답을 제공합니다.

설교의 한계를 넘어 신앙을 삶으로 살아내도록 인도하는 이 책을 특별히 모든 크리스천 리더들에게 강력히 추천합니다. 신앙의 본질을 다시 붙잡고 교회 밖 세상 속에서도 그리스도의 향기를 드러내길 소망하는 모든 분들에게 이 책은 분명 귀한 길잡이가 될 것입니다.

유호승 담임목사 | 안산빛나교회

이강옥 장로님과 신앙의 길을 함께 걸어온 지 벌써 20년이 훌쩍 넘었습니다. 그 세월 속에서 저는 장로님을 '단 한 번도 바뀌지 않는 마음으로 교회를 사랑하신 분'으로 기억합니다. 장로님은 언제나 앞에서 사람들을 이끄는 분이 아니라 그들의 옆에서 함께 걸어주는 분이셨습니다.

　장로님은 우리 교회의 선임장로로서 많은 이들에게 모범이 되어주셨습니다. 무게 있는 직분일수록 말이 많아지기 쉽고 자리의 권위가 사람을 딱딱하게 만들기 쉽지만 장로님은 그 자리를 권위가 아니라 '섬김의 무게'로 감당하셨습니다. 특별히 저는 장로님이 당회에서 보여주셨던 모습을 잊을 수 없습니다. 무거운 주제들이 논의될 때에도 장로님은 당회의 분위기가 딱딱해지지 않도록 때로는 스스로를 낮추고 망가뜨리기까지 하시며 당회원들을 편안하게 하셨습니다. 그것은 단순한 유머가 아니라 공동체를 사랑할 줄 아는 마음의 여유와 성숙함이었습니다. 그 덕분에 우리는 서로를 경계하는 관계가 아니라 함께 하나님 나라를 고민하는 동역자가 될 수 있었습니다.

　그리고 장로님은 새로 온 성도들을 대할 때 항상 같은 마음이셨습니다. "어떻게 하면 저분이 교회에서 외롭지 않고 공동체 안에 잘 정착하게 할 수 있을까?" 장로님은 늘 그 마음을 먼저 품으셨습니다. 그리고 자신이 있던 자리, 맡았던 모임, 익숙한 관계도 기꺼이 열어 놓으시고 또 양보하시면서 새로운 이들을 그 한가운데로 초대하셨습니다. 그렇게 섬김은 가르치는 것이 아니라 보여주는 것이라는 사실을 장로님은 누구보다도 조용하고 꾸준하게 삶으로 보여주셨습니다.

　그러기에 이 책은 단지 신앙의 원칙을 말하는 책이 아닙니다. 사람을 귀하게 여기는 마음으로 살아온 한 신앙인의 진지한 고민과 진솔한 삶의 이야기입니다. 그리고 지금 한국교회가 잃어버리고 있는 가장 중요한 영적 감각을 다시 일깨워주는 책입니다. 교회가 변해야 한다고 말하는 사람은 많지만 변화를 위해 자기 자리를 양보할 줄 아는 사람은 많지 않습니다. 장로님은 그런 분이었습니다. 그런 장로님의 고민과 삶의 이야기가 저와 같은 목회자들과 더불어 많은 한국교회 리더들을 함께 고민의 자리로 인도할 수 있기를, 아울러 한국교회가 한걸음 더 예수님의 걸음에 가까워질 수 있기를 간절히 소망해 봅니다.

사랑하는 이강옥 장로님! 오랜 세월 교회를 위해 흘리신 눈물, 주님의 몸 된 공동체를 사랑하신 마음, 그리고 저와 함께 동역하며 나누어주신 그 따뜻함과 격려를 우리 주님 앞에서 기억하고 깊이 감사를 전해 드립니다.

그리고 장로님을 향한 기쁨과 존경의 마음으로 더 나은 교회를 꿈꾸는 공동체와 더 나은 신앙인으로서의 삶을 꿈꾸는 지체들에게 기꺼이 이 책을 추천합니다.

최범철 | 제20대 한국CBMC 중앙회장

오늘날 많은 그리스도인들은 교회 안에서의 고백과 교회 밖에서의 삶 사이에서 흔들림을 경험하고 있습니다. 예배는 뜨겁지만 일상은 식고 신앙의 언어는 풍성하지만 삶의 실천은 미약한 이 간극 속에서 우리는 종종 신앙의 본질이 무엇인지 다시 묻게 됩니다.

바로 이러한 시점에 출간된 CBMC 경기서부연합회 이강옥수석부회장님의 저서 「변화하지 않는 교회」는 신앙이 삶의 전 영역에서 어떻게 증명되어야 하는가에 대해 진지하고 깊은 성찰을 제시하고 있습니다. 이 책은 단순한 비판이나 문제 제기를 목적하지 않고 오히려 신앙과 삶이 다시 연결되어야 한다는 가장 오래되었지만 가장 절실한 질문으로 우리를 초대합니다.

신앙의 자리와 일터의 자리에서 교제해 오면서 그가 말하는 신앙과 리더십이 개념이나 이론의 차원이 아니라 삶으로 검증된 진리라는 것을 확인해 왔습니다. 겉모습은 소박하고 담백하지만 그 내면에는 분별의 원칙과 책임의 무게를 놓치지 않는 '신앙인의 정체성'이 자리하고 있습니다. 요란하지 않지만 깊고 빠르지 않지만 흔들리지 않는 신앙인의 품격이 그 안에 있습니다.

이 책은 '변화와 변질의 차이'를 말하며 본질을 찾아 끝없이 변화를 추구하는 한 사람의 신앙인을 담고 있습니다. 지식을 전달하려 하기보다 함께 걸어가자는 초대와 같습니다. 저자는 자신이 먼저 지나온 길을 담담히 보여주고 그 길에서 얻은 통찰을 우리 곁에 조용히 내려놓습니다. 그렇기에 이 책은 주장이라기보다 증언에 가깝고 가르침이라기보다 삶의 고백에 가깝습니다. 특히 교회의 리더들과 평신도 지도자들 그리고 일터에서 그리스도인의 정체성을 잃지 않고자 하는 모든 이들에게 건전한 자기 성찰과 실천의 기준을 제공하는 소중한 지침서가 될 것입니다. 성경적 가치와 삶의 방향 그리고 신앙과 전문성의 균형을 고민하는 이들에게 단순히 '읽는 책'이 아니라 함께 나누고 토론하고 '적용해야 할 책'으로 교회의 리더와 직분자들, 일터에서 그리스도인의 정체성을 지키고자 하는 CBMC 공동체의 모든 회원들에게 반드시 함께 나누어야 할 책입니다. CBMC 지회 조찬 모임 가운데서 이 책이 던지는 질문과 통찰이 다시 살아 움직이기를 소망하며 기쁨과 확신을 담아 추천합니다.

강수화 종교국장 | 국민일보

이강옥 장로님이 운영위원장을 맡고 있는 안산지역조찬기도회에 참석한 적이 있다. 매우 활기차고 열정적인 분위기였다. 모인 분들 모두 안산 지역 다양한 일터에서 그리스도인으로 살기 위해 애쓰고 있다는 걸 느낄 수 있었다. 특히 마지막에 모든 회원이 '안산조찬기도회가'를 부르는 모습이 인상적이었다. 여러 기도 모임에 가봤지만 기도회를 위한 노래를 따로 부르는 걸 본적은 없었다. 기도회 후 이 노래를 누가 만들었는지 물었다. 만든 이가 바로 이 장로님이었다.

그는 젊은 시절부터 노래 만들기를 즐겼다. 1988년 삼성그룹에 입사할 때는 기타를 메고 동기가를 만들었고 '역사상 최고의 동기가'라는 찬사를 들었다. 이후 교회 청년들과 복음성가대회에 출전하기도 했다. 근래엔 결혼하는 자녀들을 위한 축가를 만들었고 결혼식장에서 직접 불러 박수갈채를 받았다. 사랑하는 아내를 위한 노래도 만들었다. 이 책을 읽으며 그의 삶이 노래를 만드는 아름다운 창작자의 삶과 비슷하다는 걸 깨달았다.

이 장로님은 주변 사람을 위해 뭔가 열심히 고민하고 새롭게 만든다. 또 그것으로 하나님의 사랑과 공의를 실천한다. 멋진 그리스도인의 모습이다. 군대에서 우울해하던 후배에게 위로를 건네 그의 목숨을 살려냈고, 일터에서 의리와 실력으로 동료의 일자리를 만들어냈고, 장로가 된 교회에선 제도를 바꿔 모두가 참여하는 역동적인 장로회를 일궜다. 그는 깊이 고민했던 신앙의 주제를 이 책에서 다룬다. 독자가 각 주제를 점검하고 실천하도록 각 장마다 성경 본문을 포함한 워크시트를 친절하게 담았다.

이 책은 신앙인의 삶을 고민하는 이들에게 감동을 줄 에세이 모음이자 하나님의 기준과 교회에서 올바른 역할을 고민하는 이들의 실용적인 지침서가 될 듯하다. 새로 교회에서 직분을 받은 이들, 교회 사역을 맡은 이들이 관련 있는 챕터를 찾아 함께 공부하고 기도하는 데 사용해도 좋겠다. 기독교적 가치와 세속적 기준 사이에서 자주 갈등하는 기업인, 직장인 등에게는 신앙 선배의 진솔한 조언이 될 것이다. 기회가 된다면 언젠가 멋쟁이 이 장로님에게 국민일보 '더 미션 송'(The Mission Song)을 부탁하고 싶다.

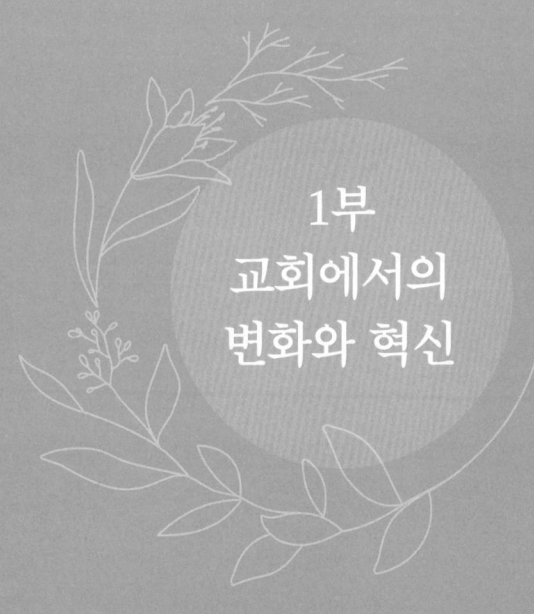

1부
교회에서의
변화와 혁신

변화하지 않는 교회

01.
이상하다, 신앙생활

> 하나님 앞에 살아가는 법을 배우는 여정에서

스물한 살 때 인생의 가장 낮은 골짜기에서 하나님을 만났다. 사람들이 흔히 '청춘의 절정', '인생의 황금기'라고 부르는 그 시절에 오히려 삶의 무게에 짓눌려 모든 것을 놓아버리고 싶었다. 하루하루가 버거웠고 눈앞에 펼쳐진 것은 안개 같은 희미함뿐이었다. 살아야 할 이유는커녕 스스로를 버티는 것 자체가 고통이었다.

마음의 상처는 점차 몸의 통증으로 변했고 웃음은 사라졌다. 가족과 친구 그리고 세상 모든 것들과 서서히 멀어졌다. 아침에 눈을 뜨는 것 자체가 고문이었다. '나'라는 존재는 이 세상에 실수 같았다.

'살고 싶지 않다'라는 말이 무의식중에 입에서 흘러나왔고 밤마다 '나는 왜 이 세상에 태어났을까?'라는 질문이 심장을 조여 왔다. 이미 존재는 의미를 상실했고 세상은 무채색이었다.

그러던 어느 날 아무런 계획도 이유도 없이 친구의 손에 이끌려 한 교회를 향하게 되었다. 특별히 신앙을 갖고 싶다거나 종교를 알고 싶어서가 아니었다. 마치 어떤 보이지 않는 손이 등을 밀고 있는 듯한 느낌, 설명할 수 없는 이끌림이 나를 교회로 향하게 했다.

서울 강동구 암사동의 붉은 벽돌 교회. 너무도 낯선 곳이었지만 이상하게도 따뜻한 품 같은 느낌을 주었다. 계단을 따라 올라가 문을 열고 들어섰을 때 정면으로 보이는 성가대석과 단정한 강대상, 흰 벽에 걸린 성경 구절들은 마치 오랜 시간 기다렸다는 듯 조용히 나를 맞이해 주었다. 그것은 말로 설명할 수 없는 평안이었고 그동안 그토록 찾아 헤매던 안식처 같았다.

그날의 첫 예배는 지금도 마음속 깊이 새겨져 있다. 장로님과 권사님들의 따뜻한 미소, 익숙하지 않은 청년들의 조용한 웃음, 낯선 찬송가의 화음 하나하나가 얼어붙은 마음을 천천히 감싸안았다. 아무런 기대 없이 그 자리에 있었지만 예배가 흐를수록 마음속 어딘가에서 뜨거운 것이 올라왔다. 찬송가의 한 소절, 기도의 한 마디, 설교자의 따뜻한 목소리가 마음의 가장 깊은 곳을 두드렸다.

그때 처음으로 감당할 수 없을 정도의 눈물을 흘렸다. 억눌렸던 감정, 표현하지 못했던 고통, 설명할 수 없던 공허함이 모두 흘러내렸다. 그것은 단순한 감정이 아닌, 하나님의 임재, 그분의 손길, 그분의 사랑이 영혼을 조용히 감싸는 것이었다. 그동안 도망치듯 살아왔던 삶 속에서 하나님은 단 한순간도 나를 떠난 적이 없었다는 것을 본능적으로 깨달았다.

> "나의 영혼아 여호와를 송축하라. 그가 네 모든 죄악을 사하시며 네 모든 병을 고치시며." (시편 103:2-3)

그날 이후 "살기"로 결심했다. 삶을 끝내고 싶다는 생각 대신 다시 시작하고 싶다는 열망이 심령 안에 피어났다. 교회라는 새로운 공동체, 하나님이라는 이름 아래 모인 사람들 속에서 희망을 발견했다. 매일 교회에 나갔고 찬송가를 부르며 하나님을 향한 마음이 깊어졌다. 기도 시간은 기다림이 되었고 설교는 삶의 방향이 되었다. 어느 순간부터 하나님을 사랑하고 있다는 고백이 깊은 마음속에서 자연스럽게 흘러나왔다.

그러나 시간이 흐르면서 기대했던 것과는 다른 모습들을 발견하게 되었다. 교회는 거짓이 없고 모두가 진실하며 하나님의 뜻만을 좇는 줄 알았다. 하지만 이것은 이상이었고 현실은 그렇지 않음을 깨닫고 흔들리기 시작했다.

기도는 뜨겁지만 삶은 차갑게 식어 있는 사람들이었다. 사랑을 외치면서도 타인을 쉽게 평가하고 정죄하는 말들, "하나님의 뜻"이라는 말을 입에 달고 살면서도 정작 자기 삶에는 그 뜻을 반영하지 않는 행동들…. 겉으로는 경건하지만 속은 세상과 다를 바 없는 이중적인 태도들이 눈에 들어오기 시작했다.

예를 들어 성가대의 한 권사님은 늘 연습 시간에 뜨거운 기도를 하셨다. "주여, 우리의 찬양이 하나님의 보좌에 상달되게 하소서!" 그러나 정작 본 예배 때는 꾸벅꾸벅 졸거나 연습 자체를 자주 빠지셨다. 처음엔 피곤하신 줄 알았지만 반복되는 모습에서 무언가 일관되지 않은 신앙의 그림자를 보게 되었다. 이건 무엇일까? 하나님을 향한 마음이 맞는 걸까?'라는 의문이 생겨났다.

청년부 수련회를 준비할 때도 비슷한 일이 있었다. 어느 자매는 기도 모임에서 "이번 수련회를 통해 모두가 하나님의 임재를 경험하고 자연 속에서 창조의 숨결을 느끼게 해 달라"고 간절히 기도했지만 정작 수련회에는 참석하지 않았다. 이유는 단순했다. 자신이 호감을 갖던 형제가 오지 않기 때문이었다. 이것이 신앙이라는 것일까?

"이 백성이 입술로는 나를 공경하되 마음은 내게서 멀도다."
(이사야 29:13)

혼란은 점점 커졌다. 내가 만난 하나님은 진실하고 정직하신 분이셨고 있는 그대로를 사랑해 주셨다. 그런데 왜 그분을 따른다고 하는 사람들은 이토록 가볍게 하나님을 말하는가? 너무 순진한 걸까? 아니면 신앙은 원래 이런 식으로 타협해야 하는 걸까?

그 질문은 오랫동안 심령안에 머물렀고 점차 교회의 본질에 대해 고민하게 되었다. 그리고 오랜 시간 끝에 깨닫게 되었다. 교회는 거룩한 사람들이 모인 완성체가 아니라 거룩해지기 위해 몸부림치는 사람들의 공동체라는 것, 실수하고 넘어지고 다시 회개하고 변화되기를 소망하는 이들이 함께 걷는 여정이라는 것을 알게 되었다.

하지만 여전히 한 가지 마음을 무겁게 하는 것이 있다. 그것은 우리의 신앙이 너무도 쉽게 '형식'으로 바뀌어 버린다는 사실이다. 처음에는 눈물로 드렸던 기도가 어느새 습관이 되고 감사로 드렸던 찬송이 어느 순간 멜로디만 남아 버린다. 하나님을 찾던 갈망은 점차 식어가고 결국 우리는 진짜 하나님을 잃어버린다.

"너희가 나를 '주여, 주여' 하면서도 어찌하여 내가 말하는 것을 행하지 아니하느냐?" (누가복음 6:46)

지금도 가끔 그 첫 예배의 떨림을 떠올린다. 본당 문을 열며 느꼈던 전율, 고요한 평안, 그리고 살아야겠다고 결심했던 그 은혜의 순간…. 다시 그 순전한 마음으로 돌아가고 싶다. 하나님 앞에서 진실하게 서고 말과 행동이 일치하며 신앙이 더 이상 '이상하지 않기를' 간절히 바란다.

이 글은 **비판이 아니라 오히려 나 자신을 향한 깊은 질문**이다.

'나는 지금도 진심으로 하나님을 사랑하고 있는가?

내 신앙은 겉과 속이 같은가?

하나님 앞에서 나는 과연 진실한가?'

오늘도 그 질문 앞에 선다. 그리고 떨리는 마음으로 기도한다.

"하나님, 내가 당신 앞에 진실하게 살게 하소서.

말보다 행동이 먼저이고, 외식보다 진심이 앞서는 신앙인이 되게 하소서."

02.
교회여, 왜 늙는가?

변화와 변질 사이, 본질로의 회복을 위하여

"너희는 이전 일을 기억하지 말며 옛날 일을 생각하지 말라. 보라 내가 새 일을 행하리니 이제 나타낼 것이라. 너희가 그것을 알지 못하겠느냐 반드시 내가 광야에 길을, 사막에 강을 내리니라." (이사야 43:18-19)

20세기 최고의 신학자 중 한 사람으로 손꼽히는 칼 바르트(Karl Barth)는 "한 손엔 성경을, 한 손엔 신문을 들라"라고 말했다. 신앙이 현실과 괴리된 신비주의로 흐르지 않기 위해선 믿음이 살아있는 현실적 삶과 소통해야 함을 강조하는 통찰이다.

이 말을 청년 시절부터 마음에 품고 살아왔던 이유는 그동안 경험한 교회의 현실 종종 삶과 동떨어져 있었기 때문이다. 주일마다 반복되는 형식적 예배, 삶의 언어와는 너무도 먼 교리적 설교 그리고 교회 안과 밖이 판이한 사람들의 모습 속에서 깊은 회의와 아픔을 겪었다.

야고보서 2장 17절은 이렇게 경고한다. "이와 같이 행함이 없는 믿음은 그 자체가 죽은 것이라." 한국교회는 한때 시대를 밝히는 등불이었다. 일제 강점기엔 독립운동의 심장이었고 의료와 교육의 최전선에 선교사들이 있었다. 그러나 오늘날은 힘을 잃고 구석에 놓여있다. 그 이유는 단 하나, 시대를 분별하지 못하고 있기 때문이다.

교회는 더 이상 세상으로부터 존경받는 존재가 아니며 세상은 교회에 귀를 기울이지 않는다. 복음을 전하기 위해선 시대의 언어를 이해하고 사람들의 아픔에 귀를 기울여야 한다. **성경은 변하지 않지만 복음을 담는 우리의 그릇은 시대에 따라 유연해야 한다.**

> "너희는 이 세대를 본받지 말고 오직 마음을 새롭게 함으로 변화를 받아…." (로마서 12:2)

많은 이들이 '변화'를 두려워한다. 변화는 불안정과 예측 불가능성을 동반하기 때문이다. 그러나 문제는 변화 그 자체가 아니라 **본질을 잃은 형식의 고착화**다.

예수님께서는 사람의 형편을 따라 가르치셨고 고정된 틀보다는 유연한 사랑으로 다가가셨다. 복음의 핵심은 사랑이며 **사랑은 고정된 그릇에만 담길 수 없는 생명력이다.**

> "새 포도주는 새 부대에 담아야 한다." (마태복음 9:17)

이 말씀은 단지 시대 적응이 아닌 본질을 위한 갱신의 원리이다. **지금 교회가 회복해야 할 것은 형식이 아니라 본질**이다. 본질이 없는 전통은 껍데기에 불과하며 복음을 전할 수 있는 힘을 상실한다. 복음은 형식으로 보존되는 것이 아니라 삶으로 살아질 때 그 능력을 드러낸다. **모든 변화는 고통을 수반한다.** 그것은 공동체일수록 더욱 그렇다.

교회 내에서의 변화는 단순히 리더십의 선언이나 정책으로 이루어지지 않는다. 오히려 시간이 걸리고 때로는 지루한 과정 속에서 사랑과의 수고가 뒤따른다.

어느 교회에서는 장로들의 반대로 인해 예배당 안의 피아노를 하루에 1cm씩 움직여 1년에 걸쳐 옮겼다는 우스운 이야기가 있다. 이 이야기는 교회 안에서의 변화가 얼마나 더딘지를 보여주지만 동시에 인내가 결실을 맺는 상징이기도 하다.

진정한 개혁은 질문에서 시작된다. "왜 우리는 변해야 하는가?", "무엇이 변화를 가로막고 있는가?" **대부분의 저항은 변화 자체보다 '익숙함을 잃는다는 두려움'에서 비롯**된다. 우리가 복음을 사랑한다면 기꺼이 변화를 감수해야 한다. 그것이 곧 우리의 믿음이고 순종이다.

지난 130년 동안 서구가 겪은 문명사적 변화가 한국 사회에서는 불과 40년 만에 일어났다. 도시화, 정보화, 개인화… 이러한 급속한 변화 속에서 교회는 시대를 이끌지 못했고 오히려 과거의 위상에 안주하거나 현실을 외면하는 태도를 보였다.

교회는 세상과 대화할 수 있어야 한다. 성경은 인간의 삶을 있는 그대로 담아내는 책이며 예수님의 공생애는 세상의 아픔 한가운데로 걸어 들어가신 이야기이다. 그러므로 교회 역시 세상 속에서 사람들의 삶을 이해하고 공감하며 함께 걸어야 한다.

Open Mind, Open Ear, Open Hand - 열린 마음, 열린 귀, 열린 손. 이것이야말로 21세기 교회를 새롭게 하는 세 가지 열쇠다. 전통을 부정하지 않되 새 시대의 언어에 귀 기울이며 사람들의 필요에 손 내미는 교회. 그것이 바로 복음의 참모습이다.

목회자는 아니지만 지난 45년 동안 평신도의 자리에서 할 수 있는 작은 시도들을 계속해 왔다. 목장 예배에서 기존의 틀을 벗어나 삶 중심의 나눔을 시도했고 청년부를 섬길 때는 '신학'보다는 '공감'을 우선했다. 교회 음악 또한 단순한 아름다움이 아닌 감동과 공감의 도구로 재해석하고자 노력했다.

이것은 '본질을 위한 변화'의 시도였다. 교회를 더 교회답게, 복음을 더 생생하게 전하고 싶다는 소망의 표현이었다. 작은 변화는 종종 미미해 보이지만 그 누적은 공동체를 변화시키는 힘이 된다. 변화는 거대한 외침에서 시작되지 않는다. 작은 실천과 진정성 있는 노력에서 비롯된다.

> "잠자는 자여 깨어서 죽은 자들 가운데서 일어나라…."
> (에베소서 5:14)

오늘날의 많은 교회들이 자고 있다. 더 이상 복음에 감동하지 않고 익숙함에 안주하며 제도와 틀에만 집중하고 있다. 하나님은 지금도 여전히 새 일을 행하고 계시는데 정작 우리는 그것을 알지 못하는 것은 아닐까.

> "주의 인자와 긍휼이 무궁하시므로 우리가 진멸되지 아니함이니이다… 이것들이 아침마다 새로우니…." (애가 3:22-23)

이 말씀은 변화를 거부하는 이들에게 주는 하나님의 인내이며 동시에 희망이다. 지금이라도 늦지 않았다. 교회는 다시 시작할 수 있다. 교회 안에만 머무는 신앙이 아닌, 세상을 품고 삶 속에서 살아내는 복음으로 다시 나아가야 한다. 변화는 본질로 가는 길이며 그 여정은 고통스럽지만 반드시 열매를 맺는다.

성경은 변화를 맞이하여 결정적인 전환점을 맞은 사람들의 이야기를 담고 있다. 바리새인들은 율법에 집착한 나머지 메시아를 알아보지 못했고 결국 하나님의 아들을 십자가에 못 박았다. 반면 바울은 다메섹 도상에서 한순간을 통해 완전히 새로운 삶을 얻었다.

변화는 성령 안에서 일어난다. 모세는 광야에서 야곱은 얍복 강가에서 욥은 고난 속에서 베드로는 부활하신 주님 앞에서⋯ 진정한 변화는 모두 내면의 돌이킴과 순종에서 비롯되었다. 반대로 가룟 유다의 변질은 자기중심성과 탐욕에서 비롯되었다.

16세기 종교개혁은 파괴가 아니라 회복이었다. 루터는 교회를 무너뜨리려 한 것이 아니라 다시 살리고자 했다. 그러나 교회는 스스로 변화하지 못했고 결국 분열이라는 비극을 피할 수 없었다.

지금도 많은 교회가 '전통'이라는 이름으로 시대와의 대화를 멈추고 있다. 그러나 성령은 살아 계시며 지금도 교회를 새롭게 하신다. 복음을 살아있게 하기 위한 변화는 성령의 역사이며 그것은 회개와 결단에서 출발한다.

언젠가 모임에서 어떤 노년의 장로님이 "우리 교회는 지난주에 어떤 안수집사가 대표 기도를 하는데 노타이에 운동화 신고 기도를 하여 보기에 너무 힘이 들었다."라고 하는 것이다. 나는 웃으면서 "기도 중에 더러워진 옷을 비벼 턴다든지 예배시간에 양복차림의 거룩한 복장으로 꾸벅꾸벅 주시는 장로님이 더 문제 아닌가요?" 라고 대꾸했다. 순간, 몇 년 전 일이 떠올랐다. 장로님이 자신의 셀 모임에 대해서 말하기를, "우리 셀모임(구역모임)은 아무나 못 들어온다고 소문났어⋯. 1년에 한두 번은 제주도나 국내 여행지로 여행을 가기 때문에 그런 정도의 경제적인 여유가 없는 사람은 우리 셀모임에 들어갈 수 없다고들 해"하며 자랑스레 말하는 것이었다. "그건 자랑이 아니라 창피한 것이 아닌가요? 건강한 자는 의원이 쓸데없고 병든 자에게랴 쓸 데 있는 것 아닌가요? 연약한 자들이 언제든지 편하고 쉽게 교회 모형의 최소 단위인 셀에 와서 영혼이 소생을 하고 힘을 얻어야 하는 것 아닌가요?"라고 정색하며 말을 했으나 정작 장본인은 그야말로 아무런 변명도 아무런 느낌도 없어 보였다.

지금이야말로 교회가 깨어야 할 때이다. 변화는 두렵고 고통스럽지만 그 길 끝에 회복과 부흥이 있다. **변화는 변질이 아니다. 오히려 변화를 거부할 때, 진짜 변질이 시작된다.**

하나님은 지금도 우리 안에 새 일을 행하시길 원하신다. 교회여 시대를 품고 다시 걸어가라. 복음의 본질을 가슴에 새기라. 그리고 삶으로 그 복음을 살아내라. 그 길 끝에서 우리는 진정한 부흥을 보게 될 것이다.

03.
정체성

변화를 이끄는 동력

인생을 살아가며 우리는 수많은 역할과 직임을 경험하게 된다. 직장과 교회에서뿐만 아니라 가정 안에서도 우리는 끊임없이 변화하는 위치와 책임을 마주하게 된다. 이러한 변화의 순간은 '정체성을 분명히 하려는 노력'이었고 삶을 단단히 엮어주는 축복이었다.

결혼을 하고 남편이자 가정의 가장으로서의 정체성을 고민했고 아이가 태어나면서는 아빠라는 새로운 역할에 대해 깊이 생각하게 되었다. 아버지로서 어떤 가치관을 아이에게 심어주고 어떤 본으로 살아내야 할지 고민하지 않을 수 없었다. 직장에서도 마찬가지였다. 부서기 바뀌거나 승진을 하거나 심지어 사장이라는 자리에 오르게 되었을 때 언제나 가장 먼저 '지금 이 자리에서 나는 누구인가'라는 질문 앞에 나를 내려놓았다. 그리고 그 질문에 대해 분명한 답을 얻기 위해 끊임없이 고민하고 정리하려 애썼다. 돌이켜보니 이런 시간들로 인해 흔들림 없이 그 자리에서 책임을 다할 수 있었음을 깨닫는다.

지난 2년간 회원 수 약 160명에 달하는 안산 지역조찬기도회의 제5

대 운영위원장을 맡고 있다. 이 직책을 수행하면서 정체성을 어떻게 두어야 하는지 고민했다. 특히 CBMC활동을 오랫동안 해 온 터라 양쪽의 정체성이 엮이게 되면 위기가 올 것을 단박에 느낄 수 있었다.

그래서 조직의 뿌리를 되짚고 방향성을 명확하게 하기 위한 정리를 시도했다. "CBMC는 교회 밖에 있는 사람들, 즉 비크리스천들을 교회 안으로 이끄는 것이고 안산 지역조찬기도회는 교회 안에 있는 리더들을 교회 밖, 즉 사회 속으로 파송하고 연결하는 것이다." 간단해 보이지만 이 문장의 차이는 각 활동의 본질과 실행 기준을 정립하였고 나아가 활동 방향성을 드러내 주었다.

이처럼 생각보다 많은 정체성의 혼란이 교회 안에서 자주 목격된다. 예를 들어 교회 안에는 당회(담임목사와 시무장로들로 구성된 회의체)와 장로회가 존재한다. 문제는 많은 경우 이 두 조직의 관계와 역할에 대한 명확한 인식 없이 활동이 이루어지고 있다는 것이다. 어떤 사람은 당회원이 장로회를 장악해야 한다고 말하고 어떤 사람은 장로회 안에 당회가 포함되어 있다고 주장한다. 이러한 혼동은 장로라는 직분에 대한 인식 부족에서 비롯되는 것 같다.

장로임직을 받고 처음 참석한 장로회의 분위기는 지금도 잊을 수 없다. 충격 그 자체였기 때문이다. 회의의 주도권은 몇몇 은퇴 장로에게 집중되어 있었고 그들끼리 말다툼을 벌이다 끝나기 일쑤였다. 매월 열리는 월례회에서도 상황은 다르지 않았다. 사정으로 말미암아 타 교회에서 수평이동(?)한 장로들은 회비만 낼 뿐 1년 내내 한마디도 말하지 못하고 선임 장로들의 성토장이 되는 우스꽝스러운 월례 회의만 참석 하다가 결국 떠나는 일들이 반복되었다. 이런 현실에 나는 분노했다. 장로회의 정체성은 도대체 무엇인가? 왜 모든 장로가 회원인데 회장은 오직 시무장로 중에서만 뽑혀야 하는가?

그 모순에 대해 목소리를 냈다. "장로회는 남전도회처럼 장로들 간의 교제와 전도의 장입니다. 시무장로들은 이미 당회에서 교회의 조직, 재정, 행정에 대한 권한과 책임을 갖고 있는데 장로회 회장직까지 시무장로에게만 허용한다는 것은 공정하지 않습니다. 오히려 이것은 공산 독재주의보다 더 폐쇄적일 수 있습니다." 그러나 이런 외침은 허공에 외치는 소리일 뿐이었다. 그렇다고 변해야 함을 포기할 수는 없었다. 상대적으로 젊고 사회 조직 생활 경험이 풍부한 몇몇 장로들과 뜻을 함께하게 되었고 4년의 세월이 지난 후 장로회 회장이 되었다. 비로소 회칙을 전격적으로 개정할 수 있었다. 찬반 투표에서 겨우 1표 차이로 통과된 그 개정안은 교회 내부의 작지만 분명한 변화를 일으켰다.

이처럼 교회에서 변화는 절대 쉽지 않다. 오랜 시간과 끈기가 필요하고 때로는 이해받지 못하는 외로움을 견뎌야 한다. 그러나 정체성에 대한 분명한 인식과 싸움이 없다면 진정한 조직의 개혁도 개인의 성장도 이뤄질 수 없다.

이러한 경험은 비단 교회에만 국한되지 않는다. 운영하는 회사에서도 직원들에게 1년에 한두 번은 정체성에 관해 이야기한다. "당신의 분야는 나보다 담당자인 당신이 더 잘 알아야 하지 않습니까? 만일 내가 당신보다 더 많이 알면 왜 당신에게 월급을 주고 일을 맡기겠습니까? 차라리 내가 직접 하지요. 반면에 회사가 어렵다고 해서 내가 당신(직원)들에게 책임을 전가하거나 경영자금을 빌려오라고 강요한 적 있습니까?" 이처럼 각자의 위치와 책임, 역할을 분명히 하는 정체성의 대화는 회사의 신뢰를 쌓고 각자의 업무 자존감을 높이는 중요한 기초가 된다.

  이 모든 정체성의 싸움은 삶을 더 단단하게 만들었고 성장하게 했으며 인생이라는 여정의 농도를 더욱 진하게 해주었다. 정체성은 단순한 명칭이나 타이틀이 아니다. 그것은 우리가 어떤 철학과 방향성을 가지고 살아가는지를 결정짓는 내면의 뿌리이며 외부의 바람에도 흔들리지 않게 해주는 삶의 나침반이다.

04.

선한 영향력으로
다시 세우는 도시의 교회

　이미 대한민국 대부분의 교회는 오랜 세월 동안 의식화와 형식화의 길을 걸어왔고 이제는 일부이지만 특정 정치 이념화의 경로까지 밟아가며 교회의 본질을 잃어버린 지 오래다. 그 결과는 너무도 냉혹하다. 청소년 복음화율은 고작 5%로 추락했고 교회의 신뢰도는 한국갤럽이 2019년에 발표한 조사에 따르면 10점 만점 중 약 3.4점으로 이는 다른 종교나 사회 기관에 비해 낮은 수치로 평가되었고 한국기독교목회자협의회(KCCP)가 2020년에 발표한 '한국교회의 신뢰도와 이미지에 관한 조사'에 따르면 개신교의 신뢰도는 5점 만점 중 약 2.5점으로 조사되었다. 문제는 그 추락이 멈추지 않는다는 것이다. 그 끝없는 하락의 가속도를 막아야 할 교회 지도자들마저 어쩔 수 없고 대책 없이 그저 지켜보기만 하는 상황에 놓인 것 같다. 이 모습은 마치 무너져가는 성벽을 두고도 경고하지 않는 파수꾼과 같다(에스겔 33:6).

　그러나 감사하게도 내가 발을 딛고 살아가는 안산 땅은 여전히 하나님의 특별한 선물이자 축복의 도시라 생각한다. 안산은 산업도시이자 다문화 도시로서 수많은 도전과 변화를 겪어왔지만 그 속에서 대표적인 교회들이 여전히 본질을 붙들고 있다. 예를 들어 안산의 터줏대감 격인 안산제일교회는 600여 명이 근무하고 있는 사회복지재단을 통해 지역과 호흡하며 도움이 필요한 이웃에게 실질적인 사랑을 전한다. 안산동산교회는 학원 복음화와 교회 분립개척이라는 길을 걸으며 다음 세대를 향한 문을 열어가는 대한민국 기독교 역사에 남을 큰 획을 긋고 있다. 꿈의교회는 새로운 도전을 멈추지 않는 교회로 온라인 사역과 대중 매체를 통해 젊은 세대에게 다가가는 미래지향적인 사역을 감행하고 있으며 안산빛나교회는 초대교회의 모습을 회복하고 철저한 복음주의 신앙을 지향하여 충성심이 강한 평신도 그룹의 코어가 단단하고 넓은 자율적이고 건강한 조직으로 성장해 가고 있다.

이러한 교회들의 공통점은 하나다. 복음에 대한 깊은 뿌리를 두고 기존의 형식과 전통에 얽매이기보다는 **변화를 두려워하지 않는 신앙 실천력**을 가지고 있다는 것이다. 그리고 그 열매는 안산이라는 도시 곳곳에 각각의 컬러와 방식으로 드러나고 선한 영향력을 지역 사회에 흘려보내고 있다.

> "너희는 세상의 소금이니… 너희는 세상의 빛이라… 이같이 너희 빛이 사람 앞에 비치게 하여 그들로 너희 착한 행실을 보고 하늘에 계신 너희 아버지께 영광을 돌리게 하라" (마태복음 5:13-16)

그동안 '성시화'라는 단어를 수십 년 동안 들었지만 솔직히 그 뜻이 무엇인지 명확히 체감해 본 적이 없다. 그것이 공허한 외침이나 실체 없는 말장난처럼 들렸고 때로는 허상을 좇는 구호처럼 보였다. 그래서 감히 제안하고 싶다. 이제는 **'성시화'라는 말보다 '선한 영향력'**이라는 표현으로 바꾸자고. 왜냐하면 오늘날 도시를 변화시키는 힘은 단순한 구호가 아니라 실제 행동으로 나타나는 선한 영향력이기 때문이다.

지금 한국교회가 부족한 것은 기도 혹은 말씀의 지식이 아니다. 문제는 그 기도와 말씀을 행동으로 옮기는 용기다. 사도 야고보는 "행함이 없는 믿음은 그 자체가 죽은 것이라"(약 2:17)라고 경고했다. 오늘날 우리의 도시가 변화하려면 우리가 행동해야 한다. 그것도 작고 소소한 친절에서부터 사회 구조 속 부패와 불의를 막는 용기 있는 실천까지 구체적이고 지속적인 행동이 필요하다. 선한 영향력은 말이 아니라 삶 자체이다.

사도 바울은 고린도전서 9장 26절에서 이렇게 말했다.

"그러므로 나는 달음질하기를 향방 없는 것 같이 아니하고 싸우기를 허공을 치는 것 같이 아니하며…"

우리가 지금 허공을 치듯 신앙생활을 하고 있지 않은지 돌아볼 때다. 목표 없이 달리면 지치기만 하고 방향 없이 싸우면 승리는 없다. 교회가 다시 일어서려면 본질을 붙들고 행동하는 영적 결단이 필요하다.

한국의 모든 도시는 여전히 변화할 수 있다. 그 변화의 시작은 거창한 프로그램이 아니라 교회가 본질로 돌아가고 성도 한 사람 한 사람이 빛과 소금으로서의 삶을 실천하는 데 있다. 선한 영향력은 도시를 변화시키고 세대를 살린다. 그리고 그 길이야말로 예수님이 우리에게 주신 사명이다.

05.

다음 세대를 위한 교회, 시대를 읽는 선교

중학교 2학년 시절, 아직도 뚜렷하게 기억되는 한 장면이 있다. 당시 다니던 학교는 시골 중에서도 깊은 산골 마을의 '깡촌'이었다. 그런 학교에 새로 부임한 한 선생님은 학생들과의 대화를 통해 놀라운 통찰을 전해주셨다.

그분은 질문부터 던지셨다.

"애들아, 우리나라와 미국의 차이는 얼마나 될 것 같니?"

아이들은 고개를 갸웃거리며 조용히 있었다. 선생님은 말을 이으셨다.

"50년이야. 기술도, 생활도, 교육도 말이야. 미국은 우리나라보다 50년 앞서 있어."

그 이야기는 충격이었다. '50년이라니?' 쉽게 믿기 어려웠지만 우리들은 고개를 끄덕일 수밖에 없었다. 미국이라는 나라는 우리에게 그저 낙원이나 이상 국가처럼 환상 같은 존재였기 때문이다. 이어 선생님은 또 하나의 질문을 던지셨다.

"그럼, 일본과는 얼마나 차이가 날까?"

"30년 정도의 차이야. 그만큼 우리는 느리고 그만큼 따라가야 해."

지금 생각해 보면 그분은 단순히 수치로 국가 간 차이를 설명한 것이 아니라 시대의 흐름과 미래를 보는 눈을 아이들에게 심어주려 했던 것 같다. 하지만 무엇보다 인상 깊었던 말씀은 다음 이야기였다.

"지금 너희 동네에 자전거가 몇 대나 있니?"

"네 대요."

"좋아. 그런데 말이야 너희가 결혼할 무렵에는 자동차가 그 숫자만큼 있게 될 거야."

속으로 의심했다. '설마요. 그건 너무 비약 아닌가요? 우리 동네에 자전거 네 대밖에 없는데 그게 어떻게 자동차 네 대가 돼요?'

내 상상력으로는 감히 도달할 수 없는 미래였다. 그런데 시간이 흘러 그로부터 15년여가 지난 어느 날 중고차였지만 첫 자동차를 사게 되었다. 그리고 마을 사람들의 자녀들 중 많은 사람들이 자동차를 소유하게 되었다. 자동차는 어느덧 일상이 되어가고 있었다. 그 선생님의 말씀이 단순한 예측이 아니라 미래를 꿰뚫는 통찰이었다는 사실을 깨달았다. 세월이 흐르며 또 하나의 시대 징후를 목격했다. 30대 초반이던 1990년대 초에 신문에서 한 기사를 보았다.

"2010년경부터는 문을 닫는 대학이 생겨나기 시작할 것이다."

믿기지 않았다. 그 당시만 해도 대학은 경쟁률이 높고 대학 진학은 곧 성공의 관문이었다. 그러나 2010년을 전후로 대학들의 통폐합이 본격화되었고 지금은 지방대학의 상당수가 외국인 학생 유치 없이는 운영이 어려운 지경에 이르렀다.

역사는 끊임없이 흐른다. 그리고 미래는 우연히 오지 않는다. 그것은 준비하는 사람에게만 기회로 다가온다. 변화의 흐름을 읽고 예견된 위기에 미리 대비한 사람만이 그 시대의 열매를 거둘 수 있다.

그렇다면 우리는 교회의 미래에 대해 얼마나 준비되어 있는가?

많은 이들이 교회를 영원히 지속될 공동체로 착각하고 있는 것 같다. 하지만 시대는 변했고 교회도 위기 앞에 서 있다. 2000년대 초부터 이미 여러 종교학자들은 교회의 쇠퇴를 경고했다. 출산율의 급감, 젊은 세대의 탈종교화, 현실주의적인 사고의 확산. 여기에 더해 교회 지도자들의 도덕적 타락, 권력과의 유착, 그리고 이념에 경도된 시대착오적인 설교들은 교회를 깊은 수렁으로 밀어 넣고 있다.

한때 교회는 공동체의 중심이었고 사회 정의와 사랑을 실현하는 곳이었다. 그러나 지금은 오히려 사회적 불신의 대상이 되어가고 있다. 이유는 명백하다. 교회가 본질을 놓치고 시대에 맞는 변화를 외면해 왔기 때문이다. 마치 **산업화 시대에 오직 경제성장만을 외치며 온실가스를 배출한 결과가 오늘날의 지구온난화라는 재앙으로 돌아온 것처럼 우리는 미래세대를 위한 영적 책임을 다하지 못하고 있다.** 지금도 많은 교회들은 주일 한 번 그것도 두세 시간의 예배와 공과 활동만으로 다음 세대를 양육할 수 있다고 믿는다. 그러나 그것은 환상에 가깝다.

이제는 구체적인 투자와 전략이 필요하다. 교회는 재정을 투입해 대안학교를 세우고 국가 커리큘럼에 종속되지 않는 기독교 교육기관을 육성해야 한다. '명문 크리스천 스쿨'을 만들어 신앙과 실력을 겸비한 다음 세대를 키워내야 한다. 물론 이미 늦은 면이 있다. 그러나 지금이라도 시작해야 한다. 그 시작은 유아기 신앙교육에서 출발해야 한다.

어린이집 대신 성경적 기준에 맞는 커리큘럼으로 세워진 선교원을 세워 유아기부터 철저한 기독교 세계관을 심어주는 교육이 절실하다.

"지금 늦었다고 생각할 때가 가장 빠른 때"라는 말이 있다.

미래를 책임질 다음 세대를 위한 준비는 지금 당장 시작되어야 한다.

그렇다면 선교의 미래는 어떠한가? 정직하게 말하자면 상황은 매우 심각하다. 2000년 즈음 **선교사의 재배치**에 대한 논의가 뜨거웠다. 미전도 종족에 필요한 선교사들이 왜 미국이나 필리핀에 집중되어 있는가? 복음전파가 이미 되어 있는 곳의 선교사들을 빼내어 정작 필요한 미전도 종족으로 재 파송해야 된다는 것이다. 2022년 6월 우리나라의 대표적인 선교단체인 KWMA(한국세계선교협의회)는 기자간담회를 열고 충격적인 발표를 했다.

100년 넘게 지속해 온 구시대적인 '양적 선교 전략' 즉 무조건적인 선교사 파송과 현지 교회 건축 중심의 전략을 폐기하겠다는 것이었다. 또한 2004년에 자신들이 세운 'Target2030' - 2030년까지 10만 명의 선교사 100만 명의 자비량 선교사 파송이라는 목표도 공식적으로 폐기됐다. 이는 선교가 더 이상 과거 방식으로는 지속될 수 없다는 자성의 결과다.

2024년 인구주택총조사에 따르면 우리나라에 거주하는 외국인 인구는 246만 명 전체 인구의 4.8%에 해당한다. 더욱이 안산시에 108,000명, 화성시에 77,000명, 수원시에 71,400명으로 경기도에 집중되어 이미 정착해 살고 있다. 이들은 더 이상 '해외 선교'의 대상이 아니라 국내 선교의 우선순위 대상이다. 우리는 지금도 무계획적으로 선교사를 파송하고 의미 없는 교회 건축을 지원하며 선교라는 이름 아래 '성과'만을 좇고 있다.

　이미 그 시대는 지났다. 이러한 선교 지형의 변화에 따라 이제는 국내 **이주민 선교, 새터민 교회 지원, 다문화 가정과 자녀 교육을 선교의 최전선으로 삼아야** 한다. 그들 중에서 선교사를 발굴하고 교육해서 그들을 하여금 본국으로 돌아가 자국민을 대상으로 선교하게 도와야 한다. 지금이야말로 방향 없는 선교에서 전략적 선교로의 과감한 전환이 필요한 때다. 세상의 빠른 변화 속에서 100년 전의 흘러간 노래만 부르고만 있을 것인가, 어떤 방법의 선교가 좀 더 효율적으로 전할 수 있을 것인가, 이미 늦었지만 선제적으로 방향을 틀어 가고 있는 선교단체들과 교회에 편승할 것인가 결단이 필요하다.

　교회와 선교의 미래는 우리 손에 달려 있다. 막연한 낙관은 위험하다. 교회의 본질을 회복하고 다음 세대를 위한 교육과 영적 투자를 아끼지 않으며 시대 흐름을 꿰뚫는 전략적 선교만이 남은 희망이다. 지금이라도 늦지 않았다. 다음 세대를 위한 교회, 시대를 읽는 선교로 가야 한다. 그리고 그것은 우리가 오늘 얼마나 결단하느냐에 달려 있다.

06.
목회자와 장로의 정체성 혼란

교회의 성장과 안정을 가로막는 가장 큰 요인

지인이 다니는 교회를 방문할 기회가 있었다. 개척한 지 몇 년 안 되는 성도 수가 70여 명의 작은 교회였다. 인테리어도 감각적이고 목사님도 50대 초반 되어 보이는 스마트한 분이셨다. 교회는 무척 활기차고 안정되어 보였다. 안수집사인 그가 교회에서 일어난 한 에피소드를 말해 주었다. "몇 개월 전에 나이가 70대쯤 되는 장로라는 분이 교회에 출석했는데 그분이 목사님께 코치한답시고 '예배 후에 신유 기도를 왜 안 하냐?', '예배순서가 잘못되었다.'"는 등의 내용으로 사사건건 시비를 걸다가 결국 6개월 만에 교회를 떠났다고 한다. 알고 보니 그분은 과거에도 관내에 있는 수많은 교회를 돌아다니며 그런 일들을 해왔었다고 했다. 이러한 일들을 그동안 수도 없이 겪었다. 30대 초반 때였다. 어떤 70대 안수집사님이 남전도회 회의 중 회장이 아님에도 불구하고 회의 절차만 가지고 1시간 동안을 시비 거는 모습도 보았고 어떤 장로는 담임목사님이 장로 대접을 해주지 않는다고 갑자기 교인들을 모으고 100일 새벽기도회를 선포했다. 당시에 30대 중반이었던 나는 직감적으로 교회가 큰 소용돌이에 휘말리겠다는 생각이 들었다. 발언권을 얻어 '특별기도회 선포권을 비롯한 영적인 사역은 목사님의 권한이 아닙니까? 목사님과 상의해서 선포해 주시면 좋겠습니다'라고 정중하게 말씀드려 무산시킨 적도 있다. 이밖에 교회 밖에서 만나 타 교회 장로들의 이야기를 들으면 장로의 정체성을 모르는 경우가 허다하여 너무 안타까웠다. 본인들은 마치 무용담처럼 늘어놓지만 대부분 자기 정체성을 모르고 하는 무지한 행동이 대부분이었다. 교회의 성장을 가로막는 것은 일차적으로 목회자의 책임이 크지만 각자 살아온 환경과 신앙의 경험, 잘못된 신앙관으로 인해 정작 본인만 무엇이 잘못되었는지 모르는 무지한 장로들의 책임이 크다.

오늘날 많은 교회들이 성장의 한계를 경험하고 심지어 내적으로 분열과 불안정을 겪는 이유는 다양하다. 그러나 그 근본적인 원인을 살펴보면 결국 교회 내 리더십 구조의 혼란, 특히 목회자와 장로(평신도 리더) 간의 정체성 부재 또는 혼동에서 비롯된 경우가 매우 많다는 사실을 발견하게 된다. 교회의 영적 건강과 안정된 성장은 조직적 역량도 필요하지만 그보다 더 중요한 것은 리더들이 자신들의 본분과 역할을 분명하게 인식하고 그에 따라 조화롭게 사역하는 것이다.

"하나님은 혼란의 하나님이 아니시요 오직 화평의 하나님이시니라" (고린도전서 14:33)

목회자의 가장 핵심적인 정체성은 '영적인 지도자'이다. 하나님께 드리는 최상의 예배를 설계함은 물론 인도하고 성도들의 영적인 성숙과 충만함을 위해 전적으로 헌신하는 사람이다. 목회자는 영혼을 위한 돌봄과 가르침, 예배의 방향 설정, 교회의 영적 분위기 조성에 있어서 책임자이며 동시에 그 권한을 가진다. 그의 사명은 단순히 설교를 잘하는 것에 그치지 않고 공동체를 하나님의 뜻 안에서 이끌고자 하는 영적인 열정과 책임을 목숨 걸고 감당하는 데 있다.

예배, 기도회, 성경 교육 등 교회의 모든 영적 영역은 목회자의 리더십 아래 세워지고 운영되어야 하며 목회자는 이 부분에 대해 전적인 책임과 자유로운 결정권을 보장받아야 한다.

반면, 장로를 포함한 평신도 리더들의 역할은 목회자가 자신의 영적 사명을 더욱 효과적으로 수행할 수 있도록 최선을 다해 돕는 데 있다. **장로의 정체성은 '동역자'이자 '후원자'로서 목회자의 사역을 뒷받침하고 현실적인 기반을 다지는데 초점을 맞춰야 한다.**

"우리는 하나님의 동역자들이요 너희는 하나님의 밭이요 하나님의 집이니라" (고린도전서 3:9)

구체적으로는 교회의 재정 관리, 건물 및 자산의 유지와 운영, 교인 간의 화목한 관계 유지, 봉사와 섬김 사역의 독려 등이 여기에 해당한다. 장로는 목회자가 영적인 영역에 집중할 수 있도록 환경을 조성하고 물리적이고 행정적인 부분에서 부담을 나누는 파트너가 되어야 한다.

여기서 중요한 점은 장로가 목회자의 영적 권위 영역, 예배 구성이나 설교 주제, 기도회 형식 등 순수한 영적 사안에 개입하거나 간섭하는 일은 없어야 한다는 것이다. 경우에 있어서 불가피한 경우 제안할 수는 있으나 그 제안조차도 기도 가운데 진정성 있게 준비되고 목회자에게 가장 아름답고 존중하는 방식으로 전달되어야 한다.

그리고 혹 그 제안이 받아들여지지 않더라도 '아직은 때가 아니구나' 하고 여유롭게 기다릴 줄 아는 성숙함이 필요하다. 성령의 인도하심을 신뢰하며 때를 분별하는 것은 모든 리더에게 필수적인 영적 지혜이다.

"범사에 기한이 있고 천하만사가 다 때가 있나니" (전도서 3:1)

지도자(목회자)와 조력자(장로)의 성경적인 예는 모세와 아론과 훌에서 잘 드러난다.

출애굽기 17장은 우리에게 인생과 신앙 공동체에 중요한 교훈을 던져준다. 아말렉과의 전투가 벌어진 광야에서 이스라엘은 두 가지 전쟁을 동시에 치르고 있었다. 눈앞에서는 여호수아와 군사들이 칼을 들고 싸웠고 산 위에서는 모세가 지팡이를 들고 하나님 앞에 손을 들어야 했다. 이 장면 속에 모세, 아론, 훌이라는 세 인물이 등장한다. 각자는 서로 다른 위치와 정체성을 가지고 있었지만 그들의 협력과 헌신이 결국 하나님의 승리를 이루어냈다.

먼저 모세는 하나님의 부르심을 받은 영적 지도자였다. 그는 직접 칼을 들고 싸우는 대신 손을 들어 하나님께 의지함으로 전쟁의 향방을 결정짓는 자리에 서 있었다. 그의 정체성은 단순한 군대의 총사령관이 아니라 하나님의 뜻을 대변하는 중보자였다. 그의 팔이 무거워 홀로 그 사명을 완수할 수 없을 때 곁에 있었던 이가 아론이었다. 아론은 모세의 형이자 하나님께서 세우신 첫 제사장이었다. 그는 늘 모세 곁에서 백성과 소통하는 일을 도왔고 하나님 앞에서 제사를 드리며 백성의 죄를 중보하는 역할을 맡았다. 산 위에서도 그는 동일한 본분을 감당했다. 모세의 팔이 내려오지 않도록 붙들어 줌으로써 보이지 않는 곳에서 기도의 불이 꺼지지 않게 했다. **아론의 정체성은 '섬김과 중보의 사람'**이었다.

또 한 사람, 훌이라는 조력자가 있다. 훌은 성경 속에서 상대적으로 덜 알려진 인물이지만 그의 존재는 매우 소중하다. 그는 제사장도 선지자도 아니었다. 그러나 그는 묵묵히 아론과 함께 모세의 손을 떠받쳤다. 이름 없는 평신도 지도자처럼 보이지만 그 충직함은 이스라엘의 승리를 결정짓는 힘이 되었다. 전면에 드러나지 않지만 지도자를 지탱하는 그의 역할은 하나님의 역사 속에서 결코 작지 않았다. **훌의 정체성은 '충직한 동역자'**였다.

이 세 사람은 각자의 자리에서 서로 다른 정체성을 지녔다. **모세는 하나님의 부르심을 받은 영적 지도자였고 아론은 섬김과 중보의 제사장이었으며 훌은 묵묵히 받쳐주는 평신도 지도자**였다. 이들의 조화가 없었다면 여호수아가 아무리 뛰어난 전투를 벌였더라도 승리는 장담할 수 없었을 것이다.

우리는 이 이야기에서 신앙 공동체의 중요한 원리를 발견한다. 공동체의 승리는 특정한 한 사람이 영웅적인 능력으로 이루어지지 않는다. 하나님은 모세와 같은 영적 지도자도 필요로 하시고 아론과 같은 섬김의 리더도 필요로 하시며 훌과 같은 충직한 동역자도 필요로 하신다. **서로의 정체성을 존중하고 각자의 자리에서 충실할 때** 하나님의 나라는 힘 있게 세워진다.

우리의 삶 속에서도 마찬가지다. 어떤 이는 앞에 나서야 하고 어떤 이는 옆에서 붙들어야 하며 또 어떤 이는 뒤에서 묵묵히 받쳐야 한다. 모두가 같은 역할을 감당할 수는 없지만 모두가 함께할 때 하나님은 역사하신다. 모세와 아론과 훌, 이 세 사람의 정체성은 다르지만 그들의 마음은 하나였다. 바로 하나님의 승리를 향한 헌신이었다.

교회는 세속적인 기업이나 조직과는 본질적으로 다르다. 많은 사람들이 교회의 행정을 기업처럼 운영해야 한다고 주장하지만 의사결정 구조만큼은 세상의 방식과 달라야 한다. 교회는 하나님께서 세우신 질서 안에서 움직이며 그 질서의 핵심은 영적 권위의 인정에 있다.

"모든 권세는 하나님께로부터 나지 않음이 없나니" (로마서 13:1)

교회의 의사결정 구조는 본질적으로 Bottom-Up(상향식) 방식이 아니라 Top-Down(하향식) 방식이어야 하며 이는 목회자의 영적 권위를 온전히 인정할 때 가능하다. 이 같은 질서가 세워질 때 교회와 가정은 하나님의 복을 경험하게 된다. 이는 단지 이론적인 주장이 아니라 오랜 신앙생활을 통해 깨닫게 된 실제적인 결론이다.

결국 교회의 진정한 성장은 구조적인 전략이나 프로그램에서 오는 것이 아니라 구성원들이 각자의 정체성을 명확히 인식하고 그 본분을 충실히 감당할 때 이루어진다.

목회자는 영적 지도자로서 전심을 다해 하나님을 예배하고 성도들을 양육하며 장로는 그 목회자가 사명을 기쁨으로 수행할 수 있도록 든든하게 돕는 조력자가 되어야 한다. 교회는 하나의 몸이며 각 지체가 제자리를 지킬 때 온몸이 건강하게 움직일 수 있다.

따라서 목회자와 장로가 각각의 위치에서 자기 역할을 충실히 감당하는 것은 개인의 덕목을 넘어 교회 전체의 복과 연결된 문제임을 잊지 말아야 한다.

자신의 위치에서 정체성을 지키고 본분을 감당하는 것이야말로 하나님께서 주신 사명을 이루는 길이며 교회에 진정한 평안과 생명을 불어넣는 열쇠가 된다.

"각각 그 받은 은사를 따라 하나님의 여러 가지 은혜를 맡은 선한 청지기 같이 서로 봉사하라" (베드로전서 4:10)

이것이야말로 우리가 교회를 섬기며 지켜야 할 가장 기본적이고도 중요한 원칙이다.

07.

신앙보다 앞선
신념과 이데올로기

    오늘날 우리는 신앙이라는 이름 아래 수많은 신념과 이데올로기가 결합되고 때로는 왜곡되는 현실을 마주하고 있다. 신앙인은 모든 세상의 이치와 삶의 원리를 하나님의 말씀과 성경적 원칙에 비추어 해석하고 실천해야 한다. 하지만 많은 신자들이 신앙을 수단으로 삼아 자기의 신념, 정치적 성향, 또는 성공을 이루는 도구로 전락시키기를 주저하지 않는다.

    이러한 현상은 평신도뿐만 아니라 영향력이나 파급력이 큰 교회의 리더라 일컫는 목회자와 장로들 사이에서도 예외가 아니다. 이들의 언행을 바라보며 "과연 하나님은 지금 이 모습을 어떻게 보고 계실까?"라는 질문을 던지게 된다. 신앙은 하나님과의 관계에서 비롯된 순전한 헌신이며 그 자체가 삶의 목적이 되어야 함에도 불구하고 오늘날의 강단은 세속적인 목적과 야망에 오염되고 있다.

> "하나님은 일곱 가지가 있다 … 거짓을 말하는 혀와 무죄한 피를 흘리는 손 악한 계교를 꾸미는 마음…" (잠언 6:16-18)

최근 몇 년간 일부 목회자들이 정치적 발언과 도를 넘는 편향된 메시지를 담은 설교가 성도들의 신앙을 시험에 들게 만든 것은 물론 세상 사람들의 조롱거리가 되었다. 목회자들이 특정 정치 이념을 설교 강단에서 선포하는 것은 하나님의 뜻인 것처럼 포장한 신성 모독에 더 가깝다고 생각한다.

특히 일부 목회자들이 무속에 빠져 있는 특정 정치지도자를 하나님의 뜻으로 포장하거나 심지어 무속적 상징을 수용하는 것을 목격할 때 우리는 깊은 통탄을 금할 수 없다. 이는 단지 한 개인의 타락을 훨씬 넘은 영역이자 복음 그 자체에 대한 모독이다. 하나님께서 기뻐하시는 것이 과연 무엇인지 묻지 않고 자신의 사상과 입장을 정당화하기 위한 수단으로 하나님의 이름을 전락시키는 꼴이다. 선량하고 무지한 성도들을 현혹하는 것이다. 이로 인해 미래 세대들이 교회를 떠나게 되었으며 자랑스러워야 할 기독신앙이 큰 수치를 당하게 된 것은 자명한 일이다.

예수님께서 이 땅에 오셨을 때 그분을 맞이한 유대인들의 태도는 극명히 갈렸다. 몇몇은 그분을 하나님의 아들로 고백하며 생명의 길을 걸었지만 더 많은 이들은 눈앞의 메시아를 알아보지 못한 채 그분과 대척점에 섰다. 그것은 단순한 무지 때문이 아니라 그들이 이미 종교적·정치적 이데올로기에 사로잡혀 있었기 때문이다.

바리새인과 서기관들은 율법을 붙잡았다. 하나님께서 주신 율법은 본래 생명의 길이었지만 그들은 그 율법을 자기들의 의와 권위의 도구로 변질시켰다. 예수님께서 안식일에 병자를 고치셨을 때 그들은 하나님의 생명 역사를 보지 못하고 오히려 안식일 규정을 어겼다며 정죄했다. 진리의 본체가 그들 앞에 계셨지만 전통과 규범의 틀 안에 갇혀 제대로 볼 수 없었다.

사두개인들은 또 다른 모습으로 이데올로기에 매여 있었다. 종교적 기득권을 유지하기 위해 로마 정치와 타협하고 있었기 때문이다. 그들은 "나는 부활이요 생명이라" 말씀하신 예수님을 결코 받아들일 수 없었다. 영원한 생명의 실체 대신 눈에 보이는 권력을 더 굳게 움켜쥔 것이다.

또한 유대 민족 전체가 빠져 있던 함정도 있었다. 그들은 메시아를 기다렸다. 그러나 그들이 바라는 메시아는 로마의 압제에서 자신들을 해방하고 다윗의 왕국을 다시 세워줄 정치적 해방자였다. 그러나 예수님은 말씀하셨다. "내 나라는 이 세상에 속한 것이 아니니라." 그들의 기대와 너무나 다른 이 말씀을 이해할 수 없었던 그들은 가장 기다리던 메시아를 결국 자기 손으로 십자가에 못 박아 버렸다.

예수님은 영적인 실체이셨다. 빛이셨고 생명이셨다. 그러나 유대인들은 빛을 두려워했고 생명보다 체제를 선택했다. 요한복음은 이 장면을 이렇게 기록한다. "빛이 어둠에 비치되 어둠이 깨닫지 못하더라." 그 어둠은 무지가 아니라 이데올로기의 굴레였다.

이 이야기는 단지 2천 년 전 유대인들의 이야기가 아니다. 오늘 우리의 신앙도 같은 위험 앞에 서 있다. 신앙이 곧 제도나 규율 혹은 정치적 구호에 묶일 때 우리는 영적인 예수님을 놓칠 수 있다. **신앙은 본질적으로 관계이며 생명의 흐름**이다. 그러나 우리가 그것을 제도와 틀로만 가두려 할 때 그 안에 계신 주님은 보이지 않는다.

2천 년 전 유대인들이 지금 우리에게 묻는다. "너는 영적인 예수님을 붙잡고 있는가 아니면 신앙이라는 이름의 이데올로기를 붙잡고 있는가?"

평신도 중에 이데올로기에 깊이 경도된 이들이 많다. 존경받을 만한 은퇴 장로님들 중에도 말씀이나 교회의 비전에 대해 말하기보다는 정치 성향과 사회적 담론에 관한 이야기로 대부분의 대화를 채운다. 그들은 유튜브 알고리즘 속에서 자신의 생각을 점점 강화시키고 반대 성향의 사람들을 향해 적대적인 시선을 던진다.

보수와 진보 그 자체는 죄가 아니다. 하나님께서는 각각의 관점과 배경 속에서 역사하실 수 있다. 중요한 점은 그것들이 신앙 아래에 있어야 한다는 점이다. 하나님보다 이념을 먼저 두는 삶의 태도는 결국 우상숭배의 형태를 취하게 된다.

나 또한 정치적 성향이 있다. 살아온 궤적과 학문적 성향, 지역적 배경 또한 그것을 반영한다. 그러나 어느 한쪽으로 기울지 않으려고 애쓴다. 왜냐하면 신앙은 좌우의 논리로 구획 지을 수 없기 때문이다. 좌우의 관점 속에서도 하나님의 뜻을 볼 수 있는 통찰력이야말로 신앙인의 가장 중요한 자질 중 하나다.

문제는 그 신념이 너무 깊어질 때 신앙과 진리를 구분하지 못하게 된다는 데 있다. 신념은 확신이지만 신앙은 순종이다. 신념은 인간의 이성이 만든 결과일 수 있지만 신앙은 성령의 인도하심을 따라야 한다. 따라서 우리가 믿는 것과 말하는 것이 하나님 앞에서 얼마나 순전한지를 끊임없이 점검해야 한다.

교회의 분열 역시 이러한 잘못된 신념과 이념에서 비롯된다. 교역자들이 어느 지역 출신인지 어느 학교를 나왔는지 정치 성향이 어떤지에 따라 갈라지고 패거리가 생기기도 한다. 이런 모습은 그리스도의 몸인 교회가 마땅히 지녀야 할 하나 됨과 사랑의 공동체 정신을 정면으로 위배하는 것이다.

진정한 교회 개혁의 출발점은 외형적인 제도 개혁이 아니라 신앙의 중심을 회복하는 것이다. 모든 기독교 지도자들이 다시금 십자가 앞에 무릎 꿇고 **자신의 사상과 신념을 내려놓고 오직 하나님의 말씀에만 의지하려는 마음을 가질 때 비로소 교회는 회복될 수 있다.** 교회가 정치로부터 이념으로부터 인간의 욕망으로부터 자유로워질 때 참된 복음이 살아 숨 쉬는 공간이 될 수 있다.

이제 우리에게 필요한 것은 신념이 아닌 신앙이며 논쟁이 아닌 순종이며 자기 확신이 아닌 하나님의 뜻에 대한 경청이다. 그때야말로 비로소 우리는 세상을 비추는 등불이자 하나님의 뜻을 실현하는 통로가 될 수 있을 것이다.

> "오직 정의를 물 같이 공의를 마르지 않는 강 같이 흐르게 할지어다." (아모스 5:24)

08.
성소수자와 애완동물

크리스천의 태도

교회에서 언급하기 꺼려하는 주제 가운데 하나가 성소수자와 애완동물에 관한 크리스천의 태도일 것이다. 이는 단순히 시대적 유행이나 개인적 취향의 문제가 아니라 성경적 가치관과 인간 이해 그리고 영혼에 대한 바른 관점과 직결된 주제이기 때문이다.

약 15년 전 한 권사님이 자기 애완견이 죽은 후 일주일 동안 눈물로 지새웠다는 이야기를 들었다. 그런데 정작 예전에 시어머니가 돌아가셨을 때는 눈물 한 방울 흘리지 못했던 자신을 돌아보며 자조 섞인 농담을 하셨다. 그 이야기를 들으며 웃어야 할지 안타까워해야 할지 마음이 복잡했다. 또 다른 권사님은 집에 강아지를 두고 나올 때면 강아지가 심심할까 봐 친구들 모임에도 온전히 참석하지 못하고 강아지를 안고 친구들이 있는 카페에 안에도 들어가지 못하니 뜨거운 땡볕 아래 강아지를 안고 서서 커피를 마시고 갔다는 이야기를 들려주었다. 이해하기 어렵지만 이것이 우리의 일상이자 현실이다.

이런 현상 앞에서 크리스천은 어떤 기준과 태도를 가져야 할까? 일부 교회는 아예 교회 안에 애견 보관소를 마련하거나 심지어 애완동물과 함께 드리는 예배 공간까지 준비했다고 한다. 물론 동물이 사람보다 우선할 수는 없다.

한 영혼은 천하보다 귀하다. 그런데 어떤 이는 부모의 치료비는 아깝다고 여기면서도 애완동물의 치료비에는 고액을 지불하는데 거리낌이 없다. 자기 부모는 쉽게 요양원에 맡기면서 애완동물은 집에서 임종할 때까지 정성을 다한다. 이는 창조 질서가 뒤바뀐 모습이 아닐까.

그렇다고 애완동물을 무조건 배척해야 하다는 것은 결코 아니다. 하나님께서 창조하신 동물들은 본래 인간이 다스리고 돌보아야 할 피조물이다(창세기 1:28). 실제로 많은 이들이 애완동물을 통해 외로움을 달래고 사람에게서 상처받은 마음을 치유 받는다. 물론 신앙으로 치유 받아야 하는 그것은 당연하지만 인간이 만든 치료약이나 치료기구로 치료받듯이 피조물인 애완동물로 치유 받는다고 생각하면 좀 더 이해가 쉬울 것이다. 특히 현대 사회에서 가족의 붕괴와 인간관계의 단절로 인해 애완동물은 심리적 위로의 도구가 되기도 한다. 이는 분명히 긍정적인 기능이다. 그러나 크리스천은 이 문제를 세상 사람들과 동일하게 받아들여서는 안된다고 생각한다. 우리는 어디까지나 하나님의 형상대로 지음 받은 사람 곧 **영혼의 가치를 최우선으로** 두어야 한다.

사람은 그 어떤 피조물보다 귀한 존재다. 동물은 소중히 돌볼 수는 있지만 사람과 동일시하거나 그 이상으로 여겨서는 안 된다. 따라서 교회가 지혜롭게 접근할 필요가 있다. 예를 들어 애완동물과 함께 오는 이들을 무조건 거부하기보다 그들의 마음을 이해하며 교회 문턱을 낮출 수 있는 방안도 모색할 수 있다. 교회의 사명은 모든 사람들이 하나님의 말씀을 듣고 돌이켜 영혼의 참된 가치를 깨닫고 성장하도록 돕는 것이기 때문이다. 성숙한 크리스천이라면 '그들 한 사람 한 사람도 귀한 영혼이다'라는 마음으로 바라보아야 한다. 교회가 필요하다면 **애견 동반 공간을 마련하는 것도 단순히 편의를 제공하는 차원을 넘어 복음을 전할 기회로** 삼을 수 있다.

비슷하면서도 다른 문제는 성소수자 문제이다. 지금 한국교회를 흔드는 가장 큰 이슈 중 하나가 바로 이 문제다. 대부분의 교회들은 차별금지법을 반대하며 기도 제목으로 삼고 있지만 정작 성소수자를 어떻게 대할 것인지에 대한 깊은 고민은 부족하다. 성경은 분명히 하나님께서 남자와 여자를 창조하시고 (창세기 1:27) 부부 제도를 통해 생육하고 번성하도록 하셨다고 기록한다. 이는 인간의 성 정체성이 하나님의 창조 질서 속에서 남자와 여자로 주어졌음을 의미한다. 또한 성경은 동성애나 짐승과의 음행을 죄악으로 규정하고 있다 (레위기 18:22-23, 로마서 1:26-27).

그러나 오늘날 우리가 마주하는 현실은 단순히 '죄'라는 낙인으로만 설명하기 어려운 부분이 있다. 유전적 요인이나 환경적 요인으로 인해 성 정체성의 혼란을 겪는 사람들이 분명히 존재한다. 이들을 무조건 정죄하고 배척하는 것은 오히려 그들을 더욱 깊은 절망과 고립으로 몰아넣을 수 있다. 성숙한 크리스천의 태도는 무엇이어야 할까? 바로 예수님께서 보여주신 태도다. 예수님은 죄인과 세리, 창기와 병자들을 외면하지 않으셨다. 오히려 그들에게 다가가 치유하시고 새로운 삶으로 초대하셨다.

> "건강한 자에게는 의원이 쓸 데 없고 병든 자에게라야 쓸 데 있느니라. 내가 의인을 부르러 온 것이 아니요 죄인을 부르러 왔노라" (마가복음 2:17)

따라서 성 정체성의 혼란을 겪는 이들도 하나님이 주신 귀한 영혼임을 우리는 잊지 말아야 한다. 그들을 배타적으로 차별하거나 무작정 죄인 취급하는 것은 교회의 본질이 아니다. 그들이 **하나님을 만나고 말씀을 통해 치유와 회복을 경험할 수 있도록 교회는 품어야** 한다. 물론 하나님의 창조 질서를 왜곡하거나 죄를 죄로 부르지 않는 것은 옳지 않다. 그러나 동시에 우리는 그들의 아픔을 이해하고 상담과 기도로 도와주며 사회 속에서 온전한 삶을 살아가도록 돕는 사명을 가지고 있다.

결국 애완동물 문제든 성소수자 문제든 본질은 같다. 그것은 한 영혼의 가치에 대한 질문이다. 크리스천의 시선은 언제나 영혼을 향해야 한다. 애완동물보다 귀한 것은 사람이고 죄보다 귀한 것은 회복이며 편견보다 귀한 것은 사랑이다. 우리가 기억해야 할 것은 교회의 사명은 언제나 '영혼 구원'이라는 사실이다. 그러므로 **교회는 시대의 다양한 문제들 앞에서 단순 반대, 단순 수용하는 차원을 넘어서야** 한다. 하나님의 형상대로 지음 받은 인간의 가치를 지키면서도 상처받은 영혼을 사랑으로 품고 치유하는 길을 찾아야 한다.

교회는 이 시대에 참된 빛으로 서서 혼란과 왜곡 속에서도 바른길을 보여주어야 한다.

결론적으로 애완동물이나 성소수자 문제는 우리가 피해 갈 수 없는 현실이며 동시에 교회의 신앙적 시험대이다. 성숙한 크리스천의 태도는 결코 단순히 비난이나 방관이 아니라 진리와 사랑을 함께 붙드는 것이다. 그것이야말로 예수 그리스도의 길이며 오늘 우리 교회가 따라야 할 참된 제자의 길이다.

09.

교회에 스며든 뿌리 깊은 샤머니즘과 기복신앙

오래전부터 교회 공동체, 나아가 한국교회 전반에 퍼져 있는 어떤 보이지 않는 정서에 늘 의문을 품어왔다. 겉으로는 '예수님만이 길이요 진리요 생명'이라 고백하고 모든 일을 기도와 말씀으로 분별한다고 말하지만 실제 삶의 방식이나 행동의 뿌리를 들여다보면 놀라울 만큼 무속적 사고방식이 교묘히 섞여 있는 경우가 많다. 겉은 기독교 속은 샤머니즘이라는 이중 구조가 너무도 자연스럽게 교회 문화를 잠식하고 있는 것이다.

이를테면 이름을 바꾸는 일에 관해 들어 본 적이 있는가? 어떤 장로님은 사업 실패와 연이은 재정적 위기를 겪고 난 후 자신의 이름을 '에녹'으로 바꾸셨다고 한다. 다른 목사님은 사역이 지지부진하고 교회가 분열되는 어려움을 겪자 결단하며 자신의 이름을 '바울'로 개명했다고 한다. 처음 들었을 때는 고개를 끄덕일 수 있었다. '그래 인생의 전환점을 이름과 함께 묶어 새롭게 시작하려는 다짐일 수도 있지.' 그러나 더 깊이 생각해 보면 그것이 단순한 상징적 의미만으로 끝나는 것이 아님을 깨닫는다. **'이름을 바꾸면 운명이 바뀐다'라는 뿌리 깊**

은 무속신앙이 우선될 때 그것은 분명 기독교가 아닌 샤머니즘적 사고이다.

작명소에 가서 '좋은 이름'을 받는 행위, 사주팔자나 음양오행을 따져 자녀의 이름을 짓는 행동, 특정 숫자나 방향에 의미를 부여하는 생활방식 등은 기독교 신앙과는 전혀 무관한 일들이다. 그런데도 우리는 이런 문화에 대해 거의 문제의식을 느끼지 못한 채 여전히 그 영향 아래 살고 있다. 심지어 신앙인들조차 "이름을 바꿨더니 일이 잘 풀리더라", "이 날짜는 좋지 않다", "올해는 삼재라 조심해야 한다.", "아홉수를 조심해야 한다' 라는 말을 아무렇지 않게 하곤 한다. 과연 우리가 믿는 하나님은 이런 주술과 길흉화복의 틀 안에 갇힌 존재인가? 그것으로부터 마음껏 자유를 누리는 사람인가?

하나님은 이름이 바뀌는 것을 통해 삶을 변화시키기도 하셨다. 아브람은 아브라함으로, 야곱은 이스라엘로, 시몬은 베드로로 바뀌었다. 하지만 그 변화는 하나님의 주권에 의해 그리고 그 사람의 사명과 정체성의 변화에 따라 주어진 것이지 어떤 무속적 절차나 길흉을 따져 결정된 일이 아니다. 이름은 수단이 아니라 하나님의 뜻을 반영하는 표징이었다.

이와 유사한 또 하나의 예는 헌금 문화에서 나타난다. 일반적으로 예배 시간에 헌금은 정해진 순서에 따라 조용하고 경건하게 이루어지는 것이 원칙이다. 그러나 어떤 사람들은 소위 '액수가 제법 되는 헌금'을 할 경우 예배 시간에 헌금을 하지 않고 예배 후 목회자를 따로 찾아가 기도를 받고 드리는 경우가 있다.

헌금을 드리는 것이 하나님 앞에서의 감사와 신앙의 고백이라면 그 모습 또한 하나님 앞에서 겸손해야 하지 않겠는가? 그런데 굳이 사람 앞에서 목사님 앞에서 드리는 모양새를 갖춘다는 것은 자칫 '사람에게 보이려 하는 경건'이 될 수 있다.

> "사람에게 보이려고 그들 앞에서 너희 의를 행하지 않도록 주의하라 … 너는 구제할 때 오른손이 하는 것을 왼손이 모르게 하라." (마태복음 6:1-3)

이 말씀은 구제에만 국한된 것이 아니다. 예배, 헌금, 기도, 금식 등 모든 신앙 행위가 은밀하고 진실 되게 하나님 앞에서 이루어져야 함을 말씀하신 것이다. 그런데 우리는 **헌금이라는 신앙 행위를 통해 오히려 사람에게 보이려는 유혹**에 빠지기 쉽다. '기도를 받기 위해', 혹은 '큰 헌금이니 정중히 드려야 한다'라는 이유로 목사님을 찾아가는 행위가 어느덧 자기 의를 드러내고 자랑의 도구가 되고 있다면 그것은 심각한 문제다.

더구나 그런 행동이 중직자들에 의해 자주 반복될 경우 초신자나 연약한 성도들에게는 잘못된 신앙의 모델이 될 수 있다. 그들은 '나도 저렇게 해야 복을 받는 구나', '헌금을 많이 하면 목사님이 기도해 주시는구나'라고 생각하게 될 것이다. 이것이야말로 무속적 신앙의 요소가 배어 있는 것이다.

우리의 언어 습관 속에서도 샤머니즘적 요소는 의외로 많이 발견된다. 크리스천들도 자연스럽게 나도 모르게 자연스레 혈액형으로 성격을 판단하고 관상으로 사람됨을 점치며 꿈 해몽으로 앞날을 예상하는 문화는 깊숙이 자리 잡아 있다. 'A형은 소심하고 B형은 활달하다', '꿈

자리가 좋았으니 복권이나 사야겠다'라는 말들을 우리는 너무나 일상적으로 접한다.

신앙이란 결국 세계관의 문제다. 하나님 중심의 세계관이 자리 잡지 않으면 우리는 자연스레 세속적 세계관 나아가 샤머니즘적 세계관에 끌려가게 된다. 아무리 교회 안에 있어도 성경을 읽는다 해도 마음속 중심이 주님이 아니라면 우리는 쉽게 '복을 위한 신앙', '결과 중심의 신앙', '조건부 순종'이라는 왜곡된 길로 빠져든다.

예수님은 말씀하셨다. "너희 중에 누구든지 크고자 하는 자는 너희를 섬기는 자가 되어야 하고 높아지고자 하는 자는 낮아져야 한다."

마지막으로 우리는 '조건부 기도'라는 또 다른 기복적 신앙 행태에 주의해야 한다. "주님, 이번 시험에 붙게 해주시면 열심히 교회 다니겠습니다", "이 계약이 성사되면 얼마만큼 헌금 하겠습니다", "병이 낫게 해주시면 봉사하겠습니다." 물론 하나님께 소원을 아뢸 수는 있다. 성경에도 한나의 서원기도가 나온다. 그러나 그것은 일시적이고 즉흥적인 거래가 아닌 깊은 고통 속에 드리는 진심 어린 약속이었다.

하지만 우리에게 종종 보이는 '조건부 기도'는 거래적 신앙에 가까운 경우가 많다. 은혜와 구원은 값없이 주신 하나님의 선물인데 마치 대가를 요구하듯 기도하는 행위는 주님의 마음을 오히려 아프게 하는 일이다. 그러한 기도는 하나님을 전능하신 아버지가 아닌 요술램프의 지니처럼 취급하는 것이나 다름없다.

또한 장례식장에서 "명복을 빕니다"라고 하는 표현 역시 기독교인들이라면 신중하게 사용해야 할 언어다. 우리에게 '복'은 죽은 자가 아닌 산 자에게 주시는 하나님의 은혜이며 '천국의 소망'은 우리 신앙의 핵심이다. 그러므로 "명복을 빕니다"가 아니라 "주님 품에 안기셨습니다", "하늘나라에서 평안을 누리실 것을 확신 합니다"와 같은 고백이 더 적절하지 않을까?

우리는 알게 모르게 이미 **관습, 무속적 심리의 탈을 신앙이란 이름으로 포장한 샤머니즘 속에서 살고 있다.** 이는 하나님을 이용하려는 인간 중심적 사고일 뿐 성경이 말하는 믿음과는 거리가 멀다.

예수님께서 말씀하신 진정한 믿음은 십자가를 지는 믿음이다. 복을 받기 위한 신앙이 아니라 복을 나누기 위한 헌신이며 조건 없는 순종이다. 이제 우리는 우리 안에 깊숙이 자리 잡은 샤머니즘과 기복신앙의 뿌리를 뽑아내야 한다.

오늘도 내 마음을 비쳐 본다. 내 안에 자리 잡은 작은 무속적 잔재들, 조건을 따지고 계산하는 기도의 언어들, 사람을 의식하며 드리는 신앙 행위들, 이 모든 것을 다 털어내고 오직 하나님 앞에서 정직하고 겸손한 제자가 되어야 할 것이다.

10.
교회와 고정관념

교회 음악과 조직관리 중심으로

　어느 날 아버지뻘 되는 은퇴 장로님이 흥분하면서 나를 불러 세웠다. "어이! 이 장로 '예수 나의 첫사랑 되시네 첫사랑~~' 이런 노래를 교회에서 불러도 되나? 첫사랑이란 불경스러운 단어를 감히 예수님께 붙여?". "그 가사가 어떻습니까? 첫사랑이 꼭 남녀관계만 있습니까?" 아무리 설득해도 필요 없었다. 그분은 남녀관계에서의 첫사랑만 뇌에 고정되어 있기 때문이다. 설득은커녕 점점 감정만 상했다. 이것이 고정관념이다. 그 은퇴 장로님은 또 시비를 걸었다. "'예수 나의 첫사랑 되시네~~'에서 "왜 예수님한테 불경스럽게 예수에 '님' 자를 안 붙여?", "그럼 찬송가340장에 '예수 예수 믿는 것은 받은 증거 많도다'라는 가사가 있는데 찬송가집에서 그 노래는 빼야 되나요? 314장 '내 구주 예수를 더욱 사랑~~' 이 노래도 뺄까요? 236장 '주 예수 크신 사랑 늘 말해 주시오~~' 이 노래도 빼야 하나요? 찬송가 내에 수십 곡이 '~님자'가 없는데 장로님은 그동안 그냥 아무 생각 없이 부르셨나요?" 이것이야말로 반대를 위한 반대, 우리 사회에 이미 팽배해 있는 고정관념이었다.

고정관념의 벽은 세 가지로 나뉜다.

> 1. **인식의 벽** : 알고 있는 지식으로 인해 쌓이는 벽으로 학력이 높고 경험이 많을수록, 나이가 많을수록 견고해진다.
> 2. **문화의 벽** : 전통이나 관습에 의해 쌓이는 벽으로 관혼상제 등의 예식이 그 좋은 예이다.
> 3. **감정의 벽** : 본인의 주관과 생각 즉 감정에 따라 생기는 벽으로 예를 들면 "그가 말하는 것은 듣기도 싫어…"

이 세 가지 벽 중에 단연 가장 안 좋은 벽은 단연코 감정의 벽이라고 할 수 있다. 진실과 다르게 누가 하느냐에 따라 감정적으로 반대하는 경우가 너무 많기 때문이다.

교회에서의 음악

얼마 전 이름만 들어도 알만한 유명한 가정사역자 S목사님이 SNS에 올린 글이 큰 파장을 일으킨 것을 보았다. 그는 "드럼을 치는 것이나 감정을 돋우는 과다한 악기는 우리나라 교회에서 없어져야 할 적폐"라고 강하게 표현했다. 즉시 젊은 세대들의 격렬한 반발이 이어졌고 결국 목사님은 공개 사과를 하기에 이르렀다. 목사님의 의견에도 일리가 있어 보였고 반발하는 젊은 세대의 항변도 충분히 수긍이 갔다. 어느 쪽이 맞다 아니다를 가름할 수 없는 미묘하고 어려운 문제였다.

이 문제를 곱씹으며 문득 교회 음악의 뿌리를 떠올렸다. 르네상스 시대까지만 해도 교회에서는 거의 악기를 사용하지 않았다. 하나님의 형상대로 지음 받은 인간의 목소리 즉 '최고의 악기'인 사람의 음성만으로 하나님을 찬양했다. 우리가 흔히 말하는 '아카펠라'다. 지금도 정교회 등 전통과 형식이 지배하는 교회는 아카펠라만 고수한다. 그러다가 15세기 이후 피아노를 비롯한 다양한 악기가 개발되고 점차 교회 안으로 들어오기 시작했다. 당대에도 "이건 세속적인 것"이라며 엄청난 반발이 있었다. 그러나 지금 피아노는 교회 내 악기의 상징이 되었다. 아이러니하게도 가장 거룩한 악기로 받아들여지는 존재가 한때는 이단시되었던 것이다.

이렇듯 **교회는 늘 변화와 고정관념 사이에서 갈등**해 왔다. 변화는 태풍처럼 강력하게 오는 것이 아니라 천천히 여유 있게 스며들 듯이 와야 한다. 그것이 하나님께서 우리에게 주신 자유의지와 지혜를 사용하는 방식이 아닐까. 인간은 완벽하지 않으며 하나님처럼 절대적이지 않다. 하나님의 진리는 변치 않지만 인간의 판단은 시대와 문화, 전통과 환경에 따라 달라진다. 그래서 지키려는 자와 바꾸려는 자는 언제나 공존한다. 문제는 **'누가 옳으냐'가 아니라 '누가 지혜롭게 균형을 잡느냐'**인 듯하다.

> **"모든 것이 적당하게 하고 질서 있게 하라."** (고린도전서 14:40)

하지만 이때 주의해야 할 분별이 있다. 바로 **'변화'와 '변질'**의 차이다. 변화는 진리에 기초하여 새로움을 받아들이는 것이고 변질은 진리를 훼손하며 본질을 잃는 것이다. 이 둘을 구분하는 지혜가 우리에게 필요하다.

> "오직 지혜 있는 자는 이것을 마음에 두리니 이는 때와 방법을
> 알기 때문이라." (전도서 8:5)

이런 논쟁은 사실 청년이었던 30여 년 전에도 이미 있었다. 당시 기타와 하모니카를 연주하며 찬양하는 것을 좋아했는데 그 시절 교회에서는 예배 중 기타나 드럼을 사용하는 것이 금기시되었다. 특히 장로님들의 따가운 눈총은 교회 내에 익숙한 풍경이었다. 신앙의 모범이라 여겨졌던 친구와 함께 저녁예배 헌금송으로 기타와 하모니카를 연주하곤 했다. 그러나 예배가 끝나고 나면 예외 없이 어르신들의 근엄한 질책이 이어졌다. 그들은 눈빛 하나로 내게 '날라리 청년'이라는 꼬리표를 붙였다.

그러던 1992년 여름, 집 근처 교회에서 열리는 교회음악세미나에 우연히 참석하게 되었다. 강사는 서울의 한 대학에서 음악을 가르치던 교수님이었고 그의 강의는 깊은 울림을 주었다.

그는 말했다. "우리는 '성가대'라는 표현을 지양하고 '찬양대'로 불러야 합니다. '성가'는 성스러운 노래라는 의미로 가톨릭은 물론 불교에서도 '성가'라는 명칭을 사용하기 때문입니다. 우리는 성경에 기록된 '찬양'이라는 단어에 근거해야 합니다." 그의 말에 강하게 공감했다. 이후부터는 가능하면 '찬양대'라는 표현을 쓰려고 노력했다. 그러나 정작 어떤 교회에서는 여전히 '성가대'라는 말을 쓰더라도 그들이 하나님을 향해 순수한 마음으로 찬양하고 있다면 굳이 시비를 걸 이유는 없다고 생각했다. **결국 이름보다 중요한 것은 마음과 자세가 본질**이 아니던가.

또 하나 그가 강조한 것은 **'찬송'과 '복음성가'의 구분**이었다. 우리가 흔히 들고 다니는 찬송가책에도 사실 복음성가가 60%를 차지한다. 찬송은 하나님께 영광을 올려 드리는 경배의 노래이고 복음성가는 사람들에게 은혜와 간증, 축복을 나누는 노래다. 예배의 흐름 속에서도 설교 전에는 경배찬송을 설교 후에는 복음성가를 부르는 것이 더 적절하다는 말에 고개가 끄덕여졌다. 그 이후 예배의 구성에서도 이 원칙을 읽는 습관이 생겼다.

살펴보면 복음성가집에도 찬송, 반대로 찬송가책에도 복음성가가 많이 들어있지만 정작 사람들은 잘 모르고 있고 그리 관심을 갖지 않는다. 예를 들어 찬송가 8장(거룩 거룩 거룩하신 주님)은 찬송이고 찬송가 505장(온 세상 위하여 주 복음 전하리)는 복음성가다. 재미있는 것은 찬송가가 아닌 것도 있다는 것이다. 즉 304장(어머니의 넓은 사랑), 574장(가슴마다 파도친다), 261장(어둔 밤 마음에 잠겨)는 어머니를 찬양한다든지 민족정신을 고취하는 애족적인 가사들로서 하나님을 찬송하는 내용은 찾아볼 수가 없다. 반대로 CCM으로 분류되는 곡 중에서도 "주님 큰 영광 받으소서 홀로 찬양 받으소서 모든 이름위에 뛰어난 그 이름 온 땅과 하늘이 다 찬양해~~" 같은 노래는 분명 찬송에 해당된다. 따라서 장로들이나 경직된 신자들이 주장하는 **'왜 예배시간에 찬송가책에도 없는 찬송을 하느냐?'** 라고 호통치는 것은 본질을 모르는 매우 한심한 작태라고 하지 않을 수 없다.

그 세미나에서 인상 깊었던 또 하나는 "하나님이 가장 좋아하시는 악기는 파이프오르간"이라는 강사의 주장이다. 솔직히 처음엔 의심부터 들었다. 이 교수님이 혹시 파이프오르간 회사와 관련 있는 게 아닐까? 그러나 설명을 들으니 일면 이해가 되었다. 파이프오르간의 구조가 인간의 성대와 비슷하여 자연스러운 울림이 있고 자연의 소리에 가깝기 때문에 경건함을 일으킨다고 것이다.

하지만 성경을 보면 오히려 다양한 악기가 등장한다. 나팔, 수금, 비파, 제금, 북, 퉁소… 당시 존재하던 모든 악기가 하나님을 찬양하는데 사용되었음을 알 수 있다. 그렇다면 오히려 드럼과 기타의 사용은 성경적이라고도 할 수 있지 않을까?

> "하나님을 찬양하라 나팔 소리로 찬양하며 비파와 수금으로 찬양할지어다." (시편 150:3-4)

중요한 것은 '절제'다. 아무리 좋은 악기라도 과용되면 오히려 하나님의 임재보다 인간의 감정만이 부각될 수 있다.

> "모든 것이 내게 가하나 모든 것이 유익한 것은 아니요."
> (고린도전서 6:12)

악기의 사용을 어떻게 절제하느냐는 사실 기술적인 부분의 문제가 아니다. 예배 인도자나 목회자, 음악 담당 리더가 영성과 지성을 겸비한 분별력을 가져야 한다. 그것은 마치 설교가 너무 감성에 치우치거나 반대로 지나치게 이성적으로만 접근하여 신앙생활의 균형을 잃게 하는 경우와 같다. 예배 안에서 모든 요소는 하나님을 향한 중심을 잃지 않도록 치열한 고민과 기도로 조율되어야 한다.

예전에 이랬으니 지금도 그래야 한다는 고정관념은 신앙을 옥죄는 족쇄일 뿐이다. 예배의 본질을 흐리지 않는 한 변화는 환영해야 마땅하다. 과거에는 여성이 성가대에 참여하지 못했고 지휘자도 모두 남성이었다. 그러나 18세기 독일과 영국, 미국을 거치며 여성의 참여가 허용되었고 지금은 여성 지휘자가 오히려 보편화되어 있다. 이 얼마나 아름다운 변화인가.

사람은 본질적으로 변화를 두려워하는 존재다. 익숙한 형식, 오래된 습관 속에 안주하고 싶어 한다. 그러나 성경은 말한다.

"새 노래로 여호와께 노래하라. 온 땅이여 여호와께 노래할지어다." (시편 96:1)

새 노래란 단지 멜로디의 변화가 아니라 새 마음과 새 영으로 드리는 예배의 갱신을 의미한다. 찬양의 본질을 붙들고 형식은 유연하게, 본질은 단단하게 지켜가야 한다.

교회의 조직 활동 | '변화하지 않는 조직, 그 안에 사는 우리'

1) 가장 앞서 있었지만, 이제는 가장 뒤처진 교회

21살에 교회 교사로 봉사하기 시작해 군에 들어가서는 행정병으로 사회에 나와서는 대기업인 S그룹에서 직장생활을 했던 경험을 돌이켜보면 늘 '조직'이라는 구조 속에서 살아내는 것이었다. 그렇게 다양한 조직들을 경험하며 배운 것은 시대가 흐름에 따라 **조직은 반드시 변해야 하고 변화하지 않으면 그 존재 이유를 잃는다**는 진리였다. 하지만 아이러니하게도 교회라는 조직은 그 진리를 거스르며 오히려 그 자리에 머무는 쪽을 선택했다.

사실 과거 우리나라의 행정, 회의 문화, 문서 체계 등은 교회에서 출발했다고 해도 과언이 아니다. 유교적 관습을 기반으로 하면서도 서구 선교사들, 일제강점기 일본 관료들, 6·25 이후 미군정의 영향이 더해지며 교회는 한때 가장 선진적인 조직으로 기능했다. 그러던 교회가 지금은 가장 뒤처진 조직이 되었다니 이 얼마나 안타깝고 서러운 일인가.

30대 초반이었을 때 작은 교회의 남전도회 월례회에 참석한 적이 있다. 50대 회장님과 10여 명의 회원들이 모인 자리였다. 그런데 회의 내내 60대 후반의 안수집사님 한 분이 회장에게 끊임없이 태클을 거셨다. "동의, 제청받아야 합니다", "회장님 가하시면 '예' 하십시오"… 마치 국회 본회의장을 방불케 하는 풍경이었다. 정작 논의해야 할 현안은 제대로 꺼내보지도 못한 채 형식적인 진행만 하다 끝났다. 답답한 마음이 꽉 찼지만 세월이 지나면 분명 나아질 것이라는 희망을 가졌다.

그러나 안타깝게도 30년이 지난 지금도 여전한 모습에 놀란다. 지금은 아니지만 10년여 전까지만 해도 장로회에 참석했을때도 비슷한 일들이 벌어지고 있었다. 그들은 '형식'이라는 단단한 벽 안에 스스로를 가두고 있었다. 회의는 수단이지 목적이 아니다. 형식은 내용을 담기 위한 그릇일 뿐이다.

> "사람이 안식일을 위하여 있는 것이 아니요, 안식일이 사람을 위하여 있는 것이라." (마가복음 2:27)

살펴보니 비단 장년부에만 국한되지 않는다. 30대 초반에 어느 작은 교회에서 청년부장을 맡았던 시절 40여 명의 청년들이 출석하던 청년회에서도 회장단을 뽑는 총회가 3주 연속으로 열리지 못했다. 이유는 단 하나 회칙에 '재적 3분의 2 참석'이라는 성원 조항이 있었기 때문이다. 교회 특성상 정확하지도 않은 재적 인원을 근거로 삼아 회의를 열지 못한다니 어처구니가 없었다. 이 한심한 청년들에게 강력하게 말했다. "회칙이 목적을 방해하면 회칙을 버려라. 회칙을 위한 회칙이 아니라 회의 목적을 실현할 수 있는 새로운 회칙을 만들어야 한다"라고… 그제야 겨우 새 회장을 뽑을 수 있었다.

그날 이후 늘 스스로에게 묻는다. "나는 지금 고정관념에 갇혀 살고 있는가?" **우리에게 필요한 것은 '형식'이 아니라 '목적'이다. 창조적이고 창의적이며 시대의 흐름을 읽고 민감하게 반응하는 유연함이 교회에도 절실**하다.

"지혜 있는 자의 마음은 시기와 판단을 분별하나니." (전도서 8:5)

2) "내가 아니면 안 된다"라는 생각

교회의 변화를 막는 또 하나의 큰 벽은 '집착'이다. 그 자리를 내가 떠나면 안 될 것 같고 내가 아니면 그 일을 감당할 사람이 없을 것 같다는 집착 말이다.

불과 20년 전만 해도 연말이 되면 교회의 각 기관에서 총회가 열렸다. 그런데 회장 선거에서 탈락한 분들이 교회를 떠나거나 기관 활동을 아예 그만두는 일이 종종 있었다. 그저 기분이 나쁘다는 이유 하나로 그것을 교회에서는 '시험 들었다'라고 표현했다. 그 시기만 되면 담임목사님은 사람들을 달래느라 바빴고 여러 가지 눈치와 조율이 이어졌다.

대기업에서는 실시하고 있는 시스템인데 보직의 순환시스템이다. 이것을 교회에 적용하여 직분이 순환해야 함을 깨달았다. 담임목사님께 조심스레 제안했다. "기관장은 2년 단임제로 하면 어떨까요? 필요에 따라 3년 정도는 가능하겠지만 그 이상은 하지 않도록 문화로 정착시키면 불필요한 감정 소모도 줄어들 것 같습니다." 목사님도 상당한 일리가 있다고 하시면서도 그러나 그것을 두부 자르듯 할 수는 없다며 웃기만 하셨다. 그러나 암묵적인 동의라 생각하며 내 안의 다짐들을 스스로 실천해 나갔다.

성가위원장을 3년 맡고 나서 물러났고 후임이 5년을 이끌고 난 뒤 목사님의 권유로 다시 3년을 맡았다. 남전도회장도 2년만 하고 스스로 내려왔다. 그렇게 조직을 정비하면서 자연스럽게 다른 기관들도 2년 단임제가 자리 잡기 시작했고 남전도회는 이제 1년 단임제로 발전했다. 스스로 정한 신앙의 원칙과 기준에 따라 봉사하고 물러나는 것이 큰 기쁨이었다.

그 뒤 재정위원장을 맡았을 때도 그 직임의 성격상 연임이 요구되는 자리인지라 당회와 목사님의 여러 권유에도 불구하고 고사하다 결국 맡게 되었지만 1번의 연임을 거쳐 사임하였다. 이러한 결심은 단지 감정이 아닌 스스로 세운 신앙의 윤리와 원칙 때문이다.

15년 전 장로 장립을 받을 때부터 은퇴를 생각했다. 언제 물러나는 것이 가장 아름다운가? 직분이 더 이상 의미가 없을 때 혹은 그 직분을 감당할 능력이나 열정이 사라졌을 때는 과감히 내려놓아야 한다고 다짐했다. 직분을 위한 직분은 맡지 않는 것, 그것이 내 신앙과 인생의 양심이다. 그게 하나님 앞에 정직한 태도라 믿는다.

11.
규정과 법은
바꾸라고 있는 것이다

　지난 반세기 동안 대한민국은 말 그대로 기적과도 같은 변화를 경험했다. 1960년대와 70년대의 빈곤한 나라에서 급격히 경제적 발전과 사회적 변화의 길을 걸었다. 불과 30년 길어야 40년 만에 선진국들이 백 년 이상 걸려 이룩한 문명과 산업의 발전을 우리는 이뤄냈다. 그야말로 '기적'을 경험한 것이다. 그러나 그 **기적의 이면에는 끊임없는 변화와 적응**이 있었다. 우리가 이룩한 변화는 단지 기술적 발전이나 경제성장에 국한되지 않았다. 사람들의 가치관과 사고방식 그리고 사회적 질서까지 모든 분야에서 변화가 일어났다. 그 과정에서 우리는 많은 어려움을 겪었지만 동시에 전 세계가 놀랄 만큼 빠른 발전을 이뤄냈다. 이 변화의 물결을 따라가지 않으면 도태될 수밖에 없다는 사실을 몸소 느꼈다. 변화는 어느 시대 어느 사회에서든 불가피한 것이다.

　그런데 이처럼 급변하는 시대 속에서 중요한 진리를 깨달았다. 그것은 바로 '변화에 발 빠르게 대응하는 것이 한 사람의 인생과 한 조직의 운명을 좌우하는 바로미터가 된다'는 사실이다. 변화는 시대와 환경의 흐름에 따라 필수적이며 받아들이고 적응해야 한다. 변화를 선도하는 것이 바로 진정한 성공의 열쇠이다. 그렇다고 **무조건 변화가 좋다는 것은 아니다. 무작정 변화를 추구하다 보면 방향을 잃고 큰 실패를 겪게 되기 때문이다.** 변화가 아닌 고착을 선택하는 것도 위험하다. **정체는 결국 멈춤을 의미하고 멈추면 발전은 물론 존재마저도 도태되고 사라진다.** 반면 변화에 대한 두려움을 극복하고 필요 없는 것은 과감히 버리며 필요한 것은 끊임없이 보완하는 것이야말로 진정한 성장의 열쇠이다. 하나님께서 깨닫게 해주신 중요한 진리이다.

변할 것은 변해야 하고 변하지 말아야 할 것은 반드시 지켜야 한다. 그러므로 우리가 직면한 문제는 명확하다. "**변할 것은 변해야 하며 변하지 말아야 할 것은 반드시 지켜야 한다**"라는 원칙을 세우고 그것을 지키는 것이다. 하지만 정작 변해야 할 것과 지켜야 할 것을 구분하는 것은 결코 쉬운 일이 아니다. 예를 들어 세상의 이치와 도덕은 하나님께서 정해주신 법칙이다. 하나님께서 세운 섭리와 도덕적 법칙은 시대와 환경에 관계없이 절대로 변하지 않는다. 우리는 그 법칙을 준수해야 한다. 예를 들어 "너는 살인하지 말라" (출애굽기 20:13)와 같은 명령은 시대를 초월한 영원한 진리다. 이러한 윤리적 법칙과 도덕은 인간의 삶의 기준을 제시하고 이를 따라야 한다. 하지만 그것을 제외한 세상의 규정과 제도는 시간이 지나면서 변화할 필요가 있다. 교회의 예배 형식이나 사회의 법률, 기업의 경영 방식 등은 시대적 변화와 필요에 따라 변할 수 있다.

따라서 **변해야 할 것과 변하지 말아야 할 것, 이 두 가지를 명확히 구분하는 것이 중요**하다. 그럼에도 불구하고 현실에서는 많은 사람들이 규정과 법에 얽매여 변화를 거부하며 고수하기만 한다. 그들은 변화에 대한 두려움으로 인해 혁신적인 사고를 하지 못하고 결국 낡은 틀에 갇혀 옴짝달싹 못 하게 된다. 이처럼 변화의 필요성을 인식하지 못하면 결국 조직이나 공동체는 쇠퇴하게 된다. 교회도 예외가 아니다. 교회 공동체가 변하지 않으면 신앙의 본질과 영적 사명이 점점 퇴색하고 새로운 세대와 소통할 수 없게 된다. 교회의 예배 형식이나 교육 방법, 사역의 방식은 시대에 맞게 변화해야 한다. **하나님은 본질을 지키라고 하셨지만 그 방법은 시대마다 달라질 수 있음을 우리는 잊지 않아야** 한다.

20대 후반에 '가치공학'이라는 학문을 만나며 삶의 방식과 가치관이 크게 요동치게 되었다. 또한 그것에서 배우는 혁신과 변화는 나를 새롭게 만들었다.

가치공학(Value Engineering)은 1947년 제네럴일렉트릭(GE)사에서 시작된 혁신적인 산업공학 분야로 기업의 상품이나 서비스의 기획, 개발, 설계, 자재, 가공방법 등 모든 부문에서 혁신을 이끌어낸 이론이다. 그 시작은 GE가 사내 규정에 따라 아스베스토스(석면)를 사용해야 한다는 규정에 얽매여 있던 상황에서 비롯되었다. 당시 GE는 아스베스토스가 불에 타지 않는 특성이 있어 반드시 사용해야 한다고 규정되어 있었고 그 규정을 따르지 않으면 문제가 발생할 수 있었다. 그러나 한 구매 담당자는 아스베스토스를 대체할 수 있는 훨씬 저렴하고 기능적인 대체품이 있음을 발견했다. 그는 상사의 지시를 거부하고 규정을 바꿀 것을 주장했다. 직장 상사와 동료, 업체의 회유, 사규의 제약… 등의 엄청난 반발을 이겨낸 변화 주의자가 있었던 것이다. 결국 GE는 규정을 개정하여 아스베스토스를 사용하지 않으면서도 같은 기능의 제품으로 대체할 수 있었다. 이 사건이 바로 '가치공학'의 탄생이었다.

이 사례는 단지 하나의 기업에서의 변화에 그치지 않았다. 그것은 산업 전반에 혁명적인 영향을 미쳤고 '규정'이 시대에 맞지 않거나 불필요한 경우 과감히 바꾸어야 한다는 교훈을 주었다.

현실적으로 교회 내에서도 이러한 법과 규정의 벽은 문제를 일으킬 수 있다. 교회는 보수적인 성향이 강하고 대부분의 교회들은 예배 형식, 사역의 방식을 고수하며 '규정'을 지나치게 강조하는 경향이 있다. 하지만 법과 규정이 지나치게 강조될 때 교회는 형식에 매몰되며 본질을 잃을 위험이 있다. **교회에서의 법과 규정은 하나님이 세운 진리와 도덕적 기준을 지키는 것이 중요하지만 예배의 형식이나 사역의 방법은 시대에 맞게 변화할 필요**가 있다. 예를 들어 예배에서의 음악적 표현이나 신앙교육 방법, 교회 사역의 방향은 시대적 변화에 따라 변할 수 있다. 이를 과감히 바꾸지 않으면 교회는 구식이 되고 더 이상 세상과 소통할 수 없게 된다.

변화의 두려움과 '바꾸는 용기'는 정말 중요하다.

"법과 규정은 바꾸라고 있는 것이다!" 변화는 두려움과 반발을 필수적으로 동반하지만 우리는 그 두려움을 극복하고 '바꾸는 용기'를 내야 한다. 시대와 환경에 맞게 법과 규정을 바꾸고 그 안에서 새로운 가치를 창출하는 것이 중요하다. 그것이 바로 진정한 혁신이다. **변화는 두려움을 동반하고 갈등과 저항을 만날 수밖에 없다.** 그러나 '바꾸는 용기'를 내야 한다.

사업을 하면서 늘 기억하는 말이 있다. **"변화는 반발을 수반한다."** 이것은 회사의 중심철학이 되었다. 이는 단지 조직관리 차원만이 아니라 법과 규정, 제도와 문화에도 적용된다. 새로운 규정을 만들고 기존의 법을 바꾸려는 시도는 당연히 저항과 갈등을 일으킨다. 그러나 그 반발을 두려워하지 말고 진심으로 현장의 목적과 실리를 생각하며 '바꾸는 용기'를 내야 한다. 그래야 우리 사회도, 기업도, 교회도 발전할 수 있다. **우리는 법과 규정을 '지키기 위한 노예'가 아니라 '더 나은 세상을 위한 도구'로** 활용할 줄 알아야 한다.

> "너희가 듣고 배운 것을 지키고 그것을 새롭게 하라. 우리가 새로운 길을 갈 때 하나님이 우리를 이끄시리라." (히브리서 10:16)
> "사람의 뜻과 계획은 많이 있지만 하나님의 뜻은 항상 이루어진다." (잠언 19:21)

12.
고정관념을 깨면 일이 보인다

> 형식보다 본질로, 사람을 보는 사역의 혁신

사람들은 종종 목적 없는 일에 열심을 다한다. "왜 이 일을 하는가? 무엇을 위해 이 행위를 계속하는가?" 스스로에게 묻지 않은 채 습관처럼 움직이고 '원래 하던 방식'이라는 이름 아래 수많은 비효율을 묵인한다.

이 문제는 세상뿐 아니라 교회 안에서도 빈번히 발생한다. 특히 교회의 최전방에서 섬기는 새가족팀은 그 존재 목적이 더욱 분명해야 한다. 교회에서 가장 따뜻해야 할 사역부서는 새가족팀이다. 그 목적은 **처음 교회에 발을 디딘 이들이 저항감 없이 자연스럽게 정착하도록 돕는 것**이다. 환대는 기본이며 따뜻한 분위기 속에서 새신자들에게 신앙의 첫걸음을 위한 교육과 연결이 제공되어야 한다.

하나님께서도 낯선 이방인이었던 이스라엘을 기억하셨듯이 우리 역시 교회라는 공동체에 처음 오는 이들을 향해 깊은 환대와 관심을 기울여야 한다.

그러나 현실은 이상과 다르다. 특히 중대형교회일수록 정착의 문턱은 높고 그 벽은 생각보다 더 단단하다. '4주 교육 이수 후 정식 등록', '등록 후 6개월이 지나야 사역 가능' 같은 규정들은 마치 시험을 통과해야만 공동체에 들어올 수 있는 구조처럼 보인다. 물론 그럴듯한 명분이 있다. 이단 방지나 신앙 점검 등…. 그러나 실제로 무의미하며 효과적이지도 않다. 이단은 6개월이 아니라 5년, 10년도 아무도 모르게 잠복할 수 있기 때문이다. 결국 규정은 본질을 가리며 무의미한 형식으로 남는다.

약 20년 전 새가족팀장을 맡으면서 기존의 틀을 부수고 새로운 시도를 했다. 바로 **"선 사역, 후 교육"**이었다. 일반적으로는 교육을 다 마쳐야 부서에 들어가지만 첫날부터 은사와 관심사를 파악해 곧장 사역에 연결했다. 심지어 찬양단 자리가 부족하면 새 팀을 만들었다. 지금의 새빛찬양팀이나 빛나콰이어, 제자들의 행진팀이 그때 시작이 된 것이다.

이 철학은 선교사역국에서도 이어졌다. 처음 임명받았을 때 당시 4개뿐이던 팀을 100개로 늘리자고 선언했고 실제로 각 분야별 리더를 찾아내어 팀을 조직하자 35여 개 팀까지 가능해졌다. 알고 보니 **사람들은 이미 준비되어 있었고 단지 기회를 기다리고 있었을 뿐**이었다. **"지도자는 기회를 만들어주는 사람이다."** 이 확신이 지금까지 이끌어왔다.

다시 새가족팀 이야기로 돌아가 보자. 새가족팀의 존재 이유는 단순하다. 새가족이 빠르고 자연스럽게 교회에 정착하도록 돕는 것이다. 그렇다면 **사람을 규정에 가두지 말고 상황에 맞게 맞춤형으로 돕는 것**이 중요하다. 신앙의 기초가 없는 새신자는 교역자를 통해 기초부터 배울 수 있게 하고 수평 이동자는 간증과 소개를 통해 공동체에 자연스럽게 연결되게 하면 되는 것이다. 아픔이 있다면 상담 사역자에게 은사가 있다면 곧장 사역 현장으로 인도해야 한다. 사역과 교육은 병행되어야 한다. 새가족은 사역을 해야 비로소 정착을 쉽게 할 수 있기 때문이다.

새가족들을 보면 유독 연민을 느끼게 되는데 그것은 곧 나의 이야기이기 때문이다. 본래 극도로 내성적인 사람이었고 대학 시절 처음 교회에 나갔을 때 느꼈던 낯섦과 두려움을 지금도 잊지 못한다. 입구에서 연세 많은 장로님과 권사님들이 "감사합니다"라며 맞아주던 모습은 충격이자 감동이었다. 동시에 예배가 끝난 뒤 터져 나온 통성기도 소리는 낯설고 두려워 도망치고 싶었다. 이것은 대부분의 새가족이 겪는 현실이다.

따라서 새가족을 맞이하는 교회의 자세는 최고 수준이어야 한다. 형식적 절차에 묶여 정착을 방해한다면 그것은 목적 없는 일을 하는 것과 다름없다. 교회의 목적은 하나님을 영화롭게 하는 것이며 모든 성도가 함께 예배하고 교제하는 데 있다. 새가족이 곧 교회의 미래다. 작은 환대와 참여의 기회가 한 영혼의 삶을 바꿀 수 있다.

"고정관념을 깨야 본질이 보인다. 본질이 보이면 일이 보인다!"

13.
예수님은 고정관념을 깨뜨리신다

　예수님의 제자들이 예수님을 처음 만났을 때 그들은 자신들이 그동안 믿고 있었던 신앙과는 전혀 다른 모습에 적잖이 당황했을 것이다. 그들의 교과서 같은 신앙은 율법을 따르고 의롭고 흠이 없는 자가 하나님께 가까이 갈 수 있다는 나름의 논리와 체계를 갖춘 하나의 '신앙 시스템'이었다. 그러나 예수님은 유대인들이 구축해 놓은 그 종교 시스템을 조용히 그러나 분명하게 무너뜨리셨다.

　죄인들과 함께 식사하시는 예수님, 세리의 집에 들어가시는 예수님, 창녀에게 향유를 받으시는 예수님의 모든 장면은 유대인들의 상식을 흔들었고 때로는 그들의 고정관념을 조롱하는 듯이 보였다. "정말 이분이 메시아인가?"라는 질문은 의심이 아니라 충격 그 자체였을 것이다. 나의 인생도 마치 단단히 짜인 벽돌 구조물로 된 껍데기를 입고 있었다. 예수님 앞에서 믿고 있던 모든 '거룩함'의 정의가 재검토되어야 한다는 사실을 마주했다.

　그러던 어느 날 그분의 말씀이 가슴을 꿰뚫었다.

> "나는 의인을 부르러 온 것이 아니라, 죄인을 부르러 왔다."
>
> (마태복음 9:13)

이 한 줄의 말씀은 내 신앙의 중심축을 완전히 전복시켰다. 거룩함이란 죄가 없는 상태라고만 믿었던 나에게 예수님은 전혀 다른 정의를 제시하셨다. 거룩함은 '완전함'이 아니라 '하나님께 가까이 가고자 하는 갈망'에서 비롯된다는 것 즉 병든 자가 의사를 찾듯 연약함을 고백하는 자가 주님을 찾을 수 있다는 것을 깨닫자 나는 더 이상 도덕적 자격을 갖출 필요가 없어졌다. 더 이상 자격을 갖추려 애쓰지 않았다. 오히려 나의 병듦, 상처, 죄악됨을 직면하고 돌이키는 자가 되었다.

주님은 '**나의 자격**'이 아니라 '**나의 고백**'을 원하셨다. 그분은 겸손한 마음을 기뻐하시며 상한 심령을 멸시하지 않으신다. (시편 51:17)

예수님은 단지 말로만 고정관념을 깨뜨리신 것이 아니었다. 그분의 삶은 그 자체로 기존의 질서와 편견을 뒤흔드는 사건들의 나열과도 같았다. 유대인이라면 결코 상종하지 않던 사마리아 여인에게 말을 거신 그 장면 그것은 단순한 대화 이상의 의미였다. "당신은 유대인인데 왜 나 같은 사마리아 여자에게 물을 달라 하십니까?" 그녀의 물음은 단지 호기심이 아니라 당시 사회적 질서의 반영이었다. 예수님은 그 질문에 단호하지만 부드럽게 대답하셨다.

> "내가 주는 물을 마시는 자는 영원히 목마르지 아니하리라."
>
> (요한복음 4:14)

그 말은 한 여인의 삶을 송두리째 바꿨고 나아가 한 마을을 변화시켰다. 복음은 그렇게 개인의 심장을 관통하고 공동체를 뒤흔든다.

예수님의 고정관념 파괴는 계속되었다. 수많은 사람들이 성별과 역할로 인해 제약받던 시대에 예수님은 마르다와 마리아의 이야기 속에서 다시금 그 틀을 깨셨다. 손님 접대에 분주한 마르다는 당시로선 '훌륭한 여성상'이었다. 그러나 예수님은 말씀 앞에 앉아 있는 마리아를 인정하셨다.

> "마리아는 좋은 편을 택하였으니 빼앗기지 아니하리라."
> (누가복음 10:42)

누가 더 많은 일을 했는가가 아니라 누가 더 본질에 가까이 있었는가를 주님은 보신다. 예수님은 여성을 부엌의 조수가 아닌 말씀의 동반자로 여기셨다.

돌아보면 얼마나 많은 이들을 나의 기준과 배경지식, 경험, 교회 문화, 사회적 통념으로 재단하고 있었던가? 교회 내에서 '믿음이 좋은 사람', '헌신적인 사람'이라는 타이틀 역시 어쩌면 고정관념의 산물일 수 있다. 외적인 헌신과 내적인 경건이 반드시 일치하지 않을 수도 있다는 것을 예수님은 행동으로 보여주셨다.

그분은 또한 안식일에도 병자를 고치셨다. 사람들이 두려워하던 문둥병자에게 손을 대셨고 군중 속 보잘것없는 한 여인을 '딸아'라고 불러주셨고 열두 해 동안 피 흘리던 그 여인의 수치심과 고통은 그 순간 회복되었다.

예수님은 늘 가장 불편한 순간에 가장 파격적인 선택을 하셨다. 그분의 말씀은 고요하게 들리지만 우리 내면의 구조를 흔드는 지진과 같다.

예수님의 복음은 때때로 불편하다.

> "너희 원수를 사랑하며 너희를 박해하는 자를 위하여 기도하라." (마태복음 5:44)

이 말씀은 내 안의 정당한 분노, 억울함, 심지어 '정의'라는 이름으로 포장된 감정들까지 무장해제 시킨다. 복음은 우리가 좋아하는 사람만 사랑하게 하는 가르침이 아니다. 복음은 원수까지 끌어안으라고 명령한다.

복음은 우리를 중심으로 이끈다. 그 중심에는 겸손과 회개, 사랑과 진리가 있다.

복음서 전체에서 예수님은 일관되게 고정관념을 깨뜨리셨다. **안식일은 사람을 위한 것임을 선언하시고** (마가복음 2:27), 죄인의 집에서 **식사하시고** (마태복음 9:10), **여인과 동등하게 말씀을 나누시며** (요한복음 4:9), **계급 질서와 권위를 무너뜨리셨다** (마태복음 20:26-28).

이 모든 것은 단순한 교훈이 아니라 신앙의 본질을 향한 초대이다. 복음은 삶의 전환을 요구한다. 단순히 '좋은 사람'이 되는 것이 아니라 '새로운 사람'으로 살아가기를 요청한다.

사람들은 그 여정에서 자주 무너지고 다시 일어난다. 낡은 관습과 습관, 문화적 판단과 익숙함의 틀을 벗어나는 것이 얼마나 어려운지를 안다.

예수님의 마음을 품는다는 것은 결국 나를 낮추고 예수님처럼 되기를 갈망하는 것이다. 결국 선입견, 판단, 우월감, 종교적 허위의식을 그분 앞에 내려놓아야만 비로소 진정한 자유와 평안이 찾아온다.

14.
주인의식과 주인 노릇

> 교회는 내 것인가, 주님의 것인가?

올해로 신앙생활 45년을 맞이하였다. 돌이켜보면 그 길은 수많은 질문들과 함께 한 긴 여정이었다. 어떤 질문은 잠시 멈추게 했고 어떤 질문은 다시 말씀 앞으로 이끌었다. 그러나 분명한 것은 질문은 믿음을 약화시키는 것이 아니라 도리어 더 깊이 다지는 디딤돌이 되었다는 사실이다. 그 중 유난히 오랫동안 마음에 머무는 질문이 하나 있다. "교회는 누구의 것인가?"

우리 입에서 자연스럽게 흘러나오는 말 "우리 교회"라는 표현. 그 안에는 소속감이 담겨 있고 책임감과 애정이 스며있다. 이러한 소속감과 애정은 교회의 큰 장점이지 성장의 원동력이 되었음을 부정할 수 없다. 그런데 문제는 이 애착이 어느 순간 주인의식으로 바뀌고 그 **주인의식이 지나쳐 주인 노릇으로 변질될** 때 발생한다. 교회가 법적으로, 신학적으로 그리고 성경적으로도 특정인의 소유가 될 수 없다는 사실은 누구나 알고 있다. 그럼에도 우리는 무의식중에 교회를 '내 것'처럼 느끼고 행동할 때가 있다. 고린도전서 12장 27절은 "너희가 그의 몸이요 각 지체의 부분이라"라고 말한다. 그리스도의 몸 된 교회는 우리 모두가 함께 이루는 것이지 누구 하나가 소유하거나 지배할 수 있는 구조가 아니다.

우리는 교회를 사랑한다. 그래서 교회를 향한 책임감을 느끼고 봉사하고 섬긴다. 이 모든 태도는 **건강한 주인의식**에서 비롯된다. 그러나 이 아름다운 주인의식이 주인 노릇으로 변질되면 섬김이 아니라 지배하려 하고 공동체를 뒤흔들게 된다. 바울은 우리가 하나님의 집을 맡은 '청지기'라고 했다. 청지기는 소유자가 아니라 맡은 것을 잘 관리하고 책임지는 사람이다.

한 권사는 다른 교회에 잘 정착한 성도들을 다시 데려와 "전도"라고 했다. 영혼을 사랑해서 데려왔다고 과연 순수한 영혼사랑일까? 교회를 확장하려는 점유 경쟁이 된 것이다. 또 다른 권사는 20년 전 금전 문제로 갈등을 겪었던 사람이 새가족으로 등록하자 그 자리에서 "여기가 어디라고 오느냐"고 소리쳤다. 그 새가족은 결국 교회를 떠났다. 이 사건은 큰 충격이었다. 교회는 상처 입은 자들이 다시 소망을 품고 돌아올 수 있는 집이어야 하는데 오히려 그 문 앞에서 다시 거절당한 격이다. 교회는 결코 내 것이 아니며 내 것이 되어서도 안 된다.

담임목사님께 오랫동안 기도하고 준비한 사역 아이디어를 제안한 적이 있다. 그러나 받아들여지지 않았다. 순간 속에서 실망감이 올라왔고 '이 교회가 목사님의 소유입니까?'라고 소리 지르고 싶었다. 바로 그때, 주님께서 내 마음을 막으셨다. "네 아이디어가 거룩할지라도 교회를 움직이시는 이는 성령이시다. **네가 청지기의 자리를 넘어 소유자의 자리를 탐하고 있는 것은 아니냐?**" 그 순간 고린도전서 12장

21절의 말씀이 떠올랐다. "눈이 손더러 '네가 쓸데없다' 할 수 없고 머리가 발더러 '내가 너를 쓸데없다' 할 수 없느니라." 나는 손이 될 수도 있고 발이 될 수도 있다. 그러나 결코 머리가 될 수는 없다. 교회의 머리는 오직 그리스도 한 분뿐이다.

공동체 안에서 우리가 사용하는 언어도 중요하다. **청지기는 "무엇을 도와드릴까요?"**라고 묻는다. 그러나 **주인 노릇하는 사람은 "왜 내 말을 안 듣습니까?"**라고 묻는다. 이 두 문장의 차이는 단순한 표현의 차이를 넘어 공동체 전체의 공기를 바꾸는 힘이 있다. "우리가"라는 말은 동역자 의식을 키우지만 "내가"라는 말은 경계를 만든다. 예수님께서는 제자들이 누가 더 높은 자리에 앉을지를 놓고 다툴 때 이렇게 말씀하셨다.

> "너희 중에 누구든지 크고자 하는 자는 너희를 섬기는 자가 되어야 하리라… 인자가 온 것은 섬김을 받으려 함이 아니라 도리어 섬기려 하고." (마태복음 20:26-28)

주님의 논리는 단순하다. 교회를 소유하려 하지 말고 섬기라는 것이다. **섬길수록 우리는 자유로워지고 주권은 자연스레 주님께로 돌아간다.** 에베소서 4장 16절은 말한다. "그리스도께서 각 지체를 통하여 몸이 자라게 하시며 사랑 안에서 스스로 세우느니라." 여기서 '스스로 세운다'라는 말은 깊은 의미를 품고 있다. 주님은 교회를 성장시키실 때 한 사람의 힘으로 끌어올리시는 것이 아니라 각 지체가 서로를 세우도록 설계하셨다. 우리는 혼자 성장할 수 없는 존재라는 것이다. 그래서 교회를 사랑하는 마음은 주인의식을 낳지만, 그 마음이 교회를 지배하려는 욕심으로 바뀌는 순간 병든 주인 노릇이 된다. 사랑은 공동체에 자유를 주고 지배는 두려움을 만든다. 우리는 그저 맡은 자리를 충실히 지키는 청지기일 뿐이다. 주님의 교회를 주님의 방법으로 주님의 마음으로 주님처럼 섬기며 살아야 할 것이다.

15.
성경의 오해와 자기합리화

크리스천의 함정

'마음에는 원이로되 육신이 약하도다'(마태복음 26:41). 이렇게 따뜻하고 위로의 말씀을 들으면 항상 마음 한편이 무언가 걸린 것 같은 느낌이 든다. 그 이유는 이 위로의 말씀을 많은 성도들이 자기 합리화에 사용하기 때문이다. '게을러서 그랬다. 다른 약속이 있어서 그랬다. 판단을 잘못해서 그랬다.'라는 정직한 고백은 하지 않으면서도 이러한 성경 말씀 뒤에 숨는 경우가 너무 많다.

아무리 봐도 크리스천은 자기합리화의 대가들이다. 어쩌면 세상 누구보다도 '말'로 위장하는 데에 능숙하다. 스스로를 속이면서도 그 속 안에 하나님을 끌어들이는 경우가 있다. 겉보기엔 믿음 같고 순종처럼 보이지만 속을 들여다보면 책임 회피와 무책임한 신앙을 정당화하고 있을 때가 많다. 이른바 '거룩한 핑계'다. 무언가 실패했을 때, 관계가 틀어졌을 때, 선택이 잘못되었을 때 우리는 쉽게 이렇게 말한다. "주님이 그렇게 인도하신 줄 알았어요.", "그때는 기도하면서 결정했어요." 심지어는 "그 일도 주님의 뜻이었겠죠." 이런 말들은 그럴싸한 신앙 고백 같지만 그 속에는 회피가 자리 잡고 있다. 스스로의 판단, 욕심, 준비 부족에 대해 하나님께 핑계를 돌리는 것이다.

이를 또 다르게 드러내는 예가 "네가 만일 네 입으로 예수를 주로 시인하며 또 하나님께서 그를 죽은 자 가운데서 살리신 것을 네 마음에 믿으면 구원을 받으리라."(로마서 10:9-10)라는 구절을 대하는 태도다. 많은 사람들이 이 말씀을 근거로 "나는 구원받았어요. 예수님 믿는다고 말했잖아요.", "구원은 생각보다 쉬워요. 마음으로 믿고 입으로 말하면 되니까요."라고 말한다. 겉보기에는 신앙 고백처럼 들리지만 그 안에는 진실한 믿음의 무게보다 자기 위안과 안일한 확신이 담겨 있다. 그러나 성경이 기록되었던 시대적 배경을 보면 초대교회는 로마 제국의 박해 아래 있었고 "예수는 주시다"라는 고백은 곧 죽음을 각오해야 하는 행위였다. 단순한 종교적 언어가 아니라 황제를 거부하고 새로운 왕을 따른다는 반역이었기 때문이다. 그러므로 바울이 말한 '시인'은 오늘날 교회 안에서 조용히 읊조리는 말과는 전혀 다른 차원의 것이었다.

입으로 시인한다는 말은 마음에서 진실한 믿음이 있을 때에만 의미가 있다. 믿음이 있으니 말하게 되는 것이지 말만 한다고 믿음이 생기는 것이 아니다. 믿음은 내면의 확신이 외면의 고백으로 드러나는 것이다. 그렇기에 신앙은 절대 말로 시작되지 않는다. 고백이 참되다면 그 안에는 믿음이 있고 믿음이 살아 있다면 반드시 고백하게 된다. 그러므로 이 말씀을 형식적인 신앙을 정당화하는 도구로 삼는다면 그것은 성경의 본뜻을 거꾸로 사용하는 위험한 자기합리화가 된다.

또 다른 흔한 모습은 "사람이 마음으로 자기의 길을 계획할지라도 그의 걸음을 인도하시는 이는 여호와시니라."(잠언 16:9)라는 말씀을 오해하는 경우다. 많은 이들이 무언가 잘 안 되었을 때 준비 부족이나 잘못된 선택을 회개하기보다 "하나님이 막으셨나 봐요", "하나님이 다른 길로 인도하시려나 보다"라고 쉽게 말한다. 물론 실제로 하나님께서 막으시는 경우도 있다. 그러나 그것이 내게 하나님의 뜻임을 확신하려면 먼저 내가 최선을 다했는지, 정직하게 기도했는지 욕심으로 결정하지 않았는지를 돌아보아야 한다. 그렇지 않다면 그것은 단순히 책임을 하나님께 떠넘기는 '하나님 핑계'일 뿐이다.

이 구절은 결코 운명론적인 무책임을 말하지 않는다. 오히려 내가 책임을 다했음에도 불구하고 뜻밖의 결과가 나왔을 때 하나님께서 나의 걸음을 인도하신다는 위로의 말씀이다. 성경은 게으름을 결코 정당화하지 않는다. 믿음은 하나님을 전적으로 신뢰하면서 동시에 내가 할 수 있는 최선을 다하는 삶의 태도다.

성경은 내 잘못을 포장하기 위한 마법 주문이 아니다. **신앙은 나의 무지를 감추는 피난처가 아니라 나를 정직하게 직면하게 하는 거울**이다. 실패한 우리에게 그저 "괜찮아"라고만 말씀하시는 분이 아니라 그 실패 속에서 하나님이 진짜 인도하신 길은 무엇인지 묻고 찾게 하시는 분이다. 하나님을 싸구려 위로자로 만들지 말아야 한다.

그래서 **그리스도인은 '핑계' 내신 '회개'를 택해야 한다. '합리화' 대신 '정직한 자기성찰'을 택해야** 한다. 말로만 외치는 믿음이 아니라 죽음을 각오하고도 시인할 수 있는 진짜 믿음을 붙들어야 한다. 그리고 그렇게 살아갈 때 비로소 우리는 하나님과 함께 걷는 인생의 의미를 깨닫게 된다. **하나님과 함께 걷는 길은 합리화로 포장된 길이 아니라 진실로 겸허한 길**이다.

16.
외식으로 가득 찬 크리스천 리더들

> 신앙의 중심을 다시 묻다

요즘 세상이 어떻게 바뀌고 있는지 돌아보면 단순히 "변했다"는 말로는 부족할 정도다. 디지털 기술은 삶의 모든 영역을 지배하고 있고 인간의 관심은 점점 더 눈에 보이는 외적인 것에 몰두하고 있다. 이러한 흐름에 교회도 자유롭지 못하다. 안타까운 것은 이 변화가 단지 교회의 문화나 분위기에 머무르는 것이 아니라 신앙의 본질마저 흔들고 있다는 점이다. 그 중심에는 종종 우리 시대의 크리스천 리더들이 자리 잡고 있다.

사실 리더는 공동체 안에서 누구보다 믿음의 본을 보여야 할 사람들이다. 오랜 신앙의 연단을 통해 인격과 성품이 다듬어졌을 것이라는 기대가 있다. 하지만 현실에서는 그렇지 못한 경우를 자주 보게 된다. 그들은 세상과 구별되지 못하고 오히려 세상의 흐름을 그대로 따르며 외식적인 모습으로 가득 차 있는 경우가 많다. 이는 단순히 개인의 문제를 넘어 공동체 전체의 영적 신뢰를 무너뜨리는 일이다.

현대 시대는 그 어느 때보다 물질과 자기 과시, 자기 사랑이 삶의 중심에 자리 잡았다. 사람들은 내면보다 외면을 꾸미는 데에 더 많은 시간을 들인다. 깊은 생각과 조용한 성찰보다 빠른 정보와 강한 인상이 우선시된다. 신앙생활조차 예외가 아니다. 신실함보다는 인상적인 언행이, 진실함보다는 멋있는 간증이 더 많은 주목을 받는다.

사무엘상 16장 7절에서 하나님은 "사람은 외모를 보거니와 나 여호와는 중심을 보느니라"고 말씀하셨다. 이 말씀이야말로 오늘날 우리에게 가장 절실하게 필요한 하나님의 음성이다. 중심이 없는 신앙은 결국 외식에 머물 수밖에 없다.

특히 **SNS가 이런 흐름을 가속화시키는 도구**가 되었다. 원래는 사람과 사람 사이의 소통을 위한 매체였지만 이제는 자신을 과시하고 인정받기 위한 무대로 바뀌었다. 많은 크리스천 리더들조차 **자신의 일상과 묵상, 봉사 활동을 자세히 올리며 자신을 드러내는 데 익숙**해졌다.

예수님은 마태복음 6장에서 이렇게 경고하신 바 있다. "사람에게 보이려고 그들 앞에서 너희 의를 행하지 않도록 주의하라." 하나님은 은밀히 행하는 신앙을 기뻐하신다. 구제를 하더라도 오른손이 하는 일을 왼손이 모르게 하라고 하셨고 기도는 골방에 들어가 은밀한 중에 계신 하나님께 드리라고 가르치셨다. 신앙은 본래 조용하고 진실한 것이다. 그러나 우리는 이 은밀함을 점점 잃어가고 있다.

돌이켜보면 예수님 시대의 바리새인들이 바로 이런 외식의 대표적인 인물들이었다. 그들은 경건한 척하며 사람들에게 인정받고자 했고 **그들의 종교 행위는 결국 자신을 드러내는 수단**이 되고 말았다. 마태복음 23장에서 예수님은 그들을 향해 "겉으로는 아름답게 보이나 안에는 죽은 사람의 뼈와 더러운 것이 가득하다"고 책망하셨다. 오늘날 많은 리더들이 그들과 다르다고 말할 수 있을까? 신앙의 이름으로 자기를 높이고 영성을 과시하며 하나님 앞의 겸손보다는 사람 앞의 이미지에 더 신경 쓰고 있지는 않은가?

사도 바울은 로마서 1장에서 "스스로 지혜 있다 하나 어리석게 되고 썩지 않는 하나님의 영광을 썩어질 사람의 형상으로 바꾸었다"고 말한다. 이는 인간이 자기 자신을 신격화하려는 경향을 비판하는 말씀이다. 믿음의 고백조차 자기 과시의 수단이 된다면 그것은 더 이상 하나님을 향한 고백이 아니다.

리더라면 더욱 조심해야 한다. 말과 행동뿐 아니라 그 동기까지도 하나님 앞에 점검받아야 한다. 하나님은 외형보다 중심을 보시며 결과보다도 과정을 보신다. 예수님께서 보여주신 리더십은 바로 그러한 삶이었다. 그는 사람의 박수를 구하지 않으셨고 오히려 십자가라는 가장 낮은 자리에서 하나님의 뜻을 이루셨다.

예수님은 제자들의 발을 씻기시며 섬김의 본을 보이셨다. 그분은 삶으로 사랑을 실천하셨고 은밀한 기도로 아버지와 깊이 교제하셨다. 오늘날 크리스천 리더는 이 모습을 따라야 한다. 화려한 언변보다 조용한 섬김이 거창한 계획보다 꾸준한 헌신이 리더십의 진짜 본질이다.

참된 크리스천 리더는 거창한 말보다 조용한 실천으로 하나님을 증거 한다. 겸손히 자신을 낮추고 은밀히 하나님을 섬기며 삶 전체를 통해 하나님의 영광을 드러낸다. 외식의 시대 속에서 다시 중심을 회복하고 진실한 믿음으로 나아가는 것, 그것이 우리가 가야 할 길이며 교회가 다시 살아나는 길이다.

17.
십자가는
부적이 아니다

　어떤 사람들은 하나님의 말씀을 부적처럼 여긴다. 말씀을 믿는 것이 아니라 말씀이 나를 보호해주는 마법 같은 힘을 가지고 있다고 여기는 듯하다. 더 나아가 십자가조차 자신도 모르게 우상처럼 대하는 경우를 본다. 벽에 걸어두면 복을 주고 목에 걸면 재앙이 비켜간다고 생각하는 것이다. 십자가는 그런 물건이 아니다. 그것은 우리 죄를 대신해 죽으신 예수 그리스도의 고통과 희생, 사랑의 상징이다. 그 자체가 복을 부르는 부적이 아니다.

　사업을 하면서 또 직장생활을 하면서 다양한 믿음의 사람들을 만났다. 그 중에는 마음을 무겁게 만드는 이들도 있었고 도리어 가볍게 해준 사람들도 있었다. 25년 전의 일이 지금도 생생하다. 한 중년의 사장이 환경 관련 사업을 한다며 찾아왔다. 그는 범상치 않은 말투와 표정을 지녔고 겉으로 보기에 매우 '거룩해 보이는' 사람이었다. 스스로를 선교하는 기업인이라고 소개하며 사업을 하는 목적이 하나님을 알리는 것이라고 했다. 'OO겔'이라는 회사 이름도 독특했다.

　그런데 이상하게도 그의 말을 들으면 들을수록 무슨 일을 하는 사람인지 도무지 알 수가 없었다. 구체적인 설명은 없고 음식물 쓰레기와 폐수를 처리하는데 "기적에 가까운 기술"이란 말만 반복했다. 비즈니스 파트너로 만났으면 어떤 협업이 가능할지 구체적인 제안이 있어야 하는데 막연한 말들만 하고 돌아갔다. 도무지 이해되지 않아 몇 달 뒤쯤 호기심에 직접 화성에 있는 그 회사 공장을 찾아갔다.

60평 정도 되는 공장 안으로 들어서자 FRP(섬유 강화 플라스틱) 탱크 몇 개와 약품통 몇 개가 눈에 띄었고 무엇보다 나를 놀라게 한 것은 공장 안에 크게 울려 퍼지는 찬송가였다. 아주 큰 스피커에서 '불길 같은 성신이여'가 흘러나오는데 공장 전체가 찬송으로 진동하고 있었다. 처음에는 은혜가 있으려나 했는데 왠지 모르게 무겁고 어색한 공기가 나를 눌렀다. 직원은 한명도 없었다.

사무실로 들어가 이야기를 나누었지만 역시 그의 설명은 공허했다. 환경공학을 전공한 사람으로서 그가 말하는 기술이 어떤 원리인지 왜 효율적인지 도무지 알 수가 없었다. 자기 안에 갇힌 강력한 확신가들을 보며 느낀 것은 '강한 확신을 가지고 있지만 실체가 없는 사업은 반드시 실패한다.'라는 것이다. 사업은 본래 실체가 있어도 실패 확률이 높은 것이다. 하물며 실체조차 불분명한 사업은 거의 실패를 향해 간다고 해도 틀린 말이 아니다.

그 후로도 그 사장은 우리 회사가 환경전시회에 참여할 때마다 가끔 방문했다. 시간이 지나 그는 점점 행색이 초라해졌고 결국 사업을 접었다는 소문을 들었다. 마음이 아팠다. 그에게 믿음이 없어서가 아니라 믿음을 오해했기 때문이다. 아니면 하나님을 오해했을지도 모른다.

"무릇 지혜 있는 자는 그 길을 아나니 미련한 자는 속이느니라."

(잠언 14:8)

또 하나 기억나는 사례가 있다. 꿈속에서 하나님의 계시를 받았다며 사업 아이템을 얻었다고 말한 한 형제였다. 그는 '하나님의 뜻'이라는 확신으로 과감하게 은행 대출을 받고 공장도 매입하고 건물 외벽에는 적지 않은 비용을 들여 "주 예수를 믿으라 그리하면 너와 네 집이 구원을 얻으리라"라는 구절이 적힌 대형 간판을 세웠다. 물론 그 믿음을 무시할 수는 없다. 그러나 중요한 것은 간판과 그 간판에 적힌 구절보다 그 안의 내용 즉 윤리, 책임, 그리고 실체였다.

고객도, 직원도, 거래처도 모두 예수님을 믿는 사람들만 있는 것이 아니다. 우리의 신앙이 소중하다고 해서 그것이 모든 사람에게 자동적으로 신뢰가 되는 것은 아니다. 오히려 그런 **외적인 표현보다 회사가 보여주는 도덕성과 실력이 더 설득력**이 있다. "믿음으로 하면 된다."라고 외치기 전에 신용을 지키고 약속을 지키며 현실적인 실행력을 먼저 갖추는 것이 그리스도인의 자세다.

사업을 시작하면서 마음속에 다음과 같은 방침을 세웠다.

'신앙을 팔지 않는다. 신앙을 이용하지 않는다.'

사업은 하나님 앞에 올려드리는 제물과도 같다. **하나님께서 기뻐하시는 제물은 입술의 찬양이 아니라, '정직한 저울과 추'이다.**

"속이는 저울은 여호와께서 미워하시나 공평한 추는 그가 기뻐하시느니라." (잠언 11:1)

우리가 선한 마음으로 선한 제품을 제공하고 정직하게 서비스할 때 고객은 감동하게 된다. 고객이 감동할 때 비로소 우리는 자연스럽게 말할 수 있다. "사실 저는 크리스천입니다." 그 한마디는 억지로 전하는 복음보다 훨씬 더 큰 울림을 준다.

물론 그렇게 살아간다는 것이 결코 쉬운 일은 아니다. 때론 우리가 실수할 수도 있고 고객 중에는 악의를 가진 사람들도 있다. 그럼에도 불구하고 방향성을 잃지 않으려고 노력한다. 어떤 이들은 묻는다. "너무 소극적인 신앙인의 자세가 아니냐"라고, **"그러나 지금은 우리가 말하지 않아야 할 때이고 행동해야 할 때이다."**

지금 우리 사회는 말뿐인 믿음에 지쳐 있다. 크리스천이라는 이름 아래에서 너무 많은 허황된 약속과 말이 난무하고 정작 그것을 지켜내는 사람은 드물다. 그래서 이제는 행동하는 믿음이 필요하다. 말은 넘쳐나고 행동은 모자란 이 시대에 조용히 성실하게 살아내는 크리스천이야말로 진짜 복음이다.

18.

역설의 정확성

역설의 정확성은 놀랍다. 인생을 살아오면서 경험한 많은 것들이 '역설의 정확성'은 단순한 수사적 표현이 아니라 인간의 본성과 깊이 연관된 부분임을 보여주었다. 역설이란 겉으로는 모순처럼 보이지만 실제로는 숨겨진 진실을 드러내는 표현이다. 아이러니하게도 **사람들은 자신이 가장 부족한 부분, 가장 결핍된 부분을 다른 사람을 향한 비난과 고발을 통해 드러낸다.**

예를 들어 죄가 많은 사람일수록 남의 죄 이야기를 더 자주 꺼낸다. 헌금 드리기에 인색한 사람일수록 교회의 재정 사용에 집착하며 불평을 늘어놓는다. 또한 이혼한 사람이 다른 이혼 가정을 기가 막히게 찾아내어 소문을 퍼뜨리는 경우도 본다. 마치 자기의 상처와 결핍을 타인의 허물을 드러냄으로써 메우려는 듯한 심리가 작동하는 것이다. 심리학적으로는 이러한 행동을 '투사(Projection)'라고 부르고 있지만 성경적 관점으로 보게 되면 이것이야말로 바로 **죄인의 보편적 속성**임을 알 수 있다.

> "어찌하여 형제의 눈 속에 있는 티는 보고 네 눈 속에 있는 들보는 깨닫지 못하느냐." (마태복음 7:3)

사람은 누구나 자신의 허물은 감추고 타인의 작은 실수와 약점은 확대해서 본다. 역설적이지만 타인을 향한 지나친 비난은 사실 자기 속에 있는 결핍과 허물을 보여주는 거울이다.

이것은 단지 오늘날만의 현상이 아니다. 2,000년 전 예수님의 시대에도 똑같았다. 어찌 보면 그 뿌리는 아담으로부터 시작하여 그 이후부터 쭉 이어져 내려온 인간의 타락한 본성이라고 할 수 있다. 아담은 선악과를 먹고 난 후 책임을 회피하며 "하나님이 주셔서 나와 함께 있게 하신 여자 그가 주어 먹었나이다"(창세기 3:12)라고 핑계를 댔다. 하와도 "뱀이 나를 꾀므로 내가 먹었나이다"(창세기 3:13)라며 책임을 떠넘겼다. 결국 사람은 본능적으로 자기 허물을 덮기 위해 핑계를 대고 합리화를 만들어내며 때로는 남을 비난한다.

오늘날 많은 모임과 공동체 속에서도 이런 모습을 자주 본다. 외모를 보고 고정관념을 갖지 않으려 늘 조심하지만 첫 만남에서 드러나는 말과 행동으로부터 받은 첫인상은 그 사람의 삶을 어느 정도 예견하게 한다. 세상을 부정적으로만 보는 사람, 문제의 원인을 늘 남에게서 찾는 사람, 말을 하면서 '쯧쯧' 하고 혀를 차는 사람 등 이러한 사람들은 본인들의 행동을 통해 스스로의 내면세계를 드러낸다.

무엇보다 가장 경계하는 유형은 스스로만 옳고 착한 것처럼 말하면서 남을 허물을 드러내고 고자질하는 사람이다. 놀라운 것은 시간이 지나면 거의 대부분 그 사람이 실제로는 비난하던 타인의 모습과 같은 문제를 가진 사람임이 드러난다는 것이다. 역설은 정확하다. 남을 향한 고자질은 결국 자기 얼굴을 비추는 거울이다.

> "그러므로 남을 판단하는 사람아 누구를 막론하고 네가 핑계하지 못할 것은 남을 판단하는 것으로 네가 너를 정죄함이니 판단하는 네가 같은 일을 행함이라." (로마서 2:1)

이런 경험들을 통해 고자질하고 아부하는 사람들의 내면을 들여다 볼 수 있었고 이들이 참으로 싫었다. 단순히 불편해서가 아니라 그 속에서 **타인의 허물을 들추며 자기 의로움을 드러내려는 영적 교만**을 보기 때문이었다. 예수님께서 서기관과 바리새인들을 향해 가장 날카롭게 꾸짖으신 것도 바로 이 위선이었다. 겉으로는 의로운 척하지만 속은 탐욕과 불법으로 가득한 모습(마태복음 23:27-28)을 주님은 보셨기 때문이다.

또한 만난 지 얼마 되지 않았는데 지나치게 잘해주거나 칭찬만 하는 사람을 경계할 필요가 없다. 겉으로는 호의와 친절처럼 보이지만 그 안에는 또 다른 계산과 의도가 숨어 있을 수 있기 때문이다. '아부와 충언'을 구분할 줄 아는 것은 리더의 가장 중요한 덕목이다.

> "사람을 칭찬하는 자의 입술에 너를 걸려 넘어지게 하려 함이니라." (잠언 29:5)

겉과 속이 다른 태도는 결국 시간이 지나면 드러나고 그 열매로 판가름 나게 된다.

결국 역설의 정확성은 인간 사회에서 수없이 반복된다. 남을 향해 내뱉는 말이 곧 자신을 드러내는 말이 되고 남을 정죄하는 태도가 곧 자신이 죄인임을 드러내는 증거가 된다.

"너희 중에 죄 없는 자가 먼저 돌로 치라." (요한복음 8:7)

이 말씀은 단지 간음하다 잡힌 여인을 위한 변호가 아니었다. 모든 사람에게 던지는 근본적인 도전이다. **다른 사람을 쉽게 판단하거나 고자질하기 전에 먼저 내 속의 들보를 제거하는 것, 이것이 역설의 정확성이 주는 교훈이자 복음의 본질이다.**

19.
크리스천 타임과 약속의 빛

신앙인의 시간의식

인간은 수많은 만남을 통해 살아가는 존재다. 가정에서, 직장에서, 교회에서, 혹은 친구들과의 모임 속에서 우리는 크고 작은 약속을 맺으며 관계를 유지한다. 이 모든 만남과 관계를 아름답고 선하게 연결하는 것이 바로 '약속'이다. 약속을 지킨다는 것은 단순히 시간을 지키는 행위를 넘어 그 사람의 인격과 신앙, 공동체를 향한 태도를 드러내는 거울과 같다. 약속은 신뢰이자 사랑의 표현이며 책임의 결과이기도 하다.

안타깝게도 신앙생활을 하면서 '크리스천 타임'이라는 현실을 마주하며 당황한 적이 한두 번이 아니다. 약속 시간에 늦는 것을 대수롭지 않게 여기고 지각과 노쇼를 반복하면서도 아무 문제의식 없이 살아가는 문화. 지금은 그렇지 않지만 30분 정도 약속시간에 늦는 것은 용인되던 **'코리안타임'에 빗대어 '크리스천 타임'**이라고 명명하며 스스로에게 경종을 울리고자 한다. 신앙이 깊어질수록 약속은 가벼워지고 직분이 높아질수록 책임은 희미해지는 이 역설적인 현실 앞에서 과연 우리가 진짜 하나님을 경외하는 사람들인가 되묻게 된다. 특별히 이러한 크리스천 타임은 교회 내의 어떤 문화처럼 자리 잡았다. 물론 교회는 사랑과 용서, 포용과 인내의 공동체다. 신앙이 연약한 자, 이제 막 교회에 발을 들인 자, 혹은 세상에서 상처 입고 겨우 마음을 다잡고 온 자들에게 교회는 언제나 열린 품이 되어야 한다. 그들이 약속 시간에 늦는다 해서 그들을 정죄하거나 내쫓는 일은 결코 있어서는 안 된다. 교회는 상한 갈대를 꺾지 않으시는 주님의 마음을 담아야 하고 꺼져가는 심지를 끄지 않는 사랑의 공동체여야 한다. 그러나 이러한 열린 품을 직분자나 사역자들이 이용해서는 안 된다. 그러한 태도는 단순히 개인의 문제로 끝나는 것이 아니라 공동체의 성숙도와 영적 질서, 신앙의 진정성에 깊은 그림자를 드리우는 중대한 문제이기 때문이다.

전원주택에 살면서 많은 교회 평신도 사역자들과 리더 그룹, 팀들을 초청해 함께 식사하고 교제의 시간을 나누는 일은 도시의 소음에서 벗어나 자연 속에서 나누는 교제는 영혼에 쉼을 주고 서로의 믿음을 깊이 들여다볼 수 있는 귀한 시간이다. 그러나 그런 자리를 준비하는 데에는 눈에 보이지 않는 수고가 따르고 단지 '밥 한 끼'가 아닌 '마음을 다한 섬김'이라는 사실을 아는 이들은 많지 않다.

식사를 준비하기 위해서는 최소 하루 전부터 재료를 사고 누군가는 고기류를 좋아하지 않는지 누군가는 좋아하지 않는 음식이 있는지를 생각하고 확인해야 하며 모임의 성격에 따라 테이블을 세팅한다. 그런데 모임 당일 아침 "죄송해요 급한 일이 생겨서 못 가게 됐어요"라는 문자가 오거나 심지어 아무런 연락도 없이 오지 않는 이들이 생기면 그 모든 정성은 한순간에 무너지고 만다. 그들에게 전화를 하면 '미안해서 말을 못했어요.' 그냥 '너무 죄송해요'라는 말이 돌아오지만 정작 그 미안함은 준비한 자의 수고를 보상해주지 못한다.

> "그런즉 너희가 말할 때에 '예' 할 것은 '예' 하고 '아니요' 할 것은 '아니요' 하라. 그 이상은 악으로부터 나느니라."

예수님은 우리가 말과 삶이 일치하는 진실 된 존재가 되기를 원하신다. 우리가 약속을 가볍게 여긴다면 그 안에는 이미 진실의 왜곡이 들어있는 것이다. 신앙인은 말의 무게를 아는 사람이고 침묵의 책임까지 감당할 줄 아는 사람이어야 한다. 단순한 "늦어서 죄송해요"라는 한마디가 아니라 미리 연락하고 시간을 맞추기 위해 준비하고 상대의 수고를 헤아리는 태도가 그 안에 담겨야 한다.

종종 교회 밖에서 직장인들이나 비신앙인들이 약속을 철저히 지키고 시간을 소중히 여기는 모습을 보며 오히려 경외심을 느낄 때가 있다. 어떤 이들은 약속 시간보다 10분 이상 일찍 도착해 기다리고 스케줄을 조정해가며 사전에 불참 여부를 상세히 알린다. "죄송하지만 참석이 어려울 것 같아 미리 말씀 드립니다"라는 정중한 메시지 한 줄이 얼마나 상대를 존중하는가! 그런데 교회 안에서는 "하나님이 중심이시니까 늦어도 돼요", "은혜로 덮읍시다"라는 말을 핑계처럼 사용하는 일이 빈번하다. 그렇게 **은혜는 남용되고 은혜의 이름으로 무례가 방치**된다.

하나님은 시간의 주인이시다. 창세기 1장은 철저하게 시간 단위로 구성되어 있다.

하루하루 창조의 순서를 따라 시간의 질서를 세우셨고 전도서 3장에서는 "범사에 기한이 있고 천하만사에 다 때가 있다"고 말씀하셨다. 하나님은 무질서 가운데 일하시지 않는다. 하나님은 질서를 세우시고 그 질서 속에서 인류의 구속사를 이끌어 가신다. 그런 하나님을 믿는 우리가 시간 개념 없이 살아간다면 그것은 믿음의 본질과 배치되는 삶이다.

작은 약속 하나, 5분을 지키는 일, 미리 연락하는 예의, 이런 사소해 보이는 일들이야말로 신앙의 성숙을 드러낸다. 그것이 바로 충성의 삶이다. 예배 시간 5분 전에 와서 묵상하는 태도, 모임에 늦지 않기 위해 시간을 배려하는 마음, 상대의 정성을 기억하며 감사하는 자세. 이 모든 것은 '주님을 향한 사랑'이 구체적인 행위로 드러나는 실천이자 공동체를 살리는 거룩한 습관이다.

물론 우리 모두는 불가피한 상황을 겪게 된다. 하지만 중요한 것은 그 이후의 태도다. 즉각적인 사과, 상황 설명, 그리고 다음에는 더 나아지려는 결단이 필요하다. 작은 태도의 차이가 하나님 앞에서 큰 의미가 되고 이웃에게 깊은 신뢰로 다가간다.

더 이상 '크리스천 타임'이라는 말로 조롱거리가 되면 안된다. 오히려 "크리스천은 시간을 정말 소중히 여기는 사람들이야", "교회 사람들은 약속에 있어서 진지하고 본이 되는 사람들이야"라는 말이 세상 속에서 울려 퍼져야 한다. 그것이야말로 우리가 세상에서 빛과 소금으로 사는 첫걸음이 아닐까?

20.

흔들리는 시대에
신앙의 중심을 지키다

"다니엘아 마지막 때까지 이 말을 간수하고 이 글을 봉함하라. 많은 사람이 빨리 왕래하며 지식이 더하리라." (다니엘 12:4)

세상은 놀라울 만큼 빠르게 변하고 있다. 그 변화의 속도는 이제 인간의 이해와 감각을 훌쩍 뛰어넘는다. 불과 50년 전만 해도 우리나라 인구의 85%가 농업에 종사했다. 논밭과 소, 낫과 호미는 일상의 도구였고 새벽 닭 울음소리와 함께 하루가 시작되던 시절이 있었다. 그러나 지금 농업에 종사하는 인구는 5.9%에 불과하다. 대부분의 사람들은 도시에서 살며 하루에도 수십 번 디지털 기기와 연결된 채 살아간다.

예전에는 자가용이 부의 상징이었고 아파트는 일부 계층만의 선유물처럼 보였다. 지금은 차량이 1,600만 대를 넘고 아파트는 가장 보편적인 주거 형태가 되었다. 평균 수명은 50세에서 80세로 늘어났고 60은 노년이 아니라 '청춘의 2막'이라 불린다. 삶의 질이 높아질수록 사람들은 더 빠르게, 더 새롭게, 더 효율적으로 사는 법을 요구받고 배워야 한다.

가치관 또한 쉼 없이 바뀌고 있다. 한때는 부부와 자녀로 이루어진 가족이 사회의 기본 단위였지만 지금부터 나타나는 현상인데 1인 가정이 더 많아질 것이다. 가족의 개념도, 삶의 우선순위도, 인간관계의 기준도 시대에 따라 달라지고 있다. 어른이 먼저였던 시대는 지나고 아이가 중심이 되며 남성보다 여성이 우선시되는 흐름도 보인다. 과거에는 여성이 키가 크면 복이 없다고 했지만 지금은 키도 커야되고 내면과 경제력, 삶의 철학이 더 중요한 기준이 된다. 출생에서 아들을 중시하던 풍조도 사라지고 오히려 딸을 선호하는 경향이 짙어졌다. 씨족 중심의 부계 사회의 틀이 무너지고 있는 것이다.

사라진 것도 많다. 조흥은행, 상업은행, 제일은행, 평화은행, 경기은행, 충청은행… 한때 일상의 일부였던 은행들이 역사 속으로 사라졌다. 대우, 해태, 신동아… 당대의 자랑이던 대기업들도 이제는 기억 속 이름이 되었다. 소비에트 연방이 붕괴되고 영원할 것 같던 왕국들도 무너졌다. 전도서의 말씀처럼 "해 아래 새 것이 없고 영원한 것도 없다"는 진리를 매번 확인하게 된다.

기술은 하루가 다르게 발전하지만 인간은 그 속도를 따라가기 점점 힘들어한다. 매달 새 휴대폰이 나오고 인공지능과 로봇이 일자리를 대체한다. 장년층과 노년층은 '디지털 소외'라는 이름으로 밀려나고 인간관계는 점점 더 얕고 피상적으로 변해간다.

이런 세상 속에서 우리는 중심을 잡아야 한다. 기술이 아무리 발전해도 인간성이 무너진다면 우리는 진짜 삶을 잃게 된다. 따라서 **지금 우리에게 필요한 것은 영적인 각성이며 흔들리지 않는 진리 위에 서는 것**이다. 우리의 중심을 붙드는 것은 변함없는 하나님의 말씀뿐이다.

> "예수 그리스도는 어제나 오늘이나 영원토록 동일하시니라."
> (히브리서 13:8)

빠르게 변하는 세상 속에서 우리가 흔들리지 않으려면 믿음의 닻을 예수 그리스도께 내려야 한다. 어제도, 오늘도, 내일도 변함없이 우리를 붙잡아 주시는 분은 오직 예수 그리스도뿐이다. 세상은 계속 흔들리겠지만 우리가 예수님을 반석 삼는다면 중심을 잃지 않을 수 있다.

> "산들은 떠나며 작은 산들은 옮길지라도 나의 인자는 네게서 떠나지 아니하며 화평케 하는 나의 언약은 옮기지 아니하리라. 너를 긍휼히 여기는 여호와의 말이니라." (이사야 54:10)

그러므로 우리는 담대해야 한다. 주님은 세상을 이기셨고 그 승리를 우리에게 나누어 주셨다. 환난은 있어도 두려워할 이유는 없다. 그분이 우리와 함께 계시기 때문이다.

그러나 동시에 우리는 겸손해야 한다. 인간은 지구도, 달도 정복했고, 암도 곧 정복할 것처럼 떠든다. 그러나 바이러스 하나 앞에서 무릎 꿇는 것이 우리의 현실이다. 새로운 변종은 끊임없이 나타나고, 우리는 언제나 예상치 못한 혼란 속에 서 있다. 하나님이 도와주시지 않으면 우리는 아무것도 아니라는 사실을 이제는 인정해야 한다.

우리는 반석 위에 서야 한다. 질병, 재정, 관계, 자녀, 감정… 세상은 끊임없이 우리를 흔든다. 그러나 진정한 문제는 흔들림 그 자체가 아니라 우리가 반석 되신 예수 그리스도 위에 서 있지 않다는 데 있다. 그분을 중심에 둘 때 우리는 어떤 폭풍도 견딜 수 있다. 주님의 약속의 말씀을 붙들고 단단히 중심을 잡아야 한다.

"볼지어다 내가 세상 끝날 까지 너희와 항상 함께 있으리라."

(마태복음 28:20)

2부
창조적 리더

변화하지 않는 교회

01.
무질서 속의 질서

> 다양성을 품는 교회 리더십의 본질

  교회의 리더십을 생각하면 '무질서 속의 질서'라는 표현이 머릿속을 떠나지 않는다. 언뜻 보기에는 모순처럼 들리는 이 표현이지만 실제로 교회의 본질을 가장 잘 설명하는 말이라 생각한다. 교회라는 공동체는 세상에서 가장 다양한 사람들이 모이는 곳이다. 그리고 이 다양성은 필연적으로 '질서 없음', '혼란스러움', '이해할 수 없음'이라는 감정을 불러일으킨다. 그렇기 때문에 리더는 이 **혼란과 다양성을 억제하거나 제거하기 보다는 그 안에서 희미하지만 분명한 질서를 '찾아내고', '세워가는'** 태도를 가져야 한다.

  정말로 교회를 조금만 깊이 들여다보면 말 그대로 무질서 그 자체라고 해도 과언이 아니다. 예를 들어 어떤 교인은 자기밖에 모르는 전형적인 이기주의자다. 공동체의 일에는 관심이 없고 항상 자신의 편의와 입장만을 우선시한다. 또 어떤 이는 자신의 말만이 옳다고 주장하는 고집불통이다. 회의 때마다 모든 사안을 자신 중심으로 재단하고 다른 사람의 의견을 들으려 하지 않는다. 또 어떤 사람은 기도를 하긴 하는데 그 기도 내용이나 태도가 남들에게 불편함을 주는 경우도 있다.

전도를 열심히 하는 교인이 있는데 전도하지 않는 다른 교인들을 향해 비난하고 정죄를 서슴치 않는 경우도 있다. 기도를 많이 하는 사람 중에도 '기도하지 않는 자'를 판단하고 정죄하는 이들이 있다. 이러한 태도는 겉으로는 열심이고 헌신처럼 보일지 몰라도 공동체 안에서는 갈등의 씨앗이 되기 쉽다.

이 외에도 인간 군상의 모든 유형이 교회 안에는 존재한다. 남의 이야기를 자주 하는 사람, 지나치게 열심을 내서 오히려 주변 사람들을 피곤하게 만드는 사람, 항상 심각한 표정을 짓고 있어 주위에 부담을 주는 사람, 삶의 무게가 무거워 고통 받는 사람, 진보와 보수, 노동자와 사장, 교수와 학생, 고학력자와 무학자 등 서로 다른 배경을 지닌 사람들이 함께 예배드리고 교제하고 사역을 한다. 이쯤 되면 교회는 마치 축소된 사회요 한편으로는 "인간 시장"이라고 불러도 과언이 아니다. 바울은 고린도전서 12장에서 교회를 "그리스도의 몸"으로 비유하며 다양한 지체들이 존재하지만 모두가 한 몸을 이루고 있다고 선언한다.

교회 안의 모든 구성원들은 서로 다르지만 각자 고유한 역할과 의미를 지니고 있다.

이처럼 다양성과 무질서함이 얽혀 있는 교회 공동체에서 리더가 모든 것을 흑백논리로 판단하고 '옳고 그름'의 잣대를 일률적으로 들이댄다면 문제없는 사역 부서를 찾는 것이 오히려 더 어려울 것이다. 또한 에베소서 4장 11-13절에서도 바울은 교회 안의 다양한 은사들을 언급하며 그것들이 "성도를 온전하게 하며 봉사의 일을 하게하며 그리스도의 몸을 세우려 하심이라"고 말한다. 리더는 다양한 은사를 가진 이들을 훈련시키고 서로 협력하게 하여 그리스도의 몸을 세우는 데 집중해야 한다. **은사의 다양성은 곧 리더십의 도전임과 동시에 축복**이다. 리더는 이러한 현실을 먼저 '인정'하고 그 위에서 **'약간의 질서'**를 찾아내어 공동체가 분열되지 않고 건강하게 나아가도록 방향을 제시해야 한다. 이것이 바로 교회 리더십의 핵심이자 본질이라 할 수 있다.

한 교육부서에서 실제로 있었던 일은 이 문제를 단적으로 보여준다. 그 부서의 부장은 매우 열심히 일하는 안수집사였다. 그는 교사회의 때마다 교사들을 지적했다. "왜 ○○○선생님은 매일 늦나요?", "○○○선생님은 옷차림이 그게 뭡니까?", "학생들에게 간식은 왜 안 사줬나요?" 이처럼 끊임없이 문제점을 지적하고 기준을 제시했다. 그가 보기에 그것은 공동체의 질서를 위한 정당한 조치였고 책임감 있는 리더의 모습이었다. 그러나 결과는 정반대였다. 시간이 지날수록 교사들은 하나 둘씩 그 자리를 떠났고 연말 교사회의 때가 되자 결국 부장 본인만 회의실에 남게 되었다. 이는 우스운 일처럼 보이지만 사실은 오늘날 수많은 교회에서 반복되는 현실이다. 물론 교회 내의 질서가 없어도 된다는 말은 아니다. 고린도전서 14장 33절은 명확히 말한다.

> **"하나님은 무질서의 하나님이 아니요 오직 화평의 하나님이시니라."**

이는 교회 안에 질서가 반드시 필요하다는 사실을 보여주지만 그

질서는 강제적이고 일방적인 억압이 아닌 하나님이 주시는 평안과 조화 안에서의 질서여야 한다는 의미다.

진정한 리더는 '모두가 나와 같아야 한다'는 착각에서 벗어나야 한다. 오히려 리더는 '나와 다른 사람들'을 어떻게 이해하고 품고 그들을 통해 하나님의 사역을 어떻게 이끌어 갈지를 고민해야 한다. 완전하지 않지만 서로를 용납하고 때로는 눈감아주며 함께 걷는 여정이다. 리더십이란 그 여정에서 사람들을 다그치거나 통제하는 것이 아니라 중심을 잡고 흔들림 없이 방향을 제시하는 것에 있다.

교회는 병원이자 학교이며 안식처이자 전쟁터이다. 그만큼 다양한 얼굴과 목소리, 상처와 꿈이 교차하는 곳이다. 이 안에서 '무질서 속의 질서'를 발견하고 세워나가는 것, 그 과정에 동참하는 것이 진정한 리더십이며 오늘날 교회가 반드시 회복해야 할 방향이다.

02.
창조적 기업경영정신과 리더

성경 창세기 1장 26절과 28절을 읽을 때마다 마음 깊은 곳에서 꿈틀거리며 감당할 수 없을 만큼의 자존감과 살아야 할 이유가 생겨나는 큰 울림이 일어난다.

> "하나님이 이르시되 우리의 형상을 따라 우리의 모양대로 우리가 사람을 만들고 그들로 바다의 물고기와 하늘의 새와 가축과 온 땅과 땅에 기는 모든 것을 다스리게 하자 하시고" (창 1:26)
>
> "하나님이 그들에게 복을 주시며 이르시되 생육하고 번성하여 땅에 충만하라, 땅을 정복하라, 바다의 물고기와 하늘의 새와 땅에 움직이는 모든 생물을 다스리라 하시니라" (창 1:28)

하나님께서는 만물을 창조하신 후 인간을 하나님의 형상대로 지으시고 이 세상을 다스릴 사명을 맡기셨다. 단순히 바라보거나 수동적으로 지키는 역할이 아니라 **창조된 세계를 관리하고 발전시키며 변화시키는 하나님의 대리자로서의 소명을 주신 것이다.** 만약 우리가 이 소명을 소홀히 하거나 세상을 어지럽힌다면 그것은 곧 하나님께서 세우신 창조의 원리를 거스르는 일이 된다.

이러한 깨달음 속에서 크리스천 기업이 지녀야 할 창조 경영 정신을 세 가지 원칙으로 정리해 보았다.

무한한 창조력을 발휘해야 한다.

기업에서 창의력은 곧 성과를 배가시키는 원동력이다. 능력 있는 한 사람의 창의적 직원은 열 명의 평범한 직원보다 더 큰 성과를 낼 수 있다. 특히 제품 개발에 있어 창의력은 무엇보다 중요한 요소다. 하나님께서 우리에게 주신 상상력과 창의성은 때로는 인간의 한계를 넘어서는 놀라운 결과를 만들어낸다. 그런데 그 시작은 결국 '이웃 사랑'에서 비롯된다. 이웃이 곧 고객이고 고객의 필요를 민감하게 느끼는 마음에서 창의적인 아이디어가 솟아난다. "고객은 지금 어떤 생각을 하고 있을까?", "고객이 가장 힘들어하는 것은 무엇일까?" 이 질문을 진지하게 품을 때 하나님께서 주시는 영감은 살아 움직인다. 우리 회사가 지금까지 버텨올 수 있었던 것도 결국 이런 '영적인 필요 파악' 덕분이었다.

인간의 무한한 능력을 존중하고 발휘하게 해야 한다.

하나님을 닮아 창조된 인간의 능력은 놀랍다. 선수들의 기량, 장인들의 솜씨, 예술가들의 표현력은 인간이 도달할 수 있는 경지에 대한 경탄을 불러일으킨다. 삼성전기에서 근무하던 시절 이를 몸소 체험한 경험한 일이 있다. 고등학교를 졸업하고 갓 입사한 여사원들은 처음에는 불량품을 잘 가려내지 못했지만 불과 몇 주 만에 능숙하게 선별했다. 두 달쯤 지나자 그들은 일반인의 눈으로는 보이지 않는 미세한 흠집까지 찾아내기 시작했고 오히려 불량률이 비정상적으로 높아졌다. 보통의 고객의 수준의 눈으로는 도저히 발견할 수 없는 보이지 않는 흠집까지 불량으로 잡아내는데 그 시력이 신의 경지까지 오르는 것을 보고 혀를 내두를 정도였다. 결국 그러한 문제를 해결하는 대책으로 검사원의 눈이 일정수준 이상까지 발달하기 전에 검사원을 주기적으로 교체해야 했다. "인간이 반복 훈련을 통해 도달할 수 있는 경지는 어디까지인가?"

'만 번의 법칙'이라는 말처럼 **수많은 달인들은 끊임없는 반복을 통해 하나님께서 주신 달란트를 극한까지 끌어올린다**. 기업 경영도 마찬가지다. 구성원이 가진 잠재력과 능력이 최대한 발휘될 수 있도록 환경을 조성하고 충분한 동기를 부여해야 한다. 인간 중심의 경영이란 바로 이 무한한 인간 능력을 존중하고 돕는 것이다.

> **서번트 리더십을 실천해야 한다.**
> (중요한 문제이기 때문에 별도의 챕터로 다뤘다)

1990년대 말부터 서번트 리더십이 주목받았지만 현실에 적용하기 어렵다는 반응이 많았다. 추상적이고 감정적인 접근으로는 오래 지속되는 성과를 내기 힘들었기 때문이다. 그러나 현장에서 체득하고 정리한 서번트 리더십은 많이 다르다. 핵심은 간단하다.

- 부하 직원을 통해 성과를 얻는다.
- 그 성과를 직원의 공으로 돌리고 가능한 한 금전적 보상으로 환원한다.
- 성과를 내는 직원들의 삶까지 보장하려 노력한다.
- 인재를 등용할 때는 학력, 전공, 경력, 나이, 성별을 따지지 않는다.

이는 성경 속 리더십에서도 자주 나타난다. 모세는 여호수아를 통해 전투의 승리를 이루었고 다윗은 용사들과 함께 업적을 쌓았다. 예수님도 제자들을 파송하여 복음을 확장하게 하셨고 바울 역시 디모데와 디도를 세워 교회를 돌보게 했다. 리더는 직접 모든 일을 감당하기보다 부하를 세우고 그들을 통해 열매를 맺도록 하는 것이다.

결국 기업은 단순히 이윤을 추구하는 집단이 아니다. 하나님께서 세상을 창조하시고 우리를 그 대리자로 세우셨듯이 기업도 하나님 나라를 이루어가는 작은 도구가 되어야 한다. 크리스천 기업은 창의력과 인간의 잠재력을 극대화함으로써 하나님께서 원하시는 아름다운 질서를 세상 속에 구현해야 한다. 그것이 하나님께서 맡기신 다스림의 사명이자 경영을 통해 이루어야 할 거룩한 소명이다.

우리의 작은 기업 경영도 이 세상에 하나님의 창조 원리를 회복시기는 작은 밑알이 될 수 있다.

03.

서번트 리더십의 재정립

　서번트 리더십은 크리스천 리더십 담론에서 가장 자주 언급되는 단어다. 종처럼 섬기는 리더, 부하를 위해 자신을 낮추는 리더를 뜻한다. 말만 들어도 겸손과 헌신이 묻어나며 성경의 정신과도 잘 어울리는 듯하다.

　처음 이 개념을 접했을 때 마음 한구석이 뜨거워졌다. 그러나 현실에서 마주한 서번트 리더십은 그다지 좋은 결말로 이어지지 않았다. 일반적으로 서번트 리더십은 회사 환경을 개선하고 복지를 넓히는 수준에서 멈추는 경우가 많았다. 사장이 직접 커피를 내려주고 직원 생일을 챙기고 사무실 인테리어를 바꾸어 주는 것이 서번트 리더십의 전부로 여겨지곤 했다. ○랜드라는 회사에서 성공한듯하여 각광을 받는 듯 했으나 이미 그 영향력이 희미해지고 있다는 사실은 오래전의 일이다.

　물론 이런 배려의 리더십이 무의미한 것은 아니다. 하지만 그것이 리더십의 핵심이라고 착각하는 순간 조직은 방향을 잃는다. 겉으로 보기에 따뜻해 보이지만 속은 차갑게 식어가는 모닥불과 같다. 불씨를 살리려면 단순한 온정이 아니라 타오르는 동력 즉 성과와 열매가 필요하다.

칭찬은 고래도 춤을 춘다는 유명한말을 습관처럼 하는 직원에게 '당신이 먼저 고래가 되십시오 만약 새우가 춤을 추면 회사가 어떻게 되겠소.'라고 응수할 때가 있었다. 대부분 사람은 고래는 되지 않고 춤만 추게 해주기를 바라고 있다. 서번트 리더십이 기대한 대로 작동하지 않는 이유 중 하나는 인간은 죄인이라는 속성을 놓치기 때문이다.

사람 속에는 서면 앉고 싶고 앉으면 눕고 싶고 누우면 자고 싶은 나태가 뿌리 깊게 자리 잡고 있다. 잠언 6장 9-11절은 이렇게 경고한다. "게으른 자여 네가 어느 때까지 눕겠느냐… 좀 더 자자 좀 더 졸자 손을 모으고 좀 더 누워 있자 하면 네 빈궁이 강도 같이 오며 네 곤핍이 군사 같이 이르리라."

아무리 좋은 대우를 받아도 더 편하고 더 많은 것을 추구하는 것이 인간의 본성이다.

많은 크리스천 경영자들이 이렇게 하소연한다.

"직원들에게 형처럼, 아버지처럼, 목사님처럼 잘해줬는데 결국 배신당했습니다."

이 하소연 속에는 착각이 있다. '좋게 해주는 것'이 리더십의 전부라고 믿는 착각이다. 그러나 진정한 리더십은 때로는 날카롭게 세워지고 목표를 향해 방향성을 공고히 하고 단단하게 밀어붙이는 힘을 가져야 한다.

다양한 자리에 직원으로서 사장으로서 하급 직원으로서 그리고 상급 직원으로서 얻은 경험이 리더십을 단단히 다져 주었다. 사업 초기에 직원들에게 이런 질문을 던지곤 했다.

"사장이 형처럼, 아버지처럼, 목사님처럼 인자하고 잘해주는데 회사가 어려워 월급이 적게 나오거나 돈이 없다고 월급을 깎거나 지급 일을 뒤로 밀리는 게 낫습니까? 아니면 엄격하게 훈련시켜 일을 잘하게 만들고, 회사가 성장함으로써 그 열매를 성과급으로 나누어주는 사장이 낫습니까?"

대부분의 대답은 후자였다. 사람들은 회사에 돈을 벌러 온다. **복지는 부드러운 바람일 뿐이고 배를 앞으로 나아가게 하는 것은 성과라는 돛이다.**

성경은 이 원리를 잘 보여준다. 출애굽기 17장에서 모세는 아말렉과의 전투를 직접 지휘하지 않았다. 대신 여호수아를 세워 싸우게 하고 자신은 산 위에서 손을 들어 기도했다. 승리는 **모세 혼자가 아니라 위임받은 여호수아와 협력자들의 손**에서 이루어졌다.

사무엘하 23장에서 다윗은 용맹한 부하들의 손으로 나라를 지켰다. 그는 **전리품과 명예를 독차지하지 않고 공을 부하들에게 돌렸다.**

마태복음 10장에서 예수님은 제자들을 파송했다. 모든 마을을 직접 다니지 않고 **제자들을 사역의 주체**로 세우셨다.

바울도 마찬가지였다. 디모데와 디도를 보내 교회를 세우고 문제를 해결하게 했다. 사역이 끊어지지 않고 이어질 수 있었던 이유다.

결국 서번트 리더십의 핵심을 다시 재정립 하고자 이렇게 정의한다. **"직원들이 성과를 낼 수 있는 동기를 부여하고 그 성과를 되돌려주는 것"**이다.

각 사람의 달란트에 맞게 업무를 맡기고 불필요한 부담을 덜어주며 열매를 맺도록 훈련시키는 것이다. 성과를 낸 직원에게는 그 공을 인정하고 보상을 통해 더 큰 동기를 심어주는 것이다.

첫 번째, 이 과정에서 가장 중요한 요소가 바로 업무 분장과 달란트에 따른 배치이다.

성경에는 이 원리를 잘 보여주는 사례가 등장한다. 출애굽기 18장에서 모세는 광야에서 수많은 백성들의 문제를 혼자 재판하느라 지쳐 있었다. 그때 장인 이드로가 찾아와 이렇게 조언한다.

> "너는 또 온 백성 가운데서 능력 있는 사람들 곧 하나님을 두려워하며 진실하며 불의한 이익을 미워하는 자들을 살펴서 그들로 백성 위에 세워 천부장과 백부장과 오십부장과 십부장을 삼아 그들이 때를 따라 백성을 재판하게 하라."
>
> (출애굽기 18:21-22)

이드로의 조언은 단순한 행정 편의가 아니었다. 그는 '하나님을 두려워하는 사람', '진실하며 불의한 이익을 미워하는 사람'이라는 영적 자격 조건을 강조했다. **리더십은 능력만으로 되는 것이 아니라 인격과 신앙의 뿌리 위에서 세워져야 한다**는 사실을 보여준다. 또한 역할을 분산하고 적재적소에 사람을 세우는 것이 공동체를 살리는 길임을 일깨워 주었다.

사도행전 6장에서도 비슷한 원리를 볼 수 있다. 초대 교회가 급격히 성장하면서 구제와 봉사의 문제로 갈등이 생겼을 때 사도들은 모든 일을 자신들이 감당하려 하지 않았다. 대신 "성령과 지혜가 충만하여 칭찬 듣는 사람 일곱"을 세워 구제 사역을 맡기고 자신들은 기도와 말씀 사역에 전념했다(사도행전 6:3-4). 이는 **리더가 모든 영역을 독점하는 것이 아니라 사역의 우선순위를 분명히 하고 달란트에 맞는 사람들에게 일을 맡기는 모범적인 사례**라 할 수 있다.

오늘날 교회와 사회의 리더십에도 이 원리가 그대로 적용된다. 서번트 리더는 단순히 앞장서서 이끄는 사람이 아니라 사람들의 은사와 달란트를 발견하고 그것을 최적의 위치에 배치하는 사람이다. 누군가는 조직을 관리하는 일에, 누군가는 사람을 돌보는 일에, 또 다른 누군가는 기획과 실행의 일에 탁월하다. **리더의 역할은 이러한 다양성을 통합하여 조화로운 팀워크**를 이루는 것이다.

업무 분장은 단순한 행정 절차가 아니다. 그것은 곧 리더의 신학적 선언이다. 하나님께서 각 사람에게 주신 달란트가 존중받을 때 공동체는 건강하게 성장한다. 반대로 리더가 모든 것을 독점하거나 달란트와 무관하게 사람을 배치하면 지치고 낙심한 사람들이 생기고 결국 조직은 약화된다.

서번트 리더십은 이렇게 묻는다.

"**나는 공동체의 일을 혼자 짊어지고 있지는 않은가?**"

"**우리 팀의 구성원들은 각자의 달란트에 맞는 자리에 서 있는가?**"

"**나는 섬김을 통해 그들이 가장 빛나는 자리에서 일하도록 돕고 있는가?**"

이드로의 조언과 사도행전의 사례는 오늘 우리에게 명확한 교훈을 준다. 서번트 리더십의 지혜는 모든 일을 혼자 감당하는 데 있지 않고 사람을 세우고 그들을 통해 일하는 데 있다. 결국 진정한 리더는 자신의 손으로 직접 성과를 내는 사람이 아니라 사람을 키우고 배치하여 함께 성과를 내도록 만드는 사람이다. 이것이 하나님 나라 방식의 리더십이며 우리 모두가 따라야 할 길이다.

두 번째로 **리더나 사장은 전면에서 빛나려는 존재가 아니라 뒤에서 보이지 않게 지탱하는 소금이 되어야 한다. 반대로 부하는 성과와 결과로 빛을 내는 빛이 되어야 한다.**

리더의 정의는 변함없다. "부하가 성과를 내고 빛을 볼 수 있도록 보이지 않게 리드하는 사람"이다. 빛은 무대 위에서 드러나고 소금은 무대 뒤에서 빛을 돋운다. 이것이 내가 다시 세운 서번트 리더십의 핵심이다.

그러면 교회에서의 리더십은 어떠한가? 대다수의 교회는 평신도가 발휘할 리더십은 없는 게 현실이다. 물론 작은 교회에서는 물리적인 한계가 있다. 성도가 약200명에서 600명 규모의 교회는 성가대, 교사, 전도회, 교회관리 및 차량운행, 청소 이외의 분야에서 리더십을 발휘할만한 규모는 아닌 경우가 많다. 그렇지만 중형교회 이상은 평신도의 리더십이 매우 중요하다. 그러나 팀원들의 사기를 돋우고 격려하기보다는 리더 본인이 너무 열심을 내어 정작 구성원들이 낄 자리가 없는 경우가 많고 그러다보니 한번 맡게 되면 다른 사람에게 넘겨주지 않는 경향도 많다. 또한 이미 **교회도 세속화되어 사기를 나타내려 열심인 사람이 자리를 차지하므로 대다수의 묵묵한 능력 있는 사람들이 소외되고 아웃사이더가 되어버리고 마는 경우가 많다.** 들내지 않는 많은 실력자들이 안타깝게 교회의 중심으로 들어오지 못하고 다른 교회를 찾는다든지 조용히 묻히는 경우가 많아 안타깝다. **교회의 리더들은 소금처럼 자기를 녹여 숨어있는 리더들을 찾는데 최선을 다**

해야 된다. 그야말로 서번트 리더십을 이상적으로 발휘할 수 있는 현장은 교회임은 누구든지 부인할 수 없다. '내가 아니면 안 된다'는 어리석은 마음을 버리고 '할 사람이 없어서 계속 내가 하고 있어요'라고 말하는 어리석은 리더는 최악의 서번트 리더라고 할 수 있다.

04.

직책과 직급(직분)

　직장생활을 오래 경험한 사람들 가운데도 직책과 직급(직분)의 차이를 명확히 구분하지 못하는 경우가 많다. 그러나 교회만큼 이 두 개념을 혼동하는 집단도 드물다. 교회는 세상의 어떤 조직보다도 영적 질서를 강조해야 할 공동체이지만 직분과 직책의 혼동으로 인해 불필요한 감정 소모, 에너지 낭비, 효율성 저하, 나아가 분쟁과 갈등이 끊이지 않는다. 이것은 교회의 본질적 사명을 방해하는 심각한 문제다.

　일반적으로 교회에서는 '직급'을 '직분'이라고 부른다. 예를 들어 목사, 장로, 권사, 안수집사, 집사 등이 직분에 해당된다. 이는 곧 서열, 위계, 제도적 단계로 이해할 수 있다. 반면 '직책'은 맡은 역할과 책임, 업무 범위를 의미한다. 담임목사, 부목사, 찬양목사, 새정위원상, 선교국장, 관리국장, 차량관리팀장, 선교팀장 등은 모두 직책이다. 요약하면 **직분은 '존재의 위상'**을, **직책은 '맡은 일의 자리'**를 가리킨다.

　그러므로 **교회의 모든 일은 직분 중심이 아니라 직책 중심**으로 운영되어야 한다. 가령 태국선교팀이 단기선교를 떠날 때 한 장로가 팀원으로 합류했다면 그는 '장로'라는 직분을 잠시 내려놓고 '팀원'이라는 직책을 따라야 한다. 팀장은 집사일 수도 있고 심지어는 나이가 어린 청년일 수도 있다. 그러나 직책상 그가 리더라면 팀원인 장로는 그의 지도와 지시에 따라 함께 사역하는 것이 옳다. 그러나 현실은 정반대다. 교회 현장에서 많은 장로들이 직분을 내려놓지 못하고 오히려 팀장을 가르치려 하거나 지시하려 드는 모습을 자주 본다.

성경은 이 문제에 대하여 이미 분명한 원리를 보여준다. 모세와 이드로의 사건을 보라. 이스라엘 백성의 모든 재판을 혼자 감당하던 모세에게 장인 이드로는 "너 혼자서 이 모든 일을 감당하는 것은 옳지 못하다"(출애굽기 18:17)라며, 천부장, 백부장, 오십부장, 십부장을 세워 업무를 분담하라고 조언했다. 모세가 하나님의 사람이라는 직분을 가졌음에도 불구하고 실제 사역의 분배는 직책에 따라 이뤄졌다. 즉, 직분은 변하지 않지만 직책은 상황과 필요에 따라 나누어지는 것이다.

또한 사도행전 6장의 집사 임명 사건도 같은 맥락이다. 당시 헬라파 과부들이 구제에서 차별을 받는 문제로 갈등이 일어나자 사도들은 직접 음식을 나르는 일을 감당하지 않고 일곱 집사를 세워 그 직책을 맡겼다. 사도들의 직분은 사도로 변하지 않았지만 구제라는 직책은 집사들에게 위임되었다. 이로 인해 말씀과 기도에 집중할 수 있었고 교회는 오히려 더 든든히 세워졌다. 사역을 할 때는 직분보다 직책이 우선 적용되어야 한다는 분명한 성경적 사례다.

1980년대 말 대기업에 다닐 때 이러한 문화적 전환을 뚜렷하게 경험했다. 당시 회사는 TFT(Task Force Team) 제도를 도입하여 문제 해결이나 목표 달성을 위해 직급을 넘어 직책 중심으로 팀을 구성했다. 과장이 팀장이 되고 부장이나 이사도 팀원으로 참여하는 일이 많았다.

그러나 직급과 직책의 구분을 이해하지 못한 일부 간부들은 반발하기도 했다. 부장이 과장의 지휘를 받는 것을 자존심 상해했고 어떤 이는 불참을 선언하거나 사표까지 제출하는 해프닝도 있었다. 그러나 시간이 지나면서 이 문화는 정착되었고 오늘날 한국 대기업에서는 직책 중심의 운영이 너무나 당연한 것이 되었다.

그러나 교회는 여전히 30년 전에 머물러 있다. 교회의 회의나 선교 현장에서도 직분 중심의 태도가 우선하여 사역이 왜곡되고 갈등이 발생한다. 심지어는 평신도 선교사의 경우 목사라는 직분을 가진 선교사들이 권위적으로 대하며 홀대하는 일이 너무 많아 평신도 사역자는 이를 극복하고자 불법적인 절차에 의해 목사 안수를 받는 일까지 일반화된 현실은 참으로 부끄럽기 짝이 없다. 오히려 사회에서 석사나 박사 학위를 받을 때 엄격하게 관리하는 절차와 조건 등과 비교하면 말로 할 수 없는 부끄러움에 고개를 들 수 없다. 이렇게 편법으로 목사 안수를 받은 자들이 선교현장에서 '크리스천이 되면 착하게 살게 된다'거나 강단에서 "죄 짓지 말라, 의롭게 살아라"라고 외칠 수 있겠는가? 이것은 불완전한 존재인 인간적 연약함의 문제가 아니다. 하나님께서 주신 질서와 영적 권위에 대한 불순종과 무지이다.

성경 속 사울과 다윗의 관계에서도 직책과 직분의 차이를 엿볼 수 있다. 사울은 왕이라는 직분을 가졌지만 하나님께서 다윗을 실제 전쟁의 리더로 세우셨을 때 그는 다윗의 직책을 존중하지 않고 오히려 질투와 시기로 무너졌다. 반대로 다윗은 사울이 여전히 '여호와께서 기름 부으신 자'라는 직분을 인정하며 그를 죽일 수 있는 많은 기회를 스스로 내려놓았다.

이 원리는 오늘날 교회에서도 동일하다. 예를 들면 선교사라는 호칭은 직책이다. 그 직책을 감당하는 사람은 목사일 수도 있고, 장로, 권사, 평신도일 수도 있다. 그러므로 직책이 주어지면 직분과 상관없이 그 직책을 존중해야 한다. 나아가 목사 안수를 받았더라도 실제로 목회를 하지 않는다면 직책상 그는 '목사'가 아니다.

고린도전서 12장은 교회를 몸에 비유하며 "지체는 많으나 몸은 하나"(12:12)라고 가르친다. 눈은 눈의 역할이 있고 손은 손의 역할이 있으며 발은 발의 역할이 있다. 직분은 하나님께서 주신 은혜의 선물이고 직책은 주어진 역할이다. 직분이 아무리 높아도 직책이 정해지지 않으면 움직일 수 없으며 직책이 아무리 크더라도 직분의 겸손한 태도가 없다면 교회의 몸은 상한다.

결국, **교회의 건강은 직분과 직책의 질서를 바로 세우는 데 달려 있다.** 교회가 직분에 얽매이지 않고 직책에 따라 서로를 존중하며 사역을 감당할 때 그 공동체는 진정한 협력과 연합을 이룰 것이다. 그리고 이것이야말로 세상 속에서 교회의 본질적 사명을 온전히 감당하는 길이다.

05.

교회에서의 고객

인간이 활동하는 모든 영역에는 반드시 고객이 존재한다. 기업의 세계에서는 고객 지향주의가 이미 확고하게 자리 잡았다. 1990년대 이후 삼성은 '고객은 왕이다'라는 구호 아래 강력한 고객 중심 경영을 펼쳤고 그 흐름은 현대, LG 등 대기업들을 거쳐 이제는 사회 전반에 일반화되었다. 제품을 만드는 회사든 서비스를 제공하는 조직이든 고객을 무시하는 순간 그 기업은 쇠락의 길을 걷게 된다. 그렇다면 교회에서는 어떠한가? 교회에서도 '고객'이라는 개념이 적용될 수 있을까?

많은 이들은 이 단어를 듣는 순간 불경스럽다며 고개를 젓는다. "하나님의 집인 교회에 무슨 세속적인 '고객' 개념을 들여오느냐?" 하고 불편해한다. 그러나 불편해하기만 할 일이 아니다. 만일 교회가 하나님께서 맡기신 사명을 바르게 감당하지 못하고 영혼을 향한 섬김을 상실한다면 그 교회는 점차 생명력을 잃고 죽어가는 공동체가 될 수밖에 없다. 그러므로 **교회에서의 고객은 누구인가를 분명히 정리하는 일은 단순한 경영 전략이 아니라 본질을 회복하는 영적 질문**일 수 있다.

먼저, 교회의 제1고객은 말할 것도 없이 '하나님'이시다. 이를 부인

하는 사람들은 하나도 없을 것이다. 교회는 본질적으로 하나님을 예배하는 공동체이므로 하나님 중심, 하나님 최우선은 그 어떤 것과도 타협할 수 없는 절대 가치이다. 예배의 대상은 사람도, 제도도 프로그램도 아닌 오직 하나님이시다. "너희는 먼저 그의 나라와 그의 의를 구하라 그리하면 이 모든 것을 너희에게 더하시리라"(마태복음 6:33) 말씀하신 것처럼 교회는 무엇보다 하나님을 기쁘시게 하는 것을 첫 번째 목표로 삼아야 한다.

그러나 여기에서 멈추어서는 안 된다. 제1고객인 하나님만을 생각하다가 제2의 고객을 간과한다면 교회 사역의 방향을 잃어버릴 위험이 있다. 그렇다면 제2의 고객은 누구인가? 결론적으로 교회에서의 제2의 고객은 바로 '성도들'이다. 목회자와 교회의 리더들은 반드시 이 사실을 명확히 인식해야 한다. 교회의 리더십은 성도들에게 최상의 말씀을 공급하고, 성경적 교육을 제공하며, 가능한 최선의 환경과 시설을 마련하여 신앙생활을 돕는 데 있어야 한다.

안타깝게도 많은 교회가 여전히 이 부분에서 부족하다. 제2고객인 성도들에게 소위 비위를 맞춘다는 어리석은 생각, 또는 제1고객인 하나님을 향한 열심과 에너지가 분산된다는 생각은 한 가지만 알고 두 가지는 모르는 전형적인 모노 지능적 생각이다. 일부 교회는 성도들을 말씀으로 섬기는 존재가 아니라 봉사꾼, 교회 유지비 조달자, 행사 동원 인력 정도로 취급하는 경향이 있다. 1980년대까지는 교회 안에 헌신과 희생, 충성을 '무조건' 감당하는 교인들이 많았다. 그러나 시대는 변했고 이제는 목회자와 리더들이 <u>더욱 창의적이고 영적인 방식으로</u> 성도들을 섬기지 않으면 교회는 정체될 것이다. 성경은 분명히 말한다.

> **"너희 중에 큰 자는 너희를 섬기는 자가 되어야 하리라."**
>
> (마태복음 23:11)

교회 지도자에게 요구되는 것은 지배가 아니라 섬김이다.

그렇다면 성도라는 제2의 고객에게 교회는 어떤 서비스를 제공해야 하는가? 가장 우선은 성령이 임재하는 강력한 말씀 선포이다. 말씀 없는 교회는 존재 의미를 상실한다. 그러나 그것만으로는 충분하지 않다. 성도들의 실제 삶을 돕는 다양한 사역과 프로그램이 함께 이루어져야 한다. 영아부에서부터 청소년, 청년, 장년, 노년에 이르기까지 각 세대별로 맞춤형 교육과 돌봄이 필요하다. 또한 취미나 직업 또는 가정과 직장, 인간관계에서 부딪히는 문제를 해결할 수 있는 관심사별 사역도 병행되어야 한다. 교회는 성도들의 실제 삶과 동떨어진 공간이 아니라 삶을 풍성하게 하고 방향을 제시하는 영적 공동체이기 때문이다.

고객은 언제나 까다롭고 힘들게하는 존재이다. 기업 현장에서 고객은 자기본위 적이고, 급하며, 때로는 합리적이지 못한 요구를 하기도 한다. 그래서 고객의 마음을 읽어내는 것은 언제나 어려운 과제다. 교회도 다르지 않다. 성도들의 신앙 수준, 학습 능력, 필요와 관심사는 모두 다르다. 어떤 성도는 신앙의 초보사이고 어떤 성도는 깊은 영적 체험을 한 자이다. 그러므로 목회자와 리더들은 마치 기업이 고객조사를 하듯 성도들의 영적 필요를 세밀히 살펴야 한다. 사도 바울은 "내가 여러 사람에게 여러 모양이 된 것은 아무쪼록 몇 사람이라도 구원하고자 함이라"(고린도전서 9:22)고 고백했다. 이것이 바로 교회가 성도들을 향해 취해야 할 태도이다.

고객의 마음을 파악하는데 얼마나 어려운지 한 가지 교훈적인 사례를 보자. 1971년 동양매직이 고급 주방용품 브랜드를 표방하며 가스레인지를 출시했을 때의 일이다. 그들은 사용설명서를 매우 고급스럽게 심지어 영문을 포함하여 제작했다. 왜냐하면 그러한 고급주방용품을 사용하는 사람들의 교육수준은 최소한 고등학교정도는 졸업한 사람들이라는 생각으로 가득 차 있었기 때문이었다. 그러나 곧 문제에 직면했다. 고객센터로 "설명서를 이해할 수 없다"는 항의 전화가 빗발쳤던 것이다. 확인해 보니 실제로 그 고급 가스레인지를 사용하는 사람들은 상류층의 주부가 아니라 대부분 그 집에서 일하는 가정부들이었던 것이었다. 결국 회사는 초등학교 졸업 수준에 맞는 설명서를 다시 제작해야 했다. 이 일화는 아무리 '고객 중심'을 외쳐도 진짜 고객이 누구인지 그들이 실제로 무엇을 필요로 하는지를 정확하게 파악하지 못하면 실패할 수밖에 없다는 사실을 잘 보여준다.

교회도 마찬가지다. 성도들이 진짜 원하는 것이 무엇인지, 그들의 신앙 수준은 어디쯤에 있는지 어떤 배움과 훈련이 시급한지 면밀히 살펴야 한다. 그들의 신앙 여정을 도우며 삶을 풍성하게 해주는 섬김이 필요하다. 예수께서 말씀하셨다.

> "내 양은 내 음성을 들으며 나는 그들을 알며 그들은 나를 따르느니라." (요한복음 10:27)

교회의 리더는 목자이신 주님을 본받아 성도들의 음성을 귀 기울여 듣고, 그들을 바른 길로 인도하는 책임을 져야 한다.

제1고객인 하나님, 제2고객인 성도를 잊지 말아야 한다. 하나님을 기쁘시게 하면서 동시에 성도들을 섬기는 교회, 그곳이 바로 살아 있는 교회이며 성령의 역사가 충만히 일어나는 교회일 것이다.

06.

교회와 직장에서의 토론문화

모든 조직은 크든 작든 성과를 내야 한다. 그리고 그 성과의 책임은 궁극적으로 리더에게 있다. 성과를 내기 위해 리더에게 필요한 것은 권한이다. 즉 권한은 책임을 감당하기 위해 주어지는 수단이지 권력 자체가 목적이 아니다. 그러나 실제 조직 운영에서 많은 리더들은 이 원리를 혼동한다. 책임을 권한에 종속시키거나 혹은 책임과 권한 중 한쪽을 과도하게 강조하다가 오히려 성과를 잃어버린다. 심할 경우 성과가 역행하여 조직 전체가 흔들리는 경우도 발생한다.

30대 초반에 들었던 한 일화가 늘 조직 운영의 기준점으로 남아 있다. 조선시대 어느 왕은 국사를 논의하는 중요한 회의 자리에서 늘 농담을 던지던 신하를 내쳤다. 이유는 간단했다. "허튼 소리만 하고 국사에 도움이 되지 않는다"는 것이었다. 그러나 3년 뒤 국정은 더욱 어지럽고 피폐해졌다. 왕은 깊은 고민에 빠졌다. "3년 전과 지금의 차이는 무엇인가? 왜 그때는 그래도 나라가 잘 흘러갔는데 지금은 이 지경이 되었는가?" 곰곰이 따져본 결과 달라진 것은 단 하나였다. 바로 농담을 잘하던 그 신하가 더 이상 회의장에 없다는 사실 외에는 달라진 것이 아무것도 없었다. 결국 왕은 그를 복직시켰다. 그리고 놀라운 일이 일어났다. 다시 회의장에 활기가 돌고 다양한 의견이 자유롭게 오갔다. 신하들은 눈치를 보지 않고 건설적인 대안을 제시하기 시작했다. 그리고 나라는 점차 안정을 되찾고 다시 흥왕하게 되었다.

이 이야기가 역사적 사실인지 여부는 분명치 않지만 그 속에 담긴 진리는 분명하다. 조직은 열린 소통과 자유로운 토론의 분위기에서 비로소 건강한 성과를 만들어낸다는 것이다. **직원의 내면에 숨어 있는 기술과 아이디어를 끌어내지 못한다면 굳이 고액 연봉을 주며 인재를 채용할 이유가 없다.** 사람은 억눌린 분위기 속에서 창의적인 생각을 내놓을 수 없다. 따라서 조직의 의사결정 구조는 TOP-DOWN과 BOTTOM-UP이 균형 있게 병행되어야 한다. 리더는 직원들의 의견을 귀담아 듣는 문화를 세워야 한다. 그것이 곧 조직이 살아 움직이는 힘이 된다.

성경에서도 이러한 원리를 발견할 수 있다. 모세가 광야에서 백성들을 이끌 때 백성들은 끊임없이 불평과 원망을 쏟아냈다. 모세 혼자 감당하기에는 그 부담이 너무 컸다. 이때 그의 장인 이드로가 지혜로운 조언을 했다. "너는 하나님 앞에서 그들을 위하여 사건을 가져오며 그들에게 율례와 법도를 가르치서 마땅히 갈 길과 할 일을 그들에게 보이고 또 모든 백성 가운데서 능력 있는 사람 곧 하나님을 두려워하며 진실하며 불의한 이익을 미워하는 자를 찾아 백성 위에 세워 천부장과 백부장과 오십부장과 십부장을 삼아"(출애굽기 18:19-21)라고 권면했다. 이는 리더 혼자 모든 결정을 내리는 것이 아니라 중간 리더들을 세워 의견을 모으고 책임을 분산시키라는 조언이었다. 결과적으로 모세는 공동체의 소리를 더 넓고 깊게 들을 수 있었고 이스라엘 백성은 더 건강한 질서를 유지할 수 있었다.

또한 느헤미야 역시 탁월한 소통의 리더십을 발휘했다. 예루살렘 성벽을 재건하는 과정에서 그는 혼자 독단적으로 결정하지 않았다. 그는 먼저 백성들의 아픔과 절망을 들었고 그들의 형편을 돌아보았다. 그리고 하나님께 기도한 후 백성들에게 이렇게 말했다. "너희는 보라, 우리가 당한 곤경은 예루살렘이 황폐하고 성문이 불탔으니 자, 예루살렘 성을 건축하여 다시 수치를 당하지 말자"(느헤미야 2:17). 백성들은 그의 말을 듣고 마음을 합하여 "일어나 건축하자"(2:18)라고 응답했다. 느헤미야의 리더십은 일방적 명령이 아니라 백성들과 마음을 나누고 공감대를 형성한 소통의 리더십이었다.

이와 같은 성경의 원리는 오늘날 직장에도 그대로 적용된다. 직장은 성과를 내야 하는 곳이기에 리더가 모든 것을 독점적으로 결정할 경우 창의적인 아이디어가 억눌리게 된다. 반대로 직원들의 의견을 존중하고 토론할 수 있는 장을 열어 준다면 조직은 놀라운 성과를 낼 수 있다.

하지만 교회는 좀 다르다. 교회는 본질적으로 하나님의 말씀과 영적 권위를 중심으로 세워진 공동체이기 때문이다. 따라서 교회에는 TOP-DOWN 방식이 필수적이다. 목회자가 하나님의 뜻을 분별하고 말씀을 선포하며 방향을 제시하는 것은 교회의 중심적인 기능이다. 그러나 목회자도 완전한 존재가 아니다. 그렇기에 교회는 성숙한 리더 그룹, 곧 장로와 중직자들의 균형 잡힌 소통 리더십이 반드시 필요하다.

장로들은 단순히 목회자를 보좌하는 관리자가 아니다. 그들은 성도들의 목소리를 경청하며 목회자와 성도들 사이에서 지혜로운 버퍼 역할을 감당해야 한다. 버퍼역할이란 때로는 오해를 받기도 한다. '결국 목회자의 방패역할이 아니냐'라는 것이다. 그러나 중대형교회의 경우 목회자는 성도들의 영적필요는 알아도 성도들의 욕구(?)등은 파악하기가 쉽지 않다. 여기에서 성도들의 욕구라는 것은 영적인 것 외의 모든 영역, 즉 관리, 시스템, 편의사항 등 교회 생활에 대한 것들이다.

성도들은 내부의 불만을 잠재적으로 키우다가 폭발하는 경우가 많기 때문에 장로들은 성도들과의 친밀도와 관계를 유지하여 그들과의 소통을 잘 이끌어낼 필요가 있고 목회자에게 전달할 필요가 있다. 또한 장로들은 목회자에게 전달하는 기술이 필요하다. **세상에 무조건 해야 되는 것도 없고 무조건 옳은 것은 없다.** 혹 목회자가 NO라고 거부를 하더라도 성숙한 장로는 일단 후퇴하며 '지금은 때가 아니다'라고 의견을 제기한 성도들에게 지혜롭게 잘 전달하여 서로간의 오해가 생기지 않도록 하는 것, 이것이 곧 좋은 버퍼역할이다. 성경은 이렇게 말한다.

> "지혜로운 자는 듣고 학식이 더할 것이요, 명철한 자는 지략을 얻을 것이라." (잠언 1:5)

교회가 건강하게 성장하기 위해서는 바로 이런 열린 귀와 열린 마음이 필요하다. 성도들의 의견을 무시하거나 억누르는 순간 교회는 내부의 활력을 잃고 쇠락의 길을 걷게 된다.

교회와 직장, 두 조직은 겉으로는 다르지만 결국 같은 원리를 공유한다. 그것은 사람의 생각과 의견을 존중하고 경청하는 토론문화가 조직을 살린다는 것이다. 직장은 자유로운 토론이 성과를 키워내는 힘이 되고 교회는 성숙한 리더 그룹의 소통과 중재가 공동체의 성장을 지탱하는 힘이 된다.

사도 바울은 교회를 "그리스도의 몸"이라 부르며 지체가 서로 협력할 때 교회가 건강하게 세워진다고 했다(고린도전서 12:12-27). 손과 발, 눈과 귀가 각각 다르지만 모두 필요한 것처럼 각 성도의 의견과 목소리도 존중받아야 한다. 그 속에서 교회는 하나 되고 하나님 나라의 역사를 힘 있게 이룰 수 있다.

결국 직장과 교회를 막론하고 리더가 반드시 기억해야 할 원리는 이것이다. 소통 없는 조직에는 생명력이 없고 토론 없는 리더십은 독단으로 흐른다. 그러나 경청과 소통이 있는 조직은 하나님께서 기뻐하시는 풍성한 열매를 맺는다.

07.

달란트와 은사

교회라는 공동체는 세상에서 찾아보기 힘든 독특한 성격을 지니고 있다. 교회 안에는 남녀노소, 배움의 깊이, 사회적 지위, 성격과 기질, 심지어는 삶의 형편까지 각양각색의 사람들이 함께 모인다. 세상에서는 공통된 이해관계나 비슷한 수준과 배경을 가진 사람들끼리 모여 집단을 이루는 경우가 많지만 교회는 그렇지 않다. 교회는 다양성이 가장 강하게 드러나면서도 동시에 그 다양성 속에서 하나 됨을 이루어야 하는 집단이다.

교회는 각자의 개성과 차이를 지우는 곳이 아니라 그 차이 속에서 '한 몸'을 이루는 곳이다. 그러므로 교회의 아름다움은 획일성이 아니라 조화 속에서 나타난다. 다양한 생각, 다양한 수준, 다양한 은사들이 얽히고 섞여도 결국 아름다운 그림을 그려내는 이유가 바로 여기에 있다. 교회 공동체가 조화를 이뤄가는데 중요한 비밀 하나가 있는데, 바로 낮아짐이다. 특히 높은 자의 낮아짐이다. 사회에서는 권력을 가진 자, 지식을 가진 자, 물질을 가진 자가 대접을 받는다. 그러나 교회에서는 오히려 그들이 스스로 낮아져야 조화가 가능하다. 주님께서 친히 보여주신 길이 바로 그 길이다.

예수님은 제자들의 발을 씻기시며 말씀하셨다.

> "내가 주와 또는 선생이 되어 너희 발을 씻었으니 너희도 서로 발을 씻어 주는 것이 옳으니라" (요한복음 13:14)

즉, 사회적으로 높다고 여겨지는 이들이 교회 안에서는 '섬김'을 선택할 때 그곳에 참된 화합이 이루어진다. 만약 높은 자가 높은 자리만 고집한다면 교회는 더욱 권력다툼의 장이 될 것이다. 하지만 그들이 스스로를 낮추어 섬길 때 공동체는 위로부터 흘러내리는 은혜의 조화를 경험하게 된다.

많은 이들이 '달란트'와 '은사'를 같은 의미로 사용한다. 그러나 성경적으로 보면 이 둘은 분명히 다르다. 달란트는 말 그대로 하나님께서 거저 주신 능력과 자원이다. 어떤 이는 노래를 잘하고 어떤 이는 가르치는 데 탁월하며 또 어떤 이는 섬김과 봉사의 마음을 자연스럽게 가지고 있다. 이런 것들은 은혜로 주어진 달란트이다.

반면 은사는 좀 더 깊은 차원의 의미를 가진다. 은사는 내 뜻이 아닌 하나님의 뜻에 순종하는 차원에서 드러나는 것이다. 즉, 내가 원치 않더라도 심지어 내 성격과 맞지 않아도 하나님께서 맡기실 때 기꺼이 순종할 때 나타난다.

은사는 단순히 재능의 발휘가 아니라 성령께서 교회를 유익하게 하시려고 각 사람에게 주시는 특별한 선물이다. 달란트가 '자연적인 것'이라면 은사는 '영적인 순종'에서 비롯되는 것이다. 그래서 때로는 내가 원치 않는 자리에서 은사가 드러난다. 마치 억지로 지는 십자가처럼 느껴질 수도 있다. 그러나 그것이 바로 하나님의 뜻이고 순종 속에서 은혜가 흘러가는 통로가 된다.

우리가 원치 않는 약함의 자리, 억지로 순종하는 자리에서 오히려 하나님의 은혜와 능력이 더욱 크게 드러난다. 은사는 내가 빛나는 것이 아니라 하나님께서 영광 받으시는 통로이기 때문이다.

오늘도 교회 안에서는 같은 말을 해도 다르게 받아들이고 같은 현상을 보아도 다르게 해석하는 사람들이 있다. 그러나 바로 그 다양성이 교회의 힘이다. 그리고 그 다양한 사람들이 끝내 아름답게 조화를 이루는 이유는 가진 자와 높은 자, 지식인과 리더들이 은사를 따라 섬기기 때문이다.

교회의 조화는 모든 사람이 자기 자리를 찾아 은사를 따라 섬길 때 이루어진다. 목회자와 장로, 교사와 봉사자, 찬양대와 안내위원까지 **각자의 역할을 '내가 원하느냐'가 아니라 '주님이 맡기셨느냐'의 기준**으로 받아들일 때 교회는 그 어떤 세상의 공동체보다도 더 견고하고 아름다운 모습으로 세워진다.

교회는 단순한 모임이 아니라 하나님의 나라를 드러내는 공동체이다. 세상에서는 보기 힘든 다양성과 조화가 동시에 살아 있는 곳, 그곳이 교회다. 그 중심에는 낮아짐과 섬김 그리고 은사에 순종하는 삶이 있다.

오늘 우리도 묵묵히 '억지로 지는 십자가' 같은 자리를 외면하지 않고 순종할 때 하나님께서는 그 순종을 통해 교회를 세우시고 우리를 통해 영광 받으실 것이다.

08.

고유기술과 관리기술

사람의 능력을 평가하는 기준, 곧 '퍼포먼스'는 단순한 재능의 유무로 결정되지 않는다. 그것은 고유기술과 관리기술이라는 두 축이 결합될 때 비로소 빛을 발한다.

고유기술은 말 그대로 타고난 재능이거나 배워서 갖춘 전문 역량이다. 학력, 전공, 자격증, 경력 등과 같은 '무기'다. 반면에 관리기술은 이 무기를 어떻게 운용할지 결정하는 '전략'이다. 지혜롭게 활용하고 조율하고 결합하거나 분리하며 방향을 재조정하는 능력이 바로 관리기술이다. 고유기술이 지식이라면 관리기술은 지혜이다.

하나님께서는 어떤 사람에게는 뛰어난 고유기술을 주셨고 어떤 사람에게는 관계 조정과 운영 능력이라는 관리기술을 주셨다. 또 어떤 사람은 두 가지를 모두 허락받아 '멀티형'으로 살아가게 된다. 의사의 예를 보자. 의사라는 직업은 대표적인 고유기술 직종이다. 하지만 병원의 운영은 의술만으로 되는 것이 아니다. 재정, 인사, 마케팅, 시설 관리, 법적 대응까지 포괄하는 경영 능력이 필요하다. 그래서 의사 자격이 없는 관리기술자가 병원을 경영하거나 반대로 의사이면서 동시에 병원 운영을 탁월하게 해내는 멀티형 인재가 등장하기도 한다.

흥미로운 점은 **고유기술만 가진 사람들은 성장의 속도가 제한적**이라는 사실이다. 뛰어난 실력에도 불구하고 자신을 확장시키거나 새로운 구조를 만들지 못하기 때문이다. 그러나 관리기술을 가진 사람은 고유기술자들을 연결하고 정렬하며 시너지를 만들어 폭발적인 성장을 이끌 수 있다.

대학 교수 중에도 연구는 뛰어나지만 강의에는 미숙한 사람이 많다. 반대로 연구와 강의 모두에서 두각을 나타내는 교수는 압도적인 성과를 낸다. 기업 경영에서도, 교회 사역에서도 이 원리는 똑같이 적용된다.

목회 현장도 예외가 아니다. 설교를 잘하지만 부교역자들과 관계가 서툴러 교회 내 갈등을 키우는 담임목사가 있다. 찬양은 훌륭하지만 사람을 모으고 팀을 세우는 능력이 약해 찬양 사역이 한계를 넘지 못하는 찬양 사역자도 있다. 하나님께서 주신 재능은 '하나만'일 수도 있지만 그것을 조율하고 활용할 관리기술이 더해질 때 그 재능은 배로 확장된다.

우리에게 관리기술의 달란트가 이미 있을 수도 있고 혹은 아직 깨닫지 못했을 수도 있다. 중요한 것은 주어진 달란트를 땅에 묻어 두지 않는 것이다(마태복음 25장의 달란트 비유). 하나님께서는 간구하는 자에게 좋은 것을 주신다고 약속하셨다. 그러므로 우리는 우리의 재능과 기술을 관리할 지혜를 구하며 그것을 주님의 뜻대로 사용할 준비를 해야 한다.

성경 속 유형별 인물을 보면 아래와 같다.

1. 고유기술형

가. **브살렐 (출애굽기 31장)** : 모세가 불러낸 고유 기술자로 금·은·놋 세공, 목공조각 등 하나님이 주신 기술로 성막을 완성함.

나. **다윗(소년 시절)** : 물맷돌과 전투 실력으로 골리앗을 쓰러뜨림.

2. 관리기술형

가. **여호수아** : 각 지파를 전략적으로 배치하고 전쟁 계획을 세워 가나안을 정복함.

나. **느헤미야** : 성벽 재건 프로젝트를 계획·인력 배치·갈등 조정으로 완수함.

3. 멀티(복합)형

가. **다윗(왕 시절)** : 군사적 실력과 국가 경영을 모두 갖춘 지도자.

나. **바울** : 복음의 깊이(고유기술)와 교회 개척·네트워크 운영(관리기술)을 동시에 수행.

다. **모세** : 애굽의 학문과 광야 경험을 결합해 이스라엘 백성을 이끈 영적·행정적 리더.

비즈니스 현장과 교회 사역을 보면 더 정확한 이해가 될 수 있다.

1. 비즈니스 현장

가. **고유기술형의 예**
- 뛰어난 프로그래머이지만 프로젝트 관리나 팀 운영은 미숙한 개발자.
- 해결책 → 관리기술을 가진 PM(프로젝트 매니저)와 협업.

나. **관리기술형의 예**
- 직접 제품을 만들지는 않지만, 여러 분야의 전문가를 모아 창업을 성공시킨 스타트업 CEO.

다. **복합형의 예**
- 기술 개발과 경영 모두 능숙한 일론 머스크, 빌 게이츠.

2. 교회 사역

가. 고유기술형
- 설교력은 탁월하나 성도 케어가 부족한 목회자.
- 해결책 → 성도 돌봄과 조직 관리 능력을 가진 부교역자와 팀 사역.

나. 관리기술형
- 찬양팀, 주일학교, 선교팀 등 다양한 부서를 조율하며 교회를 건강하게 운영하는 행정목사.

다. 복합형
- 설교, 행정, 목양 모두 탁월하게 수행하는 대형교회 담임목사.

결론적으로 리더십 위한 실천 포인트를 보면

1. **자신의 주력 기술을 파악하라** - 나는 고유기술형인가, 관리기술형인가, 복합형인가?

2. **부족한 영역을 채우라** - 필요하다면 배우고 아니면 동역자를 세워라.

3. **시너지 구조를 만들라** - 혼자가 아니라 네트워크로 일하라.

4. **하나님께 지혜를 구하라** - 달란트를 땅에 묻지 않고 사역과 일터에 활용하라.

우리는 주님이 주신 달란트를 잘 파악하여 부족한 영역을 구하며 찾아야 할 것이다. 그러면 후히 주시는 하나님을 만나게 될 것이다.

09.
하늘의 시간표를 앞서 읽는 사람

거룩한 성공을 향해 노 저어 가는 크리스천의 사명

세상과 시대, 그리고 사람들이 추구하는 흐름과 가치, 미래의 전망을 우리는 어떻게 바라보고 해석해야 할까? 크리스천이라면 이 모든 **변곡점과 조짐을 세상 사람들보다 한발 앞서 포착하고 성경적 안목으로 분별**해야 하다. 그래야 더 높은 차원의 위대한 가치와 거룩한 성공을 이룰 수 있기 때문이다. 이는 단지 세상이 내세우는 스펙, 물질, 명예의 축적을 뛰어넘어 하나님께서 기뻐하시는 성공을 향해 나아가기 위한 길이다. 그 길 위에서는 시간의 속도와 깊이가 동시에 요구된다. 시간을 앞서 읽되 깊이 있게 읽어내야 한다.

대부분의 신앙인들은 **"하나님께 맡긴다"는 말을 은근히 방패로 삼아 때로는 자신의 무능과 게으름을 포장**하는 것 같다. 그러나 기독교 신앙의 본질은 안일한 위탁이 아니라, 창조적 청지기로 부르심 받은 자의 적극적인 참여다. 하나님은 우리에게 상상조차 못할 기발한 창의력, 재능, 그리고 달란트를 맡기셨다. 또한 자본, 인력, 기술이라는 귀한 자원을 통치하라고 명령하셨다. 그럼에도 우리는 종종 한 달란트 받은 종처럼 이를 땅에 묻어두고 "주인이여 당신은 굳은 분이라…"라며 자기가 가장 믿음이 좋은 크리스천인 줄 알곤 한다. 그렇게 자신도 모르는 사이에 두려움과 합리화로 스스로를 위로한다.

빛나매크로(주)는 2000년에 1인 기업으로 사업을 시작하여 2005년에 비로소 몇몇의 직원들과 함께 제조업을 시작하였다. 폐수처리 공정 중 전 처리에 해당하는 벨트프레스형 고액분리기로 국내의 양돈농가에 3년에 걸쳐 1년에 100대 이상 판매를 하였다. 잘 하고 있는 직원들에게 '이제 이 기계는 생명이 끝나가니 새로운 기계를 업그레이드해서 개발하자'라고 독려했다. 직원들은 알지 못해서 투덜거렸지만 변화에 두려워 하지 않았다. 경쟁사 사장들에게도 똑같은 이야기를 해봤지만 그들은 그저 현재에 만족한 듯 보였다. 우리 회사는 그 뒤로 화학적 처리 탈수기, 고형연료펠릿시스템, 가축분뇨 연료화, 다중타원판식 탈수기, 펠릿보일러, 동물사체처리기, 급속발효기 등등 계속하여 차별화하고 독특한 새로운 제품들을 고객들에게 제공함으로 끊임없이 성장하고 있다. 결국에는 지구온난화 및 탄소제로관련 사업에게까지 중장기 계획을 수립하여 그림을 그려 나가고 있다.

하나님께서는 새로움과 창의력 나르고 독특한 마음을 허락하시고 끝없이 앞을 바라보게 하셨다.

자기 합리화에 빠진 한 달란트를 받은 종처럼 "악하고 게으른 종아"라는 책망을 듣지 않기 위해서이다. 이 책망은 오늘 우리에게 날카롭게 파고든다. 우리는 과연 어떤 태도로 은사와 자원을 운용하고 있는가? 그 탁월한 잠재력을 하나님 나라 확장에 쓰고 있는가? 대답 대신 우리는 다시 말씀 앞으로 초대된다. 성경은 지혜와 분별력을 쉼 없이 강조한다.

> "너는 마음을 다하여 여호와를 신뢰하고 네 명철을 의지하지 말라. 너의 모든 길에서 그분을 인정하라. 그리하면 그분이 네 길을 지도하시리라." (잠언 3:5-6)

이 말씀은 길 위에서 흔들릴 때마다 우리의 나침반이 된다. 하나님을 전적으로 신뢰하고 그분의 통제를 인정할 때 우리는 세상의 표면적 유혹을 넘어 진정한 성공으로 이끌리는 여정을 걷는다. 그리고 마태복음 6장 33절은 그 여정의 우선순위를 잊지 않도록 일깨운다.

"너희는 먼저 그의 나라와 그의 의를 구하라. 그리하면 이 모든 것을 너희에게 더하시리라."

새벽 어부는 물결의 빛깔 하나로 그날의 조류를 예측한다. 크리스천도 시대의 물빛을 읽어야 한다. 기술은 초단위로 진화하고 문화는 분초마다 뒤집힌다. "사람이 마음으로 자기 길을 계획할지라도 그 걸음을 인도하시는 이는 여호와시니라"(잠 16:9)라는 말씀처럼 **하나님은 트렌드 뒤에 들어 있는 목적과 방향을 비추신다.** 세상은 AI와 빅데이터로 미래를 시뮬레이션 하지만 우리는 말씀 속에서 '빅디자이어(Big Desire)'를 얻는다. 정결하게 걸러진 욕망은 방향을 잃지 않고 한층 고도 높은 가치를 향해 돛을 단다.

요셉이 애굽의 7년 흉년을 예견해 거대한 곡창을 준비한 이야기, 느헤미야가 포로 귀환 시대 예루살렘 성벽 재건을 설계한 장면, 이 모든 사례는 **"앞서 보는 눈"**이 얼마나 강력한지를 증명한다. 하나님은 한 사람의 통찰을 통해 도시와 나라를 붙들어 주신다. 오늘 우리는 취업·투자·가정·교회라는 일상의 현장에서 다윗과 함께했던 충성된 자들 중에 그 '잇사갈 지파의 두령'(대상 12:32)처럼 시대를 알고 마땅히 행할 바를 준비해야 한다.

하늘의 가치와 땅의 소리, 그 미묘한 경계는 우리에게 더 큰 영적 분별력을 요구한다.

분별은 단순히 흑과 백을 나누는 나누는 것이 아니다. 그것은 색채를 해석하는 프리즘에 가깝다. 세상의 모든 소리가 잡음은 아니며 하나님의 놀라운 섭리를 내포한 '메시지'가 숨어 있다. 하지만 그 목소리를 들으려면 성령께 귀 기울이는 침묵이 필요하다.

성경이라는 거울 앞에서 세상 가치를 비추면 우리는 몸에 맞지 않는 옷을 쉽게 발견하고 벗어 던질 수 있다. 그렇게 되면 경쟁이 아닌 소명이 보이며, 속도가 아닌 방향을, 효율이 아닌 의미가 구심점이 된다.

'성공'을 뜻하는 히브리어 '솨할(שכל)'에는 '통찰하다', '지혜롭게 행동하다'라는 내포적 의미가 숨겨져 있다. 눈에 보이는 결과보다 과정 속 시선이 더 중요하다는 메시지다. 예수께서 광야에서 선포하신 "사람이 떡으로만 살 것이 아니요"(마 4:4)라는 말씀은 배고픔보다 사명을 넘어서 바라보라는 요청이다.

우리가 하나님의 나라를 "먼저" 세우면 음식과 옷, 장래 문제는 '더하여진다'. 성공은 목적지가 아니라 부수 효과가 된다는 의미이다. 하늘 우선순위는 땅의 질서를 뒤바꿔 영원한 하늘나라의 가치가 일상의 열매로 스며든다. 우리의 삶을 통해 그 열매를 세상이 맛보게 해야 한다. 우리 크리스천들이 말씀을 바탕으로 해석하고 행동해야 한다. 그래야 빛이 빛을 발할 수 있게 하고 소금이 소금답게 가치를 보존할 수 있게 할 수 있다.

속도 없는 거룩은 시대를 놓치고 거룩 없는 속도는 방향을 잃는다. 빛의 속도로 개척하고 소금의 지속성으로 지켜 내는 삶, 이것이 거룩한 성공의 실체다. 우리가 가진 달란트를 깊게 파고 세상의 소리에 묻히지 않은 분별력으로 하나님의 섭리를 따라 나아간다면 하나님께서 허락하신 더 높은 차원의 가치가 우리의 일상 속에 만개할 것이다.

10.
한 우물을 파지 말고 한 방향을 파라
일관된 가치관이 만들어낸 창조적 삶의 지혜

 어릴 적부터 귀가 따갑도록 들었던 말이 있다. "한 우물을 파야 물이 난다." 이 말은 나만이 아니라 거의 모든 이들이 한 번쯤은 들어봤을 격언일 것이다. 아마도 부모님 세대, 혹은 그 이전 세대에게 이 말은 단순한 교훈이 아니라 인생의 성공 공식을 요약한 진리와도 같았을 것이다. 그 시대는 성실과 인내, 꾸준함이 미덕이었던 시절이었다. 한 번 결정한 길은 웬만해선 흔들림 없이 걸어가야 했고 끈질기게 버티면 언젠가는 성과를 본다는 것이 삶의 공식처럼 받아들여졌었다.
 물론 이 말은 일정 부분 진리를 담고 있다. 아무리 좋은 땅일지라도 조금 파고 포기하면 물을 만날 수 없다. 그러나 어려서부터 그 말에 일종의 알레르기 같은 반감을 느꼈다. 아마도 청개구리 기질 때문이었을 것이다. "왜 꼭 한 우물을 파야 하지? **여러 우물을 파야 그 중에 한 곳이라도 물이 나올 것** 아닌가?"라는 의문이 늘 마음 한편에 자리하고 있었다. 어릴 때부터 다른 방향을 생각하는 습관이 교과서대로 세상에서 타성에 젖은 말대로 살아가는 것보다는 진짜 옳다고 생각하는 방식으로 살아가고 싶었다.

그렇게 자라면서 자연스럽게 한 가지 일에만 집중하기보다는 다양한 분야를 탐구하고 실험해보는 길을 걸었다. 그리고 살아가면서 점점 더 확신하게 되었다. 중요한 것은 '한 우물을 파는 것'이 아니라 '올바른 방향을 갖는 것'이라고.

실제로 많은 사람들이 한 우물만 팠음에도 불구하고 끝내 물을 만나지 못하고 생을 마치는 경우를 보았다. 끊임없는 인내와 노력으로 한 길을 걸었지만 그 끝이 허무했던 이들을 보며 나는 생각했다. 한 가지를 고집하는 것보다 더 중요한 것은 그 길이 정말 '맞는 방향'이었느냐는 것이다. 반면 여러 방향에서 시도하다가 우연히 혹은 의도적으로 물이 흐르는 방향을 발견하고 풍성한 삶을 사는 사람도 있다. 방향이 맞는다면 우물은 여러 개일 수도 있고 때론 우물이 아니라 샘물이 터질 수도 있는 것이다.

'우물'은 형식이고 수단일 뿐이다. 중요한 것은 '방향'이다. 방향은 본질이며 삶의 중심을 이루는 가치이다. "한 우물을 파라"는 말은 산업화 시기처럼 구조가 고정되어 있고 변화가 적었던 시대에는 유효한 전략이었을지 모르지만 지금은 아니다. 오늘날은 끊임없는 변화와 융복합 전 방위적 혁신이 삶의 모든 영역을 지배하는 시대다. 이럴 때일수록 한 가지에만 얽매이기보다는 전체적인 방향성을 점검하고 그 방향 안에서 유연하게 전략을 조정할 수 있어야 한다.

한 방향을 향해 나아가는 삶은 다양한 형태를 취할 수 있다. 나침반이 정북을 가리키듯이 삶의 중심이 분명하다면 여러 갈래의 길을 걸어도 결국 목적지를 향해 나아가게 된다. '무엇을 하느냐'보다 '왜 그것을 하느냐'가 더 중요해지는 시대다. 동기가 정직하고 방향이 올바르면 도전의 방식은 얼마든지 달라질 수 있다.

다행히도 청년 시절에 하나님을 만났고 **신앙을 통해 인생의 본질을** 일찍이 깨닫게 되었다. **가난해도 마음이 부요할 수 있다는 것, 낮은 자리에서도 품격 있게 살 수 있다는 것**을 배웠다. 그 깨달음은 단순한 철학이나 윤리가 아니라 실제 삶을 관통하는 가치와 기준이 되었다. 그 가치와 기준으로 방향성을 정립하고 그 길을 따라 흔들리지 않으려 노력해왔다.

우리 가족이 반지하 방에서 살던 시절이 있었다. 습기도 많고 햇빛도 들지 않던 그곳이 그저 불운하고 초라하게 보였을 수도 있다. 하지만 우리가족에게 그 집은 웃음이 가득하고 사랑이 오갔던 축복의 공간이었다. 우리는 그곳에 사람들을 초대해 따뜻한 밥을 나누었고 융자도 받아 해외로 가족 여행을 떠났으며 자녀들에게 헌 옷을 정성껏 빨아 단정하게 입혔다. 심지어 속옷마저도 누군가 버린 것을 깨끗이 삶아 거리낌 없이 입혔다. 남들이 들으면 놀랄 이야기일 수도 있지만 지금도 그 시절을 돌아보며 그때야말로 진정 멋지고 존귀한 인생이었다고 자부한다.

지금은 어느 정도 여유가 생겼지만 소비나 생활 패턴에 있어 큰 변화를 주지 않으려 노력한다. 단순히 검소한 생활이 익숙해져서라기보다는 삶의 방식이 '가치 중심'으로 바뀌었기 때문이다. 돈보다 중요한 것이 있다는 믿음, 겉모습보다 내면의 품격이 더 귀하다는 확신, 바로 그것이 나를 지금까지 이끌어온 방향성이다.

삶의 최우선 가치는 '가정'이다. 다른 모든 것이 무너질지라도 가정이 온전히 서 있다면 그곳은 곧 하나님께서 예비하신 작은 천국이다. 세상에서 높아져도 가정이 무너지면 의미가 없고 반대로 세상의 모든 것을 잃더라도 가정이 지켜진다면 그것만으로도 성공한 인생이라 할 수 있다. 삶의 중심에 가정이 있었기에 흔들리지 않고 이 길을 올 수 있었다.

이와 같은 원칙을 사업에도 그대로 적용하였다. 많은 이들이 사업의 성공 여부를 기술력, 시장 트렌드, 인맥, 자금력 등에서 찾는다. 물론 무시할 수 없는 요소들이지만 그것보다 더 중요한 것이 있다고 믿는다. 그것은 바로 '일관된 방향성'이다.

우리 회사는 오랫동안 '지구온난화 대책'과 '저탄소 녹색성장'이라는 분명한 방향을 설정하고 걸어왔다. 그래서 어떤 년도에는 에너지 절감형 제품을 개발했고 어떤 년도에는 신재성에너지 설비나 환경 기자재를 만들었다. 물론 과감하게 포기할 수밖에 없는 제품들도 있었다. 하지만 이러한 모든 결정과 선택의 중심에는 '방향성'이라는 기준이 있었다. 한 우물만 고집했다면 우리는 시장의 변화에 따라 도태되었을 것이다. 그러나 우리는 '한 방향'을 유지하며 필요에 따라 여러 우물을 시도했다. 그 유연함과 통찰이 여기까지 이끌었다.

우물은 깊이를 추구하지만 방향은 넓이를 만든다. 우물은 수단이지만 방향은 목적이다. 방향은 곧 '일관된 가치관으로 다양한 도전을 감당하는 능력'이다. 그 능력은 하나님이 우리에게 주신 '창조성'에서 온다. 하나님이 우리 각자에게 한 가지 일만을 하도록 부르셨다고 생각하지 않는다. 오히려 하나님은 우리에게 다양한 달란트를 주셨고 그것들을 한 방향 '하나님께로 향한 마음, 이웃을 향한 사랑, 세상을 향한 책임' 속에서 펼치길 원하신다.

> "무릇 지킬 만한 것보다 더욱 네 마음을 지키라 생명의 근원이
> 이에서 남이니라" (잠언 4:23)

여기서 '마음을 지키라'는 말은 곧 '방향을 지키라'는 뜻이다. 마음이란 삶의 나침반이다. 그 방향만 잃지 않으면 어떤 우물을 파든 결국 생명의 물을 만나게 된다.

'한 우물을 파지 말고 한 방향을 파라.'

이 말은 단순한 전략이 아니라 **가치 중심의 삶을 위한 선언**이다. 방향이 있는 사람은 혼란 속에서도 중심을 잃지 않는다. 하나님께로 향한 삶의 방향만은 끝까지 놓치지 않으리라. 그 안에서 다양한 도전을 품고 실패조차도 의미 있는 발자국으로 바꾸며 창조적이고도 우아한 인생을 계속해서 그려가고 싶다.

11.

강력한 변화주의자의 기업경영방침

나는 강력한 변화주의자이며 동시에 혁신가(Innovator)다. 흔히들 기독교 신앙인은 전통을 중시하고 보수적인 가치를 지키며 변화보다는 지켜야 할 신념과 원칙에 무게를 둔 사람들로 여겨지곤 한다. 하지만 처음부터 그 틀 밖의 사람이었다. 아니, 애초에 신앙의 문을 두드릴 때부터 변화를 갈망하며 몸부림치던 존재였다. 죽음 직전까지 간절히 매달리다 결국 하나님의 품 안에서 무너져 내리고 두 손 들고 항복했던 그 날, 변화를 두려워하지 않기로 다짐했다. 오히려 그때부터 **변화는 삶의 중심**이 되었고 하나님은 그 변화 속에서 이끄셨다.

어릴 때부터 변화와 혁신을 추구하는 성격으로 인해 '변화'라는 단어를 이정표처럼 붙잡게 된 결정적인 순간이 있다. 21살 때 하나님을 믿게 되면서 삶에 깊은 의미를 찾기 시작한 것이 계기가 되었고 28세에 직장에서 VE(Value Engineering) 교육을 들으며 **"변화는 반발을 수반한다"**는 강사의 말은 큰 울림이자 좌우명이 되었다. 그로부터 삶과 사업에 대한 큰 비전이 생겼다. 이 말은 사업에 중요한 원칙이 되었고 그것을 실천할 때 어떠한 두려움 없이 달렸다. 변화는 쉽지 않지만 그 과정에서 얻는 성장은 굉장히 큰 힘이 된다.

"내가 행하는 모든 일을 그분께 맡기라. 그리하면 그가 너의 길을 인도하리라" (잠언 3:5-6)라는 말씀을 마음에 새기며 하는 일들이 하나님의 뜻에 맞게 나아가기를 기도했다.

2005년, 본격적으로 비즈니스를 시작하면서 어떻게 영업을 하고 어떻게 사업을 해야 할지에 대해 기도하며 기준을 세우기 시작했다. 감사한 것은 어릴때부터 성향이 직접 길을 만들어 걷는 것을 두려워하지 않았다는 것이다. 그 '길'은 바로 '기준'이었다. 기준이 있어야만 가는 방향을 확신하고 흔들리지 않게 나아갈 수 있기 때문이다. 그래서 사업의 방향을 정하기 위해 몇 가지 큰 기준을 세웠다.

영업 기준

혈연, 지연, 학연 활용하지 않기 : 사람들과의 관계가 중요하지만 그러한 관계가 아니라 진정성과 실력을 통해 사업을 이끌어가야 한다는 믿음에서 시작했다. 혈연이나 지연, 학연이 아닌 실력과 신뢰로 승부를 봐야 한다는 것이 원칙이었다.

관공서나 정치인 활용하지 않기 : 정직한 방법으로 승부해야 한다. 공공기관이나 정치적 영향력을 활용하면 한때는 효과가 있을 수 있지만 그로 인해 얻은 것들은 결국 오래가지 못한다. 하나님께서는 우리에게 올바르게 살아갈 것을 원하신다.

종교 팔아먹지 않기 : 신앙을 돈벌이나 영업수단으로 사용하는 것은 신앙의 본질을 왜곡하는 것이다. 신앙을 그대로 지키며 그것이 사업에도 영향을 미칠 수 있도록 하였다.

영업비 및 접대비 ZERO 지향 : 사업에서 영업비나 접대비를 거의 쓰지 않았다. 대부분의 시간을 집에서 보내며 외부에서 식사를 할 일이 거의 없었다. 이는 단순히 절약의 문제가 아니라 진정성 있는 관계를 통해 얻은 성과를 중요시했기 때문이다.

경영 정신

"변화는 반발을 수반한다"

이 원칙은 사업의 핵심이자 인생의 신조가 되었다. 변화는 언제나 사람들의 저항을 받는다. 하지만 그 반발을 두려워하지 않고 변화를 선도하는 길을 걸어왔다. 변화는 도전적이고 그 과정에서 실패할 수도 있지만, 결국 더 큰 성장을 이루게 된다는 믿음이 있었다.

경영 방침

더 새롭게!
더 독특하게!
더 다르게!

앞에서 언급한 영업기준을 지키기 위해서는 차별화된 제품과 차별화된 서비스를 제공해야 한다. '새로움'을 추구하는 것은 무척 어려운 일이지만 그것이 바로 시장에서 살아남을 수 있는 유일한 방법임을 믿었다. 그리고 '독특함'은 사업의 강력한 무기가 되었다. 사람들이 제품을 보고 "이건 뭔가 다르다"라고 느끼게 만들어야만 경쟁자들이 쉽게 따라올 수 없게 된다. 이 방식으로 시장에서 독보적인 위치를 차지하게 되었고 남들이 감히 넘볼 수 없는 강력한 제품을 만들어냈다.

인재 등용 5개 무시

학력 무시
전공 무시
경력 무시
성별 무시
나이 무시

사업 원칙에서 가장 중요한 것은 '사람'이다. 그래서 더욱 사람 그 자체에만 집중하기를 원했기 때문에 학력, 전공, 경력, 성별, 나이 등을 고려하지 않았다. 오직 그 사람이 회사에 얼마나 기여할 수 있는지, 회사의 발전을 위해 얼마나 힘을 쏟을 수 있는지에만 집중했다. 이러한 철학은 많은 시행착오를 겪으면서 점차적으로 회사 문화로 자리 잡았다. 타성에 젖어 있는 사람들은 과감히 회사에서 내보내고 변화가 가능한 사람들은 새로운 직책을 부여하거나 다른 회사에서 경험을 쌓을 기회를 주었다.

"…사람은 외모를 보거니와 나 여호와는 중심을 보느니라"

(사무엘상 16:7)

이 말씀은 인재를 선발할 때 가장 중요한 기준이 되었다. 그들의 외적 조건을 보지 않고 그들의 마음과 의지를 보며 사람을 뽑았기 때문에 우리 회사는 강력한 팀워크와 혁신적인 마인드를 가진 인재들로 가득하게 되었다.

차별화된 제품 개발과 연구개발

사업을 이끌어 가는 과정에서 가장 중요한 부분은 '차별화된 제품 개발'이었다. 경쟁이 치열한 시장에서 새로운 것을 만들어 내는 일은 결코 쉽지 않다. 그렇기에 나는 항상 끝없는 연구개발을 통해 시장을 선도하는 제품을 만들기 위해 노력했다. 제품을 개발하는 데 있어 중요한 것은 단지 기능적인 차별화가 아니라 시장에서 전혀 볼 수 없는 독특한 아이템을 제공하는 것이었다.

> "너희 중에 누구든지 지혜가 부족하거든 모든 사람에게 후히 주시고 꾸짖지 아니하시는 하나님께 구하라 그리하면 주시리라"
>
> (야고보서 1:5)

하나님이 주신 영감을 통해 지혜와 지식이 열리면 우리가 무엇을 해야 할지를 깨닫게 하시며 더 창의적이고 혁신적인 길로 인도하신다.

연구개발에 투자한 시간과 노력은 하나님의 인도하심을 받으며 큰 결실을 맺게 되었다. 고백하는 바는 하나님께서 이 길을 걷게 하셨고 어렵지만 끝까지 동행해 주시고 계시다는 것이다.

변화의 타이밍

사업을 하면서 가장 중요한 교훈 중 하나는 '변화의 타이밍을 잘 맞춰야 한다'는 것이다. 변화는 힘이 있을 때 시작해야 한다. 힘이 빠지면 변화는 오히려 더 큰 위험을 동반한다. 2010년 당시 시장 변화에 적절하게 대응하지 못하여 변화의 타이밍을 놓쳤다. 이로 인해 큰 어려움을 겪게 되었고 타이밍을 놓칠 때 닥칠 위험성을 뼈저리게 배웠다. 그 경험을 통해 변화의 시점에 대한 감각을 더욱 날카롭게 가질 수 있게 되었다.

"모든 일에 때가 있고 하늘 아래 모든 것에는 정한 시간이 있다"(전도서 3:1)라는 말씀을 마음에 새기며 변화의 필요성을 절실히 느낄 때가 가장 적합한 타이밍임을 깨달았다.

결론적으로 사업의 여정은 결코 평탄한 길이 아니었다. 하지만 '변화'를 믿고 그 과정에서 반발을 두려워하지 않았으며 '새로움'을 추구하고 사람을 아끼며 기회를 주고 타이밍을 맞추는 것이 얼마나 중요한지 배웠다. 이제 회사는 승승장구하고 있으며 앞으로도 끊임없이 발전할 것이다. 삶과 사업은 하나님께서 주신 비전과 인도하심을 따라 가고 있고 그것을 더욱 충실히 실천하며 살아가고 있다. 하나님께서 내게 주신 능력과 기회를 더욱 잘 활용하여 사람들에게 유익을 주는 기업으로 성장할 것이다.

인재를 겉모습으로 판단하지 않는 원칙을 지키기는 쉽지 않았다. 회사에 유익을 주는 사람이 가장 좋은 사람이고 가장 많은 연봉과 직책을 갖게 된다. 이런 기업 문화를 만들기까지는 참 많은 시간과 시행착오가 있었다. 타성에 젖은 이들은 보내야 했고 변화의 가치를 이해하는 사람들은 키웠다. 어떤 경우에는 다른 회사로 파견을 보내 자극을 줘서 전혀 다른 눈으로 돌아오게 하기도 했다.

그동안 변화 속에서 살아왔다. 아니 변화 덕에 살아남았다. 죽음을 앞두고 절규하던 시절 하나님 앞에 무릎 꿇고 항복하며 인생이 바뀌었다. 그날 이후 새로운 생명이 돋아나 새로운 에너지를 일으켰다. 변화는 아픔이었지만 동시에 축복이었다. 오늘도 자신에게 묻는다. "**지금 내가 반발하고 있는 것은 무엇인가?**" 그 속에 오늘의 변화가 숨어 있기 때문이다.

12.

크리스천 기업인의 시대 해석법

2025년, 대통령 선거를 앞둔 시점이었다. 긴장과 기대가 교차하던 그 시기 나는 정기적인 모임인 기독실업인(CBMC) 포럼에 참석하게 되었다. 신앙과 경영, 사회를 연결하는 이 모임은 단순한 친목의 자리가 아닌, 시대를 읽고 사명을 재정립하는 귀한 기회이다. 우리는 주제를 두고 각자의 경험과 시각을 나누며 의미 있는 대화를 이어가고 있었는데 그날은 시작부터 분위기가 심상치 않았다.

어떤 사장님이 손을 번쩍 들고 말했다. "이번 대통령이 바뀌면 주 4.5일 근무제를 시행한다고 하지 않습니까? 이렇게 되면 회사들이 다 망합니다! 나라가 미쳐 돌아가고 있어요!" 감정이 북받친 듯 그의 목소리는 점점 격해졌고 다른 참석자들도 저마다 표정을 굳혔다.

그 말에 마음이 흔들리는 사람들도 있었다. 사실 주 4.5일제가 달갑지 않다. 지금 하고 있는 사업도 사람을 통해 성과를 내는 제조업에 해당되기 때문이다. 하루의 일정한 공정이 쌓여야 한 주의 납기를 맞추고 매주 납기가 쌓여야 월 단위 매출이 이어진다. 하루의 공백은 단순히 하루가 아니다. 그 안에는 고객, 거래처, 직원, 생산성, 수익성이라는 복합적인 변수가 얽혀 있다.

그렇지만 부정적으로만 볼 수는 없었다. 선진국에 진입한 우리나라의 산업여건과 삶의 변화는 이미 수면 위로 떠오른 거대한 흐름이었다. 한 사람의 의지나 감정으로 거스를 수 있는 바람이 아니었다. 조심스럽게 입을 열었다.

"우리 20대 시절, 1980년대만 해도 토요일은 완전 근무일이었습니다. 더구나 매달 한 번은 일요일에도 특근을 했지요. 그 후로 시대가 많이 변했습니다. 토요일이 반공휴일이 되고 2010년대 들어서는 완전한 주5일제가 되었지 않습니까? 그때마다 모든 회사는 망한다고 말했었죠? 이제는 주 4.5일제, 나아가 주 4일제로 가는 것도 필연입니다. 변화를 막는 것이 능사가 아닙니다. 오히려 하나님께 지혜를 구하며 시대를 해석하고 사업의 방향과 품목을 전환하는 기도가 필요합니다." 이미 20대 후반에 대기업에서 '산업의 이동'을 배우고 눈으로 보았다. 일본에서 인건비 상승으로 인해 사업성이 떨어진 전자부품 산업이 한국으로 이동 했고 그 후 불과 몇 년이 안 되어 우리나라도 노동집약적인 사업 분야는 88올림픽이후 급하게 수직상승한 인건비에 밀려나 중국으로 이동하였고 또한 중국에 이동했던 사업이 얼마 되지 않아 다시 베트남, 인도네시아 또는 남미 쪽으로 이동하게 된 것이다.

한 걸음 더 나아가서 이렇게 말했다. "우리 기독인들은 대부분이 '이런 변화의 상황이 오지 않게 해달라'고 기도합니다. 그러나 사실 우리는 그렇게 기도할 것이 아니라, '이 변화 속에서 하나님께서 원하시는 일이 무엇입니까?'라고 물어야 하지 않겠습니까?"

"상황을 변화시킬 수 없다면 그 상황을 즐겨라."

이 말은 **수동적인 체념이 아니라 창조적 순응**의 태도이다. 어쩔 수 없이 받아들이는 것이 아니라 그 안에 하나님의 의도를 찾아내고 오히려 기쁨으로 응답하는 자세이다.

> "너희는 이전 일을 기억하지 말며 옛날 일을 생각하지 말라. 보라 내가 새 일을 행하리니 이제 나타낼 것이라." (이사야 43:18-19)

하나님께서는 새 일을 행하시는 분이다. 우리가 보기에 낯설고 불편한 현실도 하나님께는 미래로 가는 징검다리일 수 있다. 그것이 위기인지 기회인지는 우리가 어느 편에서 바라보느냐에 달려 있다.

변화는 늘 불편함을 동반한다. 그러나 불편함을 외면하거나 피하는 것이 능사가 아니다. 진짜 믿음은 불편함을 뚫고 그 안에 담긴 하나님의 메시지를 듣는 것이다.

사도 바울도 시대의 고난과 변화 속에서 이렇게 고백했다.

> "내가 궁핍함으로 말하는 것이 아니니라 어떠한 형편이든지 나는 자족하기를 배웠노니." (빌립보서 4:11)

그는 상황을 바꾸려 하기보다 하나님의 뜻 안에서 상황을 해석하고 순응했다. 우리도 그런 믿음을 지켜야 한다.

우리는 때로 기도를 통해 현실을 바꾸려 한다. 하지만 성숙한 신앙은 기도의 방향을 이렇게 돌린다. "하나님, 이 상황에서 내가 무엇을 배워야 합니까? 내가 무엇을 바꾸어야 합니까?"

하나님은 변화를 통해 우리의 삶을 인도하신다. 주 4.5일제가 우리를 시험하는 것이 아니라 하나님이 새로운 일터의 문화를 만들어 가

시기 위한 하나의 도구일 수 있다. 그러니 우리는 그 상황을 '막아주세요'라고 기도하는 대신 '그 상황을 잘 사용하게 해주세요'라고 기도해야 한다.

크리스천 기업인은 시대의 해석자여야 한다.

단순히 기술이나 자본으로 사업을 운영하는 사람이 아니라 하나님의 관점으로 시대를 읽고 공동체에 선한 영향력을 미치는 사람이 되어야 한다. 시대의 변화는 피할 수 없다. 하지만 하나님의 뜻은 그 안에서도 항상 유효하다.

> "하나님을 사랑하는 자 곧 그의 뜻대로 부르심을 입은 자들에게는 모든 것이 합력하여 선을 이루느니라." (로마서 8:28)

그렇다. 모든 것은 합력하여 선을 이룬다. 주 4.5일제가 도래하든 인공지능이 일자리를 바꾸든 시장이 흔들리든 간에 우리는 그 안에서도 하나님의 선한 손길을 신뢰할 수 있어야 한다.

그날 모임이 끝나고 홀로 기도했다. **"주님, 변화에 대한 두려움이 아니라 변화 속에서 길을 찾는 믿음을 주소서. 시대를 원망하기보다 시대 속에서 사명을 감당하는 지혜를 주소서."**

우리는 크리스천 실업인 이다. 시대에 책임이 있는 사람들이다. 그렇기에 우리는 남들보다 먼저 변화의 파도를 기도하며 준비하고 순종으로 대응할 수 있어야 한다.

기도는 현실도, 정책도, 환경도 바꿀 수 있다. 그러나 더 중요한 것은 기도가 나를 바꾼다는 것이다.

"여호와께서 그 길을 정하시나니 사람이 어떻게 자기 길을 깨달으리요?" (잠언 20:24)

우리가 해야 할 일은 길을 피하는 것이 아니라 길 위에 하나님의 인도를 따라 걷는 것이다.

13.
교회에서 리더의 덕목

> FBI 요원이 되어라

    대부분의 사람들은 리더가 되기를 원한다. 많은 사람들이 꿈꾸는 삶은 이름을 알리고 영향력을 끼치며 뜻한 바를 이뤄내는 것이다. 리더로서 중요한 역할을 맡고 자신이 속한 사회나 공동체에서 의미 있는 변화를 일으킬 수 있기를 바란다. 하지만 이 모든 것은 단순히 '리더'라는 타이틀을 얻는 것만으로 이루어지는 일이 아니다. 성경에서 우리가 말하는 리더는 단순히 높은 자리에 있는 사람이 아니라 하나님의 뜻을 따라 삶을 살아가는 사람이라고 정의한다.

    신명기 28장 13절에는 "너는 머리가 되고 꼬리가 되지 아니하며 위에만 있고 아래에 있지 않게 하시리라"는 말씀이 나온다. 이 말씀은 우리에게 리더의 자리를 단순한 권력의 상징으로 보지 말고 그 위치가 하나님에게서 비롯된 것이며 하나님의 뜻을 이루는 데 사용되어야 한다는 중요한 교훈을 준다. 우리는 모두 '머리'가 되기를 소망한다. 자녀를 위해, 자신을 위해, 교회를 위해… 그러나 성경이 말하는 리더란 단지 높은 자리에 있는 존재가 아니라 하나님의 뜻을 잘 듣고 그 뜻을 실천하는 사람이다.

이러한 리더의 덕목을 FBI라는 세 가지 이니셜로 요약해 보았다. **유연성**(Flexibility), **균형**(Balance), **통찰력**(Insight). 이 세 가지 덕목은 그 자체로 우리가 리더로서 살아가야 할 방향을 제시하고 하나님께서 우리에게 기대하는 삶을 살도록 돕는 지침이 된다.

유연성(Flexibility) | 자기를 비울 줄 아는 사람

직장생활을 17년간 하면서 다양한 회의에 참여하고 때로는 리더로서 중요한 결정을 내려야 하는 자리에도 있었던 경험이 있다. 그 중에서 가장 뼈아픈 순간은 **'실현 가능성이 없는 최선책'을 고수하며 끝까지 주장하는 사람들**이 회의의 흐름을 방해하고 결정을 미루게 만들었던 경우였다. 이들은 자신의 의견이 옳다고 믿었고 그들의 주장은 늘 이상적이었다. 이상적이라는 말은 곧 현실로 이루어질수 없다는 뜻이다. 틀린 것은 아니었지만 현실을 제대로 알지 못한 채 그들은 주장을 고수했다. 그때 중요한 교훈을 배웠다. 유연성이란 항상 최선만을 고집하는 것이 아니라 **때로는 차선책을 선택할 수 있는 용기와 능력**을 의미한다.

모세를 생각해 보자. 그는 왕궁에서 40년을 보냈고 그 후 광야에서 또 40년을 보냈다. 한때 그의 꿈은 사라진 듯 보였지만 그는 하나님의 음성을 들은 후 자신을 내려놓고 애굽으로 향했다. 가시 떨기나무 앞에서 하나님의 부르심을 들었을 때 그는 자기가 가지고 있던 모든 것을 내려놓고 자신의 꿈을 버리며 하나님의 뜻을 따르기로 결단했다.

그때 **모세가 가지고 있었던 것은 고정관념이 아닌 하나님께서 주신 새로운 시각과 유연함**이었다. 리더란 고정관념을 버리고 하나님의 뜻에 따라 한 걸음 내딛는 사람이다.

예수님께서 가장 먼저 그 본을 보이셨다. **예수님은 하나님의 본체였으나 자기를 비우셨다.** 그는 사람들과 같이 되셨고 종의 형체를 입으셨으며 십자가에서 죽기까지 순종하셨다. 예수님의 유연성은 완전한 비움이었다. 그는 아무것도 고집하지 않으셨고 하나님의 뜻을 따르는 데 있어 자존심이나 자아를 내세우지 않으셨다. 반면 바리새인들은 율법의 틀에 사로잡혀 예수님의 자유와 진리를 받아들일 수 없었다. 그들은 고정관념에 갇혀 있었고 그로 인해 예수님이 전하는 새로운 진리를 이해할 수 없었다.

오늘날 우리는 예측 불가능한 시대에 살고 있다. 사람들은 각자의 고집과 주장을 가지고 있지만, "1+1=2"라는 확실한 공식을 가지고 생각하고 행동하는 것만으로는 오히려 길을 잃게 된다. 리더는 유연해야 한다.

> **"여호와께서 말씀하시되 내 생각은 너희의 생각과 같지 아니하며 내 길은 너희의 길과 같지 아니하니라"** (이사야 55:8)

이 말씀은 하나님께서 우리의 생각보다 높고 그의 길은 우리의 길보다 깊다는 것을 상기시킨다. 유연성은 겸손이다. 하나님 앞에 자기를 내려놓을 수 있는 사람 그 사람만이 진정한 리더라고 할 수 있다.

균형(Balance) | 치우침 없는 삶

세상은 종종 양극단을 부추긴다. 한쪽에 몰입하길 원하고 다른 한쪽을 배척하길 강요한다. 그러나 성경은 우리에게 균형을 잡고 치우침 없이 살아가야 한다고 말한다.

"우로나 좌로나 치우치지 말라" (여호수아 1:7)

이 구절에서 말하는 균형은 단순한 중립이 아니다. 균형을 잡는 것은 하나님의 말씀에 뿌리내려, 세상과 타협하지 않고 흔들리지 않는 중심으로 살아가는 삶의 태도이다.

우리는 종종 '영성 없는 지성'과 '지성 없는 영성'의 폐해를 목격한다. 열심히 공부하고 지식을 쌓았지만 영적 분별력이 부족한 사람은 교만에 빠지기 쉽고, 기도와 영적 생활에 집중하지만 현실에 대한 이해가 부족한 사람은 삶의 균형을 잃고 방황하게 된다.

"뱀처럼 지혜롭고 비둘기처럼 순결한" (마태복음 10:16) 그런 리더가 되어야 한다. 균형 잡힌 삶이란 현실적인 지혜와 영적인 통찰을 동시에 추구하며 하나님과 사람들 사이에서 균형을 맞추는 것이다.

또한 라오디게아 교회의 비유를 통해 우리는 중요한 교훈을 얻을 수 있다. 주님은 "차지도 아니하고 뜨겁지도 아니하다"고 책망하셨다. 대부분의 사람들은 이 성경말씀을 보고 차가운 것을 책망했다고 해석한다. 어디에 그런 내용이 있는가? 이 말씀은 '차갑든지 또는 뜨겁든지 하라'라는 말에 더욱 가깝다. 많은 사람들이 '차가운 것'을 부정적으로 해석하지만 사실 **'차가움'과 '뜨거움' 모두 하나님께 쓰임 받**

을 수 있는 것이다. 그래서 '머리는 차갑게 가슴은 뜨겁게!'라는 말은 너무 중요하다. 그러나 '미지근함'은 하나님께서 원치 않으신다. 미지근한 교회는 스스로의 상태조차 인식하지 못하며 결국 하나님께 쓰임 받지 못하게 된다. 리더는 미지근함을 피해야 한다. 자신과의 관계에서 정체성을 확립하고 세상과의 관계 속에서 영향력을 발휘해야 한다. 그 중심에는 하나님의 말씀이 있어야 한다.

균형 잡힌 리더의 삶은 하나님께 초점을 맞추고 살아가는 삶이다. 하나님이 주시는 방향을 따르며 세상의 유혹과 갈등 속에서도 흔들리지 않고 중심을 잡을 수 있어야 한다.

통찰력(Insight) | 앞을 보는 눈

성경에서 반복적으로 강조하는 것 중 하나가 바로 지혜와 분별력이다. 지혜가 없는 리더는 방향을 잃고 올바른 결정을 내리기 어렵다. 지식만으로는 부족하다. 진정한 리더는 시대의 흐름을 분별할 줄 알고 관계의 흐름을 이해하며 하나님께서 현재 무엇을 하시는지 정확히 깨달을 수 있어야 한다. 이 모든 것이 바로 통찰력이다.

> "너희 귀를 지혜에 기울이며, 너희 마음을 명철에 두며… 여호와 경외하기를 깨달으며 하나님을 알게 되리니…" (잠언 2:2-6)

하나님을 경외하는 마음에서 시작된 통찰력은 현실을 꿰뚫는 능력이 된다. 통찰력은 예지력의 기초가 된다. 하나님은 과거와 현재뿐만 아니라 미래까지 아시는 분이다. 하지만 때로 하나님은 우리에게 통찰력을 주셔서 현재 우리가 해야 할 일을 알게 하신다. 불확실한 시대에 사람들은 방향을 잃기 쉽다. 그때 하나님의 음성을 듣고 하나님 앞에 머물며 얻은 통찰력은 우리에게 길을 보여줄 것이다. 통찰력은 결코 인간의 지혜로 얻어지는 것이 아니다. 그것은 하나님께서 주시는 선물이다.

"너희는 나를 떠나서는 아무것도 할 수 없느니라." (요한복음 15:5)

우리는 모두 리더로 부름 받았다. 가정에서, 직장에서, 교회에서. FBI—유연성, 균형, 통찰력 이 세 가지를 기억하자. 그것은 우리가 하나님의 뜻을 이 땅에서 이루는 데 필요한 중요한 원칙이다. 하나님은 우리에게 이러한 덕목을 통해 참된 리더로 살아가길 원하신다. 그리고 언젠가는 하나님 나라에서 "잘 하였다, 착하고 충성된 종아!" 라는 칭찬을 듣는 그날이 올 것이다.

14.

지혜(Wisdom)와 지식(Knowledge)

> "지혜가 제일이니 지혜를 얻으라 네가 얻은 모든 것을 가지고 명철을 얻을지니라" (잠언 4:7)

만약 누군가 인생에서 가장 소중히 여기는 가치를 묻는다면 주저 없이 '지혜'라고 대답할 것이다. 그 이유는 분명하다. 신앙인의 삶을 세상 속에서 별처럼 빛나게 하는 힘, 방향을 잃지 않게 붙드는 힘, 그리고 세상 풍파 속에서도 무너지지 않게 하는 힘이 바로 지혜라 믿기 때문이다.

사도 바울은 에베소 교인들을 위해 이런 기도를 드렸다.

> "우리 주 예수 그리스도의 하나님 영광의 아버지께서 지혜와 계시의 영을 너희에게 주사 하나님을 알게 하시고…."
> (에베소서 1:17)

이 말씀은 하나님을 아는 일이 단순히 정보나 지식의 축적이 아님을 분명히 가르쳐 준다. 그것은 오직 지혜와 계시를 통해서만 가능하다. 하나님은 우리가 하나님에 대한 지식을 쌓을 뿐만 아니라 인격적으로 알고 삶 속에서 실제로 경험하기를 원하신다. 그렇기에 하나님을 알기 위해서는 반드시 지혜가 필요하다.

'지혜'라는 단어가 참 좋다. 아니 좋아하는 것을 넘어 인생의 중심 가치라 고백하고 싶다. 그래서 첫 아이의 이름을 '지혜(智慧)'와 '명철(明哲)'에서 글자를 따 '지명(智明)'이라 지었다. 그 이름에는 단순한 바람이 담겨 있다. "하나님, 이 아이가 지식 있는 자가 아니라 지혜로운 자가 되게 하소서." 바라는 것은 학문적 성공보다도 인생을 바르게 살아가는 능력이었다.

많은 이들이 오해한다. 성경을 외우고 신학을 배우고 하나님에 대해 공부하면 곧 하나님을 아는 것이라 생각한다. 그러나 지식으로는 '하나님에 대해서' 알 수 있을지 몰라도 정작 '하나님 그분'을 알 수는 없다. 이는 마치 유명 인사의 생일, 학력, 업적, 습관까지 알면서 정작 그와 함께 식사하고 대화하며 그의 눈빛과 침묵을 이해하지 못하는 것과 같다. 하나님을 안다는 것은 단순히 정보를 아는 것이 아니라 그분이 내 삶 속에서 어떻게 역사하시고 움직이시는지를 직접 경험하는 일이다.

아무리 성경에 대한 지식을 많이 가진 신학 박사라도 성령의 체험 없이 성령과 교제하지 않은 채 살아간다면 진정한 하나님을 아는 것이라 할 수 없다. 하나님을 아는 것은 머리로 아는 것이 아니라 마음과 삶으로 경험하는 것이기 때문이다.

사회생활을 하면서도 이 진리를 더욱 확신하게 되었다. 탁월한 학문적 배경과 수많은 지식을 가졌지만 그것을 어떻게 써야 할지 몰라 헤매는 사람들, 자격증은 많지만 정작 현장에서 동료와 협력하는 법을 모르는 사람들, 이름난 학교를 나왔으나 인간관계에 서툴고 삶의 균형을 잃어버린 사람들…. 그들의 모습을 볼 때마다 마음이 아팠다. 마치 최고급 연장을 손에 쥐고도 나무 하나 제대로 깎지 못하는 목수를 보는 듯했기 때문이다.

"지식은 하드웨어이고 지혜는 소프트웨어다." 아무리 최신 하드웨어를 갖추어도 소프트웨어가 없다면 그 기계는 움직이지 않는다. 지식은 자동차의 엔진이요 지혜는 운전자의 판단력이다. 지식은 좋은 도구이지만 지혜는 그 도구를 언제, 어떻게, 왜 사용해야 하는지를 알려준다.

지식은 책을 읽고 강의를 듣고 공부를 하면 얻을 수 있다. 그러나 지혜는 다르다. 지혜는 겸손히 마음을 낮추고 나를 내려놓으며 하나님의 뜻을 깊이 묵상할 때 주어진다. 성경은 선언한다.

"여호와를 경외하는 것이 지혜의 근본이요." (잠언 9:10)

지혜는 하나님과의 관계에서 비롯되며 그분 앞에 무릎 꿇는 자에게 주어지는 선물이다. 아이를 위해 종종 기도했다.

"하나님, 이 아이가 많이 배우는 자가 아니라 잘 사는 자가 되게 하소서. 많이 아는 자가 아니라 깊이 이해하고 사랑하는 자가 되게 하소서. 지식이 많은 자가 아니라 지혜로운 자가 되게 하소서."

오늘 우리는 스스로에게 물어야 한다. 지식을 좇는 것에 급급한가, 하나님께 경청하며 지혜를 얻으려고 하는가? 수없이 쏟아지는 정보와 지식의 시대에서 정작 지혜의 목소리를 듣지 못한다면 방향 잃은 배와 다를 바 없다.

지식은 때로 우리를 바쁘게 만든다. 그러나 지혜는 우리를 하나님 앞에 머물게 한다. 지식은 사람을 교만하게 만들 수 있지만 지혜는 우리를 겸손하게 하고 사랑으로 이끈다. 지혜는 하나님 앞에 엎드리게 하고 삶의 길에서 빛이 되어 준다.

바울의 기도처럼 "지혜와 계시의 영"이 우리 안에 임할 때 우리는 단순히 하나님에 대해 아는 것이 아니라 하나님을 인격적으로 만나고 체험하며 삶의 모든 자리에서 그분을 알아가게 된다.

지식은 분명 귀하다. 그러나 지혜는 더 귀하다. 그러므로 우리는 지식을 쌓는 것을 넘어서 지혜를 구해야 한다. 왜냐하면 지혜로만 하나님을 알고 그분과 동행하는 삶을 살 수 있기 때문이다. **지혜는 신앙인의 생명선**이다.

15.
시대적인 상황과 아픔을 통해 주시는 하나님의 선물

하나님께서는 때로 고난이라는 낯선 포장지에 싸인 선물을 우리에게 보내신다. 처음에는 그것이 재난이고 실패이며 시련처럼 보이지만 시간이 지나고 나면 그 안에 하나님의 깊은 뜻과 사랑이 숨어 있었다는 사실을 깨닫게 된다. 인간의 시야는 짧고 편협하지만 하나님은 영원의 관점에서 세상을 인도하신다. "여호와의 도는 완전하고 여호와의 말씀은 순수하니 그는 자기에게 피하는 모든 자의 방패시로다"(시편 18:30). 고난 속에서도 하나님은 결코 침묵하지 않으시며 역사의 물줄기를 통해 인류를 향한 당신의 계획을 펼쳐 가신다.

세상에서 말하는 "고난 없는 영광은 없다", "뿌린 대로 거둔다", "노력은 성공의 열쇠다." 라는 말 속에도 일면의 진리는 담겨 있다. 하지만 성경적 세계관은 더 깊은 차원의 고난을 바라보게 한다. 인간의 의지만으로는 설명할 수 없는 시대적 고통, 자연재해, 전쟁, 팬데믹과 같은 대승적인 고난 속에도 하나님의 주권과 섭리는 살아 움직인다. 하나님께서는 그 모든 상황을 통해 인간의 교만을 꺾고 무너진 질서를 회복시키며 하나님과의 관계를 다시 바로 세우신다.

하나님은 창세기에서 "보시기에 심히 좋았더라"고 말씀하시며 창조를 완성하셨다. 하지만 인간은 탐욕과 죄악으로 그 질서를 무너뜨렸다. 하나님과 인간 사이는 단절되었고, 혼돈과 파괴가 세상을 지배하게 되었다. 그러나 하나님은 단절된 관계를 그냥 두지 않으신다. 고난과 재난, 역사 속 아픔을 통해 다시 하나님을 바라보게 하신다. 그것은 징벌이 아니라 회복의 부르심이며 징계가 아니라 하나님의 사랑의 또 다른 표현이다. 삶에서 크고 작은 고난이 올 때 성경은 우리에게 말한다.

"그들이 환난 중에 여호와께 부르짖으매 그 고통에서 그들을 인도하여 내셨도다." (시편 107:6)

하나님은 고통 가운데 있는 자의 부르짖음을 들으시고 그 안에 숨겨진 당신의 뜻을 드러내신다. 우리가 눈물 흘리는 자리에도 하나님의 선물이 기다리고 있다.

자연재해는 인간의 한계를 여실히 드러낸다. 매년 세계 곳곳에서 일어나는 태풍, 지진, 화산 폭발, 홍수 등의 재해는 수많은 인명 피해와 경제적 손실을 초래한다. 하지만 그 속에서도 하나님의 섭리는 여전히 살아 있다. 자연은 하나님의 창조질서를 이루는 도구이며 때로는 작은 희생을 통해 더 큰 재앙을 막기도 한다. **지구 내부의 스트레스를 해소하는 지진, 생태계를 순환시키는 태풍, 기후 조절을 위한 비와 바람은 단순히 재난이라고만 하지 말아야 한다. 그것은 경고이자 배움의 기회**이다.

2011년 동일본 대지진과 쓰나미는 약 19,000명의 사망자와 실종

자를 낳았다. 후쿠시마 원전 사고는 인류 문명이 가진 허약함과 에너지 의존의 위태로움을 적나라하게 드러냈다. 이 비극을 통해 우리는 겸손함을 배워야 했다. 원자력의 위험성을 깨닫고 미래 에너지와 안전에 대한 새로운 논의를 시작하게 되었다. 2019년 11월, 중국 우한에서 시작된 코로나19는 단시간에 전 세계로 퍼졌다. 비행기와 기차, 고속철과 선박으로 연결된 세계는 이제 하나의 마을이 되었고 그 결과 7억 명 이상이 감염되고 700만 명 이상이 생명을 잃었다. 인간은 그제야 선진화된 문명의 취약성과 세계화의 양면성을 절실히 깨닫게 되었다. '글로벌은 답이다'라는 외침은 '글로벌의 그늘'이라는 반성과 함께 재해석되었다.

그러나 하나님은 고난 속에 또 다른 가능성을 숨겨두셨다. 줌(Zoom) 회의와 원격교육, 재택근무, 온라인 소비의 급속한 확산은 코로나가 가져다 준 또 다른 선물이었다. 이전까지는 상상도 못했던 일상들이 기술과 결합하여 새로운 비즈니스와 사회 시스템을 만들어냈다. 많은 사람들은 중국을 원망하는 데 집중했지만 어떤 사람들은 하나님의 새로운 기회를 읽어내고 움직이기 시작했다. 위기는 곧 기회였고 고난은 창조의 출발점이 되었다.

우리 민족은 역사 속에서 많은 고난을 겪었다. 일제강점기는 뼈아픈 수난의 시간이었다. 그러나 동시에 우리는 그 시기를 통해 민족의식과 주권의 소중함을 다시금 자각했다. 이 시기를 지나면서 전통적인 신분제(양반, 중인, 상민, 천민)가 붕괴되고 새로운 질서가 형성되었다. 6.25 전쟁은 수많은 생명을 앗아간 비극이었지만, 자유와 민주주의, 공동체의 가치를 깊이 새기게 된 계기이기도 했다. 이후 박정희 대통령의 18

년 장기 집권은 분명 독재였지만 경제성장과 산업화의 기반이 된 것을 부정할 수는 없다. 50대 중반에 방문했던 남아프리카공화국은 **"빵보다 자유가 우선이다"**라는 이상을 앞세워 백인들의 백호주의에 저항하며 민주주의를 쟁취했지만 이후 무능한 흑인 지도자들의 실정으로 인해 경제적 기반이 무너지고 말았다. 물론 경제적 풍요가 전부라는 말은 아니다. 그러나 많은 후진국들을 직접 방문하며 절감한 현실은 인간의 탐욕과 본능이 가난 앞에서는 쉽게 무너진다는 사실이다.

성경도 "여호와께서 사람의 행위를 하감하시며 그의 모든 길을 살피시느니라"(잠언 5:21)고 하셨듯 인간의 선택과 길은 모두 하나님의 섭리 안에 있음을 고백하게 된다. 또한 "모든 사람이 죄를 범하였으매 하나님의 영광에 이르지 못하더니"(로마서 3:23)라는 말씀처럼 선한 것이 없는 인간의 본성은 물질적 결핍 앞에서 더욱 적나라하게 드러나기 마련이다.

그런 점에서 **빵을 먼저 해결한 후 민주주의를 회복해낸 기가 막힌 순서**는 우리 대한민국이 모순된 과제를 극복한 세계적으로도 유일한 사례라 생각한다. 고난의 경중을 떠나 우리는 결국 그 역사적 결과 속에서 하나님의 주권과 섭리 그리고 역사의 방향을 깊이 묵상하게 된다. 이는 "만국을 다스리시는 이는 하나님이심이라"(시편 22:28)는 진리를 다시금 깨닫게 하는 대목이다.

그래서 우리는 고난 앞에서 이렇게 기도해야 한다. "하나님, 왜 이런 시련을 주십니까?"가 아니라, "하나님, 이번 고난을 통해 저희에게 주시려는 선물은 무엇입니까?"라고 사고의 전환을 일으켜야 한다. 이것이 곧 영적 성숙이다. 고난의 때야말로 하나님의 말씀에 더욱 귀 기울여야 할 시간이다. 하나님께서는 결코 우리를 징계하기 위해 고난을 주시는 분이 아니라 회복과 성숙을 위해 고난을 허락하시는 분이시다.

요셉은 형들의 시기로 인해 애굽에 팔렸지만 그것이 하나님의 섭리 안에서 이스라엘 민족을 구원하는 도구가 되었다.

> "당신들은 나를 해하려 하였으나 하나님은 그것을 선으로 바꾸사 오늘과 같이 많은 백성의 생명을 구원하게 하시려 하셨나이다." (창세기 50:20)

고난은 피해야 할 대상이 아니라 하나님이 준비하신 축복으로 가는 좁은 길이다. 하나님은 고난을 통해 우리를 다듬으시고 길을 여시며 다시 하나님께로 돌아오게 하신다. 그분의 소유권 아래 있는 온 우주는 하나님의 섭리를 따라 움직이며 그 안에 있는 우리는 하나님의 뜻을 배우고 따라야 한다.

> "하늘이 하나님의 영광을 선포하고 궁창이 그의 손으로 하신 일을 나타내는도다." (시편 19:1)

우리가 이 땅에서 겪는 모든 아픔과 시련은 결국 하나님께서 주시는 선물 포장지일 수 있다. 중요한 것은 그것을 어떻게 받아들일 것인가의 선택이다. 고난 가운데서도 하나님의 뜻을 구하고 그분의 인도하심을 신뢰하며 살아가는 사람만이 진정한 하나님의 선물을 받을 수 있다.

16.
크리스천 리더십

6C 정신

    한국교회의 모습은 지금 어디쯤 와 있을까. 시대는 빠르게 변하고 사회는 격렬히 앞을 향해 가는데 교회는 여전히 그 자리에 머물러 있지는 않은가. 복음의 본질은 불변이지만 복음의 전달 방식은 시대와 문화에 따라 끊임없이 갱신되어야 한다. 그럼에도 불구하고 교회는 여전히 과거의 방식에 얽매여 있고 변화에는 두려움을 느끼고 있는 듯하다.

    오랜 시간 직장생활과 신앙생활을 병행하며 리더십에 대해 고민해 왔다. 세상 속에서도, 교회 안에서도 진정한 리더십은 무엇인가. 다양한 책과 강의를 통해 답을 찾아보려 했지만 결국 삶 속에서 체화된 진리야말로 가장 강력한 메시지임을 깨달았다. 그래서 크리스천 리더십을 '6C 정신'이라는 틀로 정리해보았다.

크리스천 리더십 — 6C 정신	
• CROSS | 방향성을 가져라	• CONDUCTOR | 지휘자가 되어라
• CONTROLLER | 관리자가 되어라	• CONTRIBUTOR | 공헌자가 되어라
• COUNSELLOR | 위로자, 상담자가 되어라	• COWORK | 같이 일하라

크리스천 리더십에 관한 책과 강의는 넘쳐난다. 삶에서 정리한 '6C 정신'은 오랜 사회생활, 신앙생활을 통해 얻어진 크리스천 리더십이다. 이 속에는 많은 시행착오를 통한 깨달음과 체득함이 있다. 이 6C 정신은 단지 교리를 나열한 이론이 아니라 하나님과 사람 앞에 책임 있는 삶을 살려는 모든 리더에게 필요한 지침이다.

CROSS | 십자가, 방향성을 가져라

십자가는 단순한 형상이 아니다. 십자가의 '위아래' 즉 하나님과 사람을 연결하는 수직관계이며 수평관계인 '옆'은 사람과 사람의 관계를 상징한다. 이는 리더가 갖춰야 할 가장 근본적인 방향이다. 하나님과의 관계를 바로 세우지 않으면 리더는 스스로 길을 잃고 만다. 또한 사람과의 관계를 소홀히 하면 구성원들의 신뢰를 잃는다. 이 두 축이 곧 '정체성(identity)'이며 크리스천 리더십의 기초다.

많은 사람이 '노력'이 중요하다고 말하지만, 방향성이 틀리면 그 노력은 헛수고가 된다. 어떤 일을 시작할 때 그 일이 하나님께 영광을 돌리는가? 사람을 섬기는가? 이것이 첫 질문이어야 한다. 왜냐하면 교회 공동체나 예배의 최고의 고객은 하나님이시며 설교자 역시 1차 고객은 하나님 2차 고객은 성도들이 되어야 하기 때문이다.

직장과 교회에서는 방향성 상실이 항상 가장 큰 문제였다. 예를 들어 찬양대가 자기 실력을 과시하거나 전도회가 회원 수 늘리기에 급급할 때 그 조직은 제 역할을 잃을 수도 있다. 하나님께 영광을 돌리는 예배, 하나님이 기뻐하시는 전도, 공동체를 세우는 교육 등 모든 부서는 십자가 정신에 따라 움직여야 한다.

직장에서는 어떠한가? 직장은 고객의 체인으로 연결되어 있다. 즉, 우리의 상품이나 기술을 제공 받는 자가 1차 고객이며 내부의 직원들이 2차 고객이라고 할 수 있다. 경영자나 관리자들은 이러한 방향성을 직시하여야만 효율 높은 일로 연결된다. 또한 회사의 조직내부에도 리더의 1차 고객은 경영자가 되며 2차 고객은 부하 사원이 되는 방향성을 정확하게 읽는 중간리더가 훌륭한 성과를 내는 것은 자명한 일이다.

성경은 방향성이 없는 리더를 '맹인의 인도자'로 경계한다. 누가복음 6장 39절 "맹인이 맹인을 인도할 수 있느냐?"는 경고는 지금도 유효하다. 로마서 2장 19절에서 바울 사도는 자신을 '맹인의 길을 인도하는 자요 어둠에 있는 자의 빛'이라 했다. 즉 리더는 먼저 하나님과 깊은 교제를 통해 방향성을 분명히 해야 한다.

'카누의 원리'는 방향성의 중요성을 보여준다. 카누는 여러 사람이 한 방향으로 노를 저어 속도로 경쟁하는 경기이다. 한 사람이 엉뚱한 방향으로 노를 젓는다면 전체 속도가 줄어든다. 팀워크가 무너진 곳엔 반드시 방향성이 흔들린다.

빌립보서 3장 14절 말씀처럼 "푯대를 향하여 그리스도 예수 안에서 하나님이 위에서 부르신 부름의 상을 위하여 달려가노라"는 리더의 고백은 오늘날 우리 모두에게 깊은 울림을 준다. 방향을 잃지 않고 오직 하나님께 영광 돌리며 사람을 섬기는 리더가 진정한 리더다.

CONDUCTOR | 지휘자, 조율자가 되어라

리더는 지휘자와 같다. 찬양대 지휘자가 각각 음역을 조화롭게 조율하듯 리더는 조직 내 다양한 사람과 부서를 조율하여 하나의 아름다운 하모니를 만들어야 한다. 지휘자가 대원들이 실력이 없다며 직접 노래를 부르면 팀 전체의 균형은 깨진다.

축구 감독이 직접 필드에 뛰어들지 않는 이유도 여기에 있다. 리더가 자신만의 역량에 의존하면 전체 조직은 위태로워진다. 종종 회사 조직 내에서 나를 빼내어 보려고 노력 한다. 물론 보이는 몸이 아니라 정신적으로 영적으로 말이다. 냉정하게 전체적인 그림을 볼 수 있기 때문이다.

성경도 이 같은 리더십을 묘사한다. 고린도전서 12장 12절에 "몸은 하나인데 지체가 많다"는 말은 지휘자가 각각의 지체를 잘 아우르고 이끌어야 함을 보여준다. 소리가 크거나 작은 음역을 조화롭게 섞어내는 지휘자처럼 리더는 모든 구성원의 의견과 능력을 존중하고 적재적소에 배치해야 한다.

직장에서 가장 성공적인 팀들은 모두 훌륭한 '지휘자' 리더가 있었다. 그들은 각자의 장점을 살리고 부족한 부분은 서로 보완하게 하였다. 리더가 일의 성과에 매몰되어 직접 모든 일을 처리하려고 하는 순간 그 조직은 쉽게 무너진다. **리더는 구성원을 통해 성과를 내는 자**이지 본인이 성과를 내는 사람이 아니다. 지휘자는 조화를 만드는 예술가요 전략가다.

CONTROLLER | 관리자, 조절자가 되어라

리더는 조직을 관리하고 통제하는 역할도 맡아야 한다. '통제'는 흔히 부정적으로 들릴 수 있지만 하나님도 우리를 징계하시며 바른 길로 인도하신다. 히브리서 12장 11절 "당시는 즐겁지 않고 슬프나 후에는 연단된 자들에게 의의 평강한 열매를 맺는다"는 말씀은 징계가 사랑임을 알려준다.

조직에 질서가 없으면 혼란이 생긴다. 리더는 적절한 규칙을 세우고 그 규칙을 공정하게 적용해야 한다. 어떤 경우에는 엄격한 잣대가 필요할 때도 있다. 하지만 그 징계도 사랑의 마음과 회복을 향한 의도로 이루어져야 한다.

관리자로서의 리더는 단순히 명령하고 통제하는 사람이 아니다. 구성원이 어려움을 겪을 때 곁에서 지원하고 잘한 일은 칭찬하며 동기를 부여하는 사람이다. 리더의 공정한 관리와 관심은 구성원의 사기와 효율성을 높인다.

일터에서 겪은 가장 힘든 순간 중 하나는 '관리 부재'였다. 규칙이 없고 서로 책임을 회피하는 분위기 속에서 팀은 쉽게 무너졌다. 반대로 공정하고 분명한 규율이 세워진 팀은 어려움 속에서도 굳건히 목표를 향해 나아갔다.

CONTRIBUTOR | 공헌자, 헌신하는 자가 되어라

진정한 리더는 조직에 '헌신'하는 공헌자다. 리더가 구성원의 공로를 가로채거나 자기 영달만 생각하면 그 조직은 금방 쇠퇴한다. 물론 공헌자에게는 그에 상응한 대가를 지불하고 그 이유를 조직원들에게 알려줘야 한다.

빌립보서 2장 3절 "아무 일에든지 다툼이나 허영으로 하지 말고 오직 겸손한 마음으로 각각 자기보다 남을 낫게 여기며"라는 말씀은 리더의 마음가짐을 명확히 보여준다. 리더는 자신보다 팀원과 조직의 이익을 먼저 생각해야 한다.

신앙 선배들이 세상의 명예와 상을 거부하고 오직 하나라 상급을 바라보았던 모습을 존경한다. 오늘날 크리스천 리더도 하나님 앞에서 정직하고 겸손해야 하며 자기 유익보다 공동체를 위해 일해야 한다.

교회뿐 아니라 기업, 사회 어느 곳이든 공헌하지 않는 리더는 조직을 무너뜨리는 독이다. 반면 헌신하는 리더는 주변에 선한 영향력을 끼치며 구성원들이 자발적으로 따르는 분위기를 만든다.

COUNSELLOR | 상담자, 위로자가 되어라

예수님은 '기묘자, 모사, 평강의 왕'(이사야 9:6)이시다. 그분은 우리를 위로하고 치유하며 새 힘을 주신다. 리더도 구성원의 아픔과 고민을 품고 함께 울며 기도해야 한다.

갈라디아서 6장 2절 "서로의 짐을 지라"는 말은 리더의 역할 중 하나가 짐을 나누고 위로하는 것임을 가르친다. 상담과 위로는 단순히 감정적 지지가 아니라 구성원의 영적·정신적 성장에 큰 힘이 된다.

COWORK | 함께 일하라

리더십은 혼자의 힘이 아니다. 전도서 4장 12절 "한 사람이면 패하겠거니와 두 사람이면 맞설 수 있고 세 겹 줄은 쉽게 끊어지지 아니한다"는 말씀은 팀워크의 중요성을 단적으로 말해준다.

리더는 권한을 위임하고 팀원 각자가 책임감을 가지고 일하도록 돕는 사람이다. 혼자 다 하려는 리더는 결국 지치고 조직도 함께 무너진다. 반면 함께 협력하는 조직은 어려운 도전도 극복한다. 권한의 위임과 일에 대한 책임과 성과를 누리게 만들어야 하는데 특히 교회에서는 리더가 모든 보이는 곳에 있으며 영광을 가로채는 경우가 허다하다. 교회에서의 리더는 앞에서 보이지 않아야 한다. 팀원들이 잘 할 수 있도록 달란트에 맞게 사역을 분배하고 또 설사 잘못하고 더딘 것이 있더라도 참고 기다려주는 리더가 되어야 한다.

에베소서 4장 16절 "각 지체가 서로 연결되고 협력하여 몸을 세워간다"는 말씀처럼 리더는 팀워크를 조성하는 데 집중해야 한다. 소통, 격려, 신뢰는 팀워크를 위한 기본 조건이다.

크리스천 리더십은 세상의 그것과 다르다. 권력이나 명예가 아니라 사랑과 섬김을 근간으로 한다. 예수님은 "누구든지 크고자 하면 너희를 섬기는 자가 되어야 한다"(마가복음 10:43)고 말씀하셨다. 이 6C 정신은 리더로 살아가는 우리 모두가 지켜야 할 삶의 표준이다.

이 정신을 마음 깊이 새기며 하나님과 사람 앞에 온전한 리더가 되기를 기도한다.

우리 모두 이 '6C 크리스천 리더십'으로 세상을 변화시키고 주님의 영광을 드러내자. 변화는 먼 미래의 이야기가 아니다. 지금 이 순간 여기서부터 시작해야 한다. 교회는 건물이 아니라 사람이고 프로그램이 아니라 삶이다. 성령의 바람은 멈춰 있는 배가 아니라 항해하는 배에 임하신다. 머물러 있지 말자. 흔들리더라도 나아가자. 늦었다고 느낄 때가 가장 빠른 때다.

주님께서는 묻고 계신다. "네가 나를 사랑하느냐? 내 양을 먹이라."

그 부르심 앞에 지금 바로 우리가 응답해야 한다. 더 이상 늦지 않도록 말이다.

17.

일터에서 하나님을 말하다(CBMC)

"일터에 하나님의 나라가 임하게 하소서"

기독실업인회(CBMC)의 캐치프레이즈, "일터에 하나님의 나라가 임하게 하소서(Connecting Business and Marketplace to Christ)"라는 말은 마음의 중심에서 언제나 우리로 하여금 고민하게 만든다. 단순한 문장이 아니라 매일 아침 눈을 뜨며 다시 다짐하게 되는 신앙의 명제이기도 하다. 기업을 운영하는 사람이며 동시에 예수 그리스도를 따르는 신자로서다. 이 두 정체성이 서로 충돌하지 않고 오히려 아름답게 조화를 이루는 삶이 과연 가능할까? 그 물음에 대한 답을 실천으로 증명하고 싶었다.

교회에서 만나는 목사님들은 대부분 성도들의 영적 지도에 탁월하다. 그분들의 설교와 기도, 말씀의 해석은 내게도 많은 영향을 주었고 그 헌신에 늘 감동을 받아왔다. 하지만 대부분의 목회자들이 교회 안에서의 영적인 영역에 집중하다 보니 현실의 일터와 기업, 사회생활 속 신앙의 문제까지 터치한다는 것은 현실적으로 힘들 수 밖에 없다. 반면, 교회에서 충전한 영적인 파워를 세상에 적용하거나 파급하는

것은 성도들의 몫이라고 생각한다.

"그렇다면 이 시대의 크리스천의 일터는 어떤 모양이어야 하는가?" 세상 속에서 일하며 복음을 증거해야 하는 이중적인 정체성은 늘 깊은 고민을 안겨주었다. 그러나 점차 깨달아갔다. 진정한 신앙은 주일에만 드러나는 것이 아니라 월요일부터 토요일까지 삶 속에서 구현되어야 하는 것을 말이다.

> "너희는 세상의 빛이라 산 위에 있는 동네가 숨겨지지 못할 것이요." (마태복음 5:14)

20대 후반, 대기업에서 생산관리 업무를 맡아 첫 사회생활을 시작했다. 회사는 잔업과 특근이 일상화되었고 수요일이라고 해서 예외는 아니었다. 어느 날 생산라인에서 근무하는 몇몇 여직원들이 "수요예배 때문에 잔업 못 해요"라고 자신있고 단호하게 말하는 모습을 보았다. 같은 크리스천으로서 그 말이 틀렸다고 생각하지 않았다. 그러나 그 말이 크리스천이 아닌 상대에게 어떻게 들릴지 그리고 그것이 과연 예수님의 향기를 드러내는 말일지는 혼돈스럽고 고민스러웠다.

"죄송해요, 수요예배가 있어서 잔업을 할 수 없네요. 내일 아이스크림 하나씩 돌릴게요!" 그렇게 하여 예배를 지키면서도 동료들에게 미안한 마음을 전할 수 있지 않을까? **신앙이 대립과 배타의 방식**으로 드러나기보다는 **배려와 사랑의 방식으로 전해지는 것**이 진정한 복음의 삶 아닐까?

> "너희 말은 항상 은혜 가운데서 소금으로 맛을 냄과 같이 하라."
> (골로새서 4:6)

교회에서는 이러한 비슷한 일들을 간증이라는 이름으로 믿음을 증거하여 애쓰는 사람들이 많다. 예를 들면 어느 집사님이 회식 자리에서 상사가 술을 권하자 단호하게 거절하고 심지어 술잔을 던지고 퇴사했다는 간증을 자랑스럽게 하는 것이다. 교인들은 그 이야기에 박수를 쳤고 그 집사님을 '믿음의 사람'으로 추켜세웠다. "그것이 과연 하나님의 방법이었을까? 그렇게까지 해야 믿음이 좋은 걸까?"

예수님께서는 죄인들과 함께 식탁에 앉으셨고 그들과 대화를 나누셨다. 회피가 아니라 동행을 택하셨다. 우리도 세상을 변화시키기 위해 세상 속에 있어야 하지 않을까?

"내가 의인을 부르러 온 것이 아니요 죄인을 부르러 왔노라."
(마가복음 2:17)

그리스도께서 말씀하신 '빛과 소금'은 세상을 피하라는 명령이 아니라 세상 속에서 영향력을 발하라는 초청이었다. 직장 생활을 하며 이 진리를 더욱 깊이 깨달았다.

회식 자리의 2차로 나이트클럽을 가는 문화가 익숙하던 시절 그것을 무조건 피하지 않았다. 하나님께서 무소부재하시기 때문이었다. "하나님은 어디든 계시다." 그 믿음 하나로 그 자리에서 술은 마시지 않고 맨 정신으로 사람들과 함께 웃고 전통춤인 아리랑을 추었다. 그들 속에 있으되 그들과 같지 않게 사는 것이 내가 선택한 방식이었다.

"내가 비록 세상에 속하지 아니하였사오나, 저희를 세상에서 데려가시기를 원치 아니하옵고 다만 악에 빠지지 않게 보전하시기를 원하나이다." (요한복음 17:15)

어느 날은 동료의 돌잔치나 집들이에 참석했을 때 화투놀이 즉, 고스톱이 자연스러운 흐름처럼 시작되었다. 나는 고스톱을 칠 줄도 몰랐고 치지도 않았다. 대신 그 자리에 어울릴 수 있는 방법을 고민했다. 그들이 좋아할 안주를 준비하고 필요한 술을 사서 건넸다. 술을 마시지 않는다고 해서 그 자리를 무시하거나 거부하지 않았다.

그 결과는 놀라웠다. 많은 사람들이 말했다. "당신 같은 크리스천이 있다면 나도 교회를 가겠다." 그 한마디가 내게 큰 위로와 확신을 안겨주었다.

> "너희 착한 행실을 보고 하늘에 계신 너희 아버지께 영광을 돌리게 하라." (마태복음 5:16)

사업을 시작하고 나서는 더 큰 책임과 고민이 따랐다. 말과 행동을 일치시키는 것이 목표였다. 직원 시절 들었던 수많은 부도수표 같은 말들 "내년에 잘되면 연봉 올려줄게", "조금만 더 참으면 좋은 날 올 거야" 그런 말은 경영 원칙에서 철저히 배제하기로 했다.

실현할 수 없는 약속은 결국 신뢰를 잃게 만든다. 그래서 작지만 지킬 수 있는 약속을 우선했다. 눈에 보이는 수치보다 관계의 진정성과 신뢰를 쌓는 것이 더 중요하다고 믿었기 때문이다.

신앙적 색채를 가진 회사 운영에 있어서 '강요하지 않는 예배'를 고집했다. 월요일 아침, 딱 5분 남짓 드리는 짧지만 진심 어린 월요예배. 외형보다 내실을, 형식보다 목적을 중요시하는 그 예배는 우리 회사만의 독특한 문화가 되었다.

그 예배를 통해 직원들은 억지로 하나님을 만나는 것이 아니라 스스로 그분 앞에 설 수 있는 기회를 얻게 되었다. 특히 무교였던 청년들이 우리 교회를 다니게 되고 교회에서 만난 자매들과 결혼하여 지금까지 세 쌍의 커플이 탄생한 것은 내게 큰 기쁨이자 자랑이다.

이 모든 과정이 단순한 성과나 이벤트가 아니라 삶 속에서 "Connecting Business and Marketplace to Christ"라는 사명을 이루어가는 증거라고 믿는다.

하지만 동시에 이런 질문도 든다. "왜 나는 이렇게까지 형식적인 예배에 대해 거부감을 느끼는 걸까?" 크리스천 사장이 있는 회사에서 넌크리스천 직원들이 억지로 예배에 참석해야 한다면 그것은 신앙이 아니라 **일종의 사장의 죄책감 해소 의식**이 될 뿐이기 때문이다.

오늘도 조용히 이 세태를 돌아본다. 신앙이 배타적인 벽이 되지 않도록 동시에 세상과 타협하는 명분도 되지 않도록 그 경계에서 매일 기도하며 살아간다.

일터에서, 사업장에서, 가정에서, 삶의 모든 자리에서 하나님의 나라가 임하도록. 그것이 진정한 기독 실업인의 삶이며 이 시대 크리스천 리더의 모습이라고 믿는다.

18.

떠날 때를 아는 리더십

이제 어느덧 60대 중반을 넘어서고 있다. 교회에서는 장로 직분에서 은퇴할 나이가 되었고 마음속에는 여러 가지 복잡한 감정이 교차한다. 은퇴라는 것은 단순히 '직책을 내려놓는 일'이 아니라 '자기 정체성과 존재 이유'를 다시 정리하는 과정이기 때문이다. 그래서 어떤 이는 은퇴 후 삶을 준비하지 못해 무기력함이나 우울증을 겪기도 한다. 어떤 원로 목사님은 은퇴 이후 무력감에 빠져있다가 선교 사역을 스스로 맡겠다고 다시 교회 현장으로 들어오시는 경우도 보았다. 준비되지 않은 은퇴는 종종 부작용을 낳는다.

이런 점에서 우리 교회에서 67세에 조기 은퇴하신 유 재명 목사님의 사례를 귀감으로 삼는다. 목사님은 은퇴하시며 이렇게 말씀하셨다.

"교회는 사랑하되 가까이 하면 안 되는 대상이다."
"이제 성과를 찾기보다 보람을 찾아야 한다."

그 한마디 속에는 참된 자기정리와 정체성 확립이 담겨 있었다. 이것은 교회뿐 아니라 모든 사회단체에도 꼭 필요한 태도라고 생각한다. 가장 멋진 리더십은 '자기가 떠난 자리를 그리워하지 않는 것'

이다. 가장 강력한 리더십은 '자신이 없는 자리에서도 공동체가 더 잘 굴러가도록 만들어 주는 것'이다. 그러나 인간의 본성은 '라떼 인생'에 빠지기 쉽다. "나 때는 말이야…"라는 말 속에는 미련과 아쉬움이 숨어 있고, 그것이 결국 후임자들을 억누르는 그림자가 되기도 한다.

만약 교회 사역에 있어서 선교국장이 직임이 끝났는데도 후임자를 가르치려하고 관리하려 든다면 그것만큼 우스운 일은 없을 것이다. 또 은퇴하신 장로님이 시무 장로들의 일에 훈수 두듯 관여한다면 교회는 어지러워지고 후배들은 숨이 막힐 것이다. 후임자가 약간의 시행착오를 겪어도 응원해주고 기도해주는 것으로 끝내야 후임자가 리더십을 발휘할 수 있다.

전도서 3장 1절은 이렇게 말한다.

"범사에 기한이 있고 천하만사가 다 때가 있나니."

은퇴는 끝이 아니라 하나님께서 주신 새로운 '때'를 받아들이는 과정이다. 세상은 눈부시도록 빠르게 변하고 있다. 불과 1년 전과 올해가 다르고 올해와 내년은 또 다른 국면으로 접어들 것이다. 나이가 많을수록 이렇게 빠른 변화를 따라가기 어렵다. 하지만 변화에 적응하려고 노력하지 대신 과거의 영광을 붙잡고 고리타분한 이야기에 머무르게 되고 공동체 안에서 '옛 노래만 부르는 사람'이 되어버린다. 그렇게 되면 후배들에게는 귀감이 아니라 코미디 같은 모습으로 비칠 수 있다.

51세에 장로 임직을 받고 53세에 재정위원장을 맡았다. 당시 먼저 재정위원장을 하셨던 선배 장로님은 신앙, 섬김, 성품 어느 면에서나 존경받는 훌륭한 분이셨다. 그러나 세대 차이는 분명했다. 10년이라는 나이 차이가 생각보다 훨씬 컸다.

인수인계 중, 선임 재정위원장님은 거래 은행의 지점장을 만나러 가자고 하셨다. "장로님, 지점장하고는 자주 연락하고 친해야 합니다." 라고 하시는 것이었다. 회사를 운영하면서 은행에 직접 가는 경우는 거의 없었기 때문에 의아했다. 대부분의 은행은 항상 부지점장을 우리 회사로 보내서 일을 처리했고 웬만하면 관계자들을 만나지 않았다. 이것은 상식이었다. 대출 이자를 낮추기 위해서는 은행 사람들과 불필요하게 '정(?)'을 쌓지 않는 것이 편하기 때문이었다. 그러나 선배님의 시대에는 은행이 절대적 '갑'이었다. 그때는 지점장과 친분을 맺어야 더 좋은 조건에 돈을 빌릴 수 있었던 것이다.

그저 의례적인 인사만 하고 돌아왔다. 그 후에 교회의 대출 상황을 살펴보다가 깜짝 놀랐다. 우리 회사의 대출 이자는 2.0%였는데 교회는 무려 3.5%대의 고금리를 쓰고 있었던 것이다. 조용히 작업에 들어갔다. K은행과의 협상을 통해 2.3%로 금리를 낮추는 것으로 잠정 결정을 얻어냈고 기존 거래은행에 이를 통보했다. 그러자 기존 은행에서는 "조기 상환 수수료가 있다"라며 1억 4천만 원이라는 거액을 요구했다.

은행에 직접 찾아가 확인해보니 1년 전에 대출을 연장할 때 '3년 이내 상환 시 조기 상환 수수료 발생' 이라는 특약이 있었고 이 특약에 선임 재정위원장님이 친필로 서명하신 연장 약정서가 있는 것이었다. 분명한 은행의 '갑질'이었음에도 불구하고 규정을 잘 모르시는 장로님은 은행이 하라는 대로 따르신 것이었다. 불법적인 은행의 갑질을 금융감독원에 신고할 수밖에 없다고 재정간사를 통해 통보했다. 그제야 은행은 발칵 뒤집혔다. 지점장은 물론 상부 센터장까지 만나자고 연락이 왔으나 만나주지 않았다. 결국 그들은 잘못을 시인하고 사과하는 것으로 마무리 했다. 조용히 은행을 바꾸고 나서 교회는 연간 1억 원 이상의 대출이자를 절약할 수 있었다.

이 사건은 세대교체에 대한 큰 교훈을 준다. 아무리 존경할 만한 선배라도 시대가 다르면 방식이 달라질 수밖에 없고 '나이의 한계'는 쉽게 극복할 수 없다는 사실이다. 모세도 여호수아에게 리더십을 넘겨주며 약속의 땅에 들어가지 않았다. 다윗도 성전을 짓지 않고 솔로몬에게 그 일을 맡겼다. 성경 속 모든 위대한 리더는 '때가 차매' 떠날 줄 알았다.

때가 되도 떠날 줄 모르는 리더들은 결국에 강제적으로 떠나야만 되는 불명예를 안게 된다. 또한 남아있는 조직과 떠밀려 떠나게 된 리더 모두에게 커다란 상처와 손상이 발생하게 된다. 새로운 시대에 적응하지 못한 선배들이 금처럼 귀하게 여기는 것들이 오히려 후배들의 눈에는 전혀 중요하지 않은 것이 되어버리는 웃지 못 할 일이 벌어지는 것이다.

따라서 교회와 사회단체는 물론 모든 모임에 있어서 건강한 발전을 위해서는 반드시 젊은 리더들에게 기회가 주어져야한다. 나이가 많은 사람들은 의연하게 물러나고 일절 관여하지 않아야 한다. 왜냐하면 옛 사고방식, 고정된 틀, 좁은 시야로는 새로운 세대를 이끌 수 없기 때문이다.

하나님은 언제나 새로운 일을 시작하신다. 그 새 일을 막지 않으려면 우리는 과거의 영광을 내려놓아야 한다. 떠나야 할 때 **떠날 줄 아는 용기, 미련을 두지 않는 겸손**이 은퇴자의 품격이고 리더십의 완성이다.

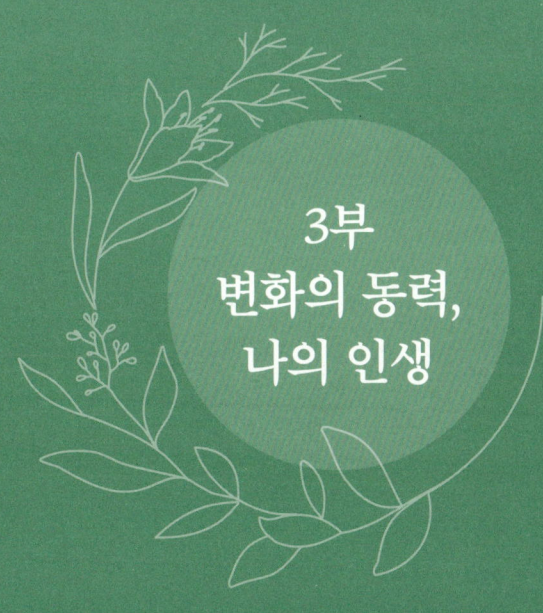

3부
변화의 동력,
나의 인생

변화하지 않는 교회

01.
조용한 호기심, 그리고 따뜻한 품속에서 피어난 삶의 뿌리

어릴 적부터 조금은 유별난 아이였다. 어른들 앞에서는 재롱도 부리고 웃음을 드리려고 노력했지만 친구들 무리에서는 한 발짝 떨어져 조용히 세상을 바라보곤 했다. 사람들 틈에 끼기보다는 혼자 놀며 혼자만의 세계에 몰두하는 시간이 좋았다. 그게 이상하다고 생각하지 않았다. 단지 궁금한 것들이 세상에 너무 많았고 그 답은 대체로 자연 속 어딘가에 숨어 있는 것처럼 느꼈기 때문이다.

중학교 시절, 고전 읽기반에 들어가 삼국유사, 박씨 부인, 보물섬, 로빈슨 크루소, 성삼문, 파브르의 곤충기 등 여러 책들을 탐독했다. 그중에서 가장 감동 받고 흥미롭게 읽은 책은 파브르의 곤충기였다. 이 책은 단지 곤충에 대한 관찰을 기록한 것이 아니라 한 생물학자가 세상을 바라보는 방식과 생명에 대한 예민한 감각, 그리고 끝없는 호기심을 가르쳐 주는 삶의 교과서였다.

책을 읽은 지 며칠 후에 우리 논으로 가는 길에 있는 넓은 잔디밭으로 나갔다. 배설한 지 10일쯤 된 것 같은 약간 마른 소똥 위에 흙이 몽글몽글 솟아오른 흔적을 발견하고 조심스레 파보니 정말로 책에서 본

그대로 말(쇠)똥구리들이 모습을 드러냈다. 20마리쯤 되는 작은 생명체들을 잘 꺼내어 어머니가 아끼던 와이셔츠 상자에 담아 방 한켠에 두었다. 밤새도록 끊이지 않고 들리던 부스럭거리는 소리에도 부모님은 한마디 꾸짖음 없이 묵묵히 지켜봐 주셨다. 지금 생각하면 그때 아무런 말씀을 하지 않으셨던 것은 무관심해서가 아니었다. 아이의 엉뚱한 호기심마저 품어주신 부모님의 깊고 따뜻한 사랑의 표현이었다.

쇠똥구리는 하루 종일 실처럼 가느다란 똥을 끊이지 않고 배설하며 살아갔다. 신기한 그 모습은 파브르 곤충기의 문장을 그대로 옮겨온 듯했고 자연이 주는 생생한 교과서 앞에 완전히 매료되었다. 이러한 탐험은 계절이 변하여도 이어졌다. 봄이 오면 논밭은 자운영 꽃으로 붉게 물들었다. 보리를 심지 않은 논마다 자운영이 들판을 덮었고 연필깎이 칼 하나 들고 자운영 꽃밭으로 들어가곤 했다. 그 안에는 개구리, 뱀, 벌, 나비가 어우러진 작고 복잡한 우주가 있었다.

그 안에서 혼자 놀이하며 관찰하며 실험했다. 벌을 잡아 개구리에게 벌침(봉침)을 몇 방 쏘게 하면 벌에 쏘인 개구리는 몸이 부풀어 올랐고 이렇게 벌침 쏘인 개구리를 수도 없이 반복해서 풀어주곤 했다. 그런 실험(장난?)을 하다가 싫증이 나면 개구리의 배를 째고 해부를 해보기도 했다. 심장이 뛰는 모습을 보며 과학 시간에 배운 이론이 실세와 만나는 순간을 느꼈고 그런 짜릿함 속에서 시간을 보냈다. 이러한 놀이에 몰두하게 되면 시간이 어떻게 흐르는지도 모르는 경우가 많았고 어두컴컴한 저녁에야 현실을 깨닫고는 들에 묶어 놓은 소를 데리고 집으로 돌아오곤 했다.

그 과학적 호기심을 더 깊이 북돋아 준 분은 과학 선생님 진○○ 선생님이었다. 태양광 집열판을 이용해 고구마를 익히는 실험을 시켜 주셨고 작은 전자레인지 상자처럼 구조물을 만들어 실험에 몰두했다. 뿐만 아니라 체육과 음악을 함께 가르치던 김○○ 선생님 덕분에 하모니카도 배우게 되었고 그 시절 내 삶에는 자연과 음악, 탐구와 놀이가 나란히 걸어가고 있었다.

집에서는 작은 동물들을 키웠다. 까치, 비둘기, 할미새 같은 들새들을 키워보며 실패도 했지만 육식 조류인 참매를 키우는 데는 성공했다. 하얀 솜털이 보송보송 덮여 있는 아기 참매가 용맹스러운 모습의 갈퀴와 큰 날개를 가진 어미 새가 될 때까지 열심히 개구리를 잡아 먹이로 공급하며 함께 지낸 후 다시 야생으로 보내던 날 자연과 인간이 맺을 수 있는 아름다운 관계를 체험했다. 성장이 다 된 참매가 우리 집 주변을 맴돌았던 약 10일간의 순간들은 말 그대로 시골의 낭만과 추억의 아름다운 노래가 되었다.

아버지는 초등학교도 졸업하지 못하셨지만 독학으로 한글과 산수를 배우셔서 시골에서 남에게 뒤지지 않을 만큼 유식하셨고 세상에 대한 통찰과 자식 교육에 대한 열망은 그 누구보다 깊으셨다. 아버지는 늘 말씀하시곤 했다. "많이 배우고 알수록 벼 이삭처럼 머리를 숙여라."

그리고 "앞으로는 지관이 정해준 양지바르고 마사토 질의 산 깊은 곳이 아닌 **차가 다닐 수 있는 길가가 명당**이 될 것이다."

또한 "**결혼하면 처가와 시댁에 똑같이 해라.** 요즘 시대엔 그것만 해도 시댁 입장에선 과분하다."

이런 말씀은 반세기 전의 시골에서 듣기에는 너무나도 앞서간 이야기였고 지금도 그 지혜를 가슴에 품고 살아간다.

20대 후반 서울 신이문동의 작은 교회에 출석하기 시작했다. 청년 시절 교회에서 회장과 서기로 만나 기타와 하모니카 등의 연주와 삶을 나누었던 그 교회 황○○ 목사님은 정말 순수하고 청렴한 목사님이셨다. 그리고 그 목사님이 소개해 주신 지금의 아내를 그곳에서 만났다. 첫 만남은 그다지 근사하지 않았다. 부푸러기가 너덜너덜한 낡은 반팔 셔츠와 헤진 바지, 감지 않은 덥수룩한 머리로 만났다. 그녀는 단정한 양장을 차려입고 나왔을 뿐 아니라 이목구비가 뚜렷한 예쁜 사람이었다. 그렇게 몇 차례의 만남이 있었고 그녀는 내 외모나 태도에 실망하기도 했다. 심지어 소개한 목사님께 '이제 만나지 않겠다'라고 열번도 더 말 했다는데 지금 돌이켜 보면 내가 참 쓸데없는 주관을 가진 총각이었구나 싶다. 그녀는 후에 간증하길 만날 때마다 '이 사람이 아니구나!'라고 판단하고 집에 돌아갔고 그때마다 하나님은 '그가 네 짝이다.' 라고 말씀과 환상을 보여주셨다는데 100퍼센트는 아니지만 지금까지 그 말을 믿고 있다.

결정적인 여섯 번째 만나는 날… 가평 출장에서 돌아오던 길에 종로 지하상가에서 넥타이를 급히 사서 매고 나갔다. 마침 여름 재킷이 없어 두꺼운 겨울용 콤비 양복을 입은 차림이었고 그때 겨울용 콤비는 거의 멍석처럼 참으로 두꺼운 옷이었다. 그녀는 '만일 상대방에 대한 예의 없이 오늘도 양복을 안 입고 오면 그날부로 끝이다.' 라고 결단을 낼 생각이었다고 한다. 어쨌든 8월 삼복더위에 한겨울 콤비를 입고 나온 모습에서 착각을 했던지 진심을 느꼈던 모양이었다. 한 달 후 안양유원지에서 프러포즈했다. "나는 일부러 인생길을 어렵게 가는 스타일의 사람입니다. 어렵게 가는 나의 길을 함께할 자신이 있다면 결혼합시다."

지금 생각해 보면 안 해도 되는 참 무미건조하고 굳이 할 필요가 없으며 감동 없는 말이었다. 그러나 그녀는 그 말속에서 진심을 읽어주었고 우리는 그렇게 동지가 되었다.

신혼 초기에는 갈등도 많아서 그때마다 '이 조각이 잃어버린 내 조각이 맞습니까?' 하며 하나님께 항의성 질문을 자주 했다. 그러나 이 마음속 질문을 신앙으로 이겨냈다. 억지로 끼워 맞춘 것 같은 조각들이 시간이 지나며 서로의 자리에 안착했고 지금 우리는 그 조각들이 완성해 준 풍경 속에서 함께 살아가고 있다.

내가 사랑하는 삶은 그리 화려하지 않다. 어릴 적 쇠똥구리를 관찰하던 조용한 논길, 자운영 꽃밭 속에서 벌과 개구리와 함께한 따스한 봄날, 부모님의 사랑 속에서 마음껏 꿈꿀 수 있었던 시간들, 그리고 한 여인과 삶을 나누기로 결심한 어느 여름날 저녁, 모든 조각들이 나의 현재를 이뤘고 내일을 지탱하는 뿌리가 되었다.

그리고 그 뿌리는 여전히 조용하지만 강하게 내 삶을 붙들고 있다.

02.

나의 B.C 와 A.C

1980년 4월의 어느 날 나이 스무 살… 인생의 가장 결정적인 전환점을 맞이했다. 말로만 듣던 하나님, 이름으로만 알고 있던 예수 그리스도를 실제로 만난 그날은 인생에서 단순한 종교적 체험 이상의 의미를 지녔다. 그날 완전히 새 사람을 입었다.

그 전까지는 부모님으로부터 물려받은 유전자와 가정환경, 시대의 분위기, 그리고 내 안에 깊이 뿌리내린 염세주의와 자학적 사고에 지배당하며 살고 있었다. 무기력했고 삶의 의미를 찾을 수 없었으며 무엇보다도 '왜 살아야 하는가?'에 대한 질문에 아무런 답을 갖고 있지 않았다.

그렇게 흘러가던 삶에 급제동을 걸고 완전히 새로운 방향으로 이끄신 분이 바로 예수 그리스도였다. 그분을 만나던 순간을 지금도 생생히 기억한다. 그 당시 마치 바닥이 보이지 않는 칠흑 같은 수직 터널 속으로 끝없이 떨어지고 있었고 그 한가운데서 찰나처럼 눈부신 빛이 순간적으로 끌어올렸다. 그 빛은 지상의 햇살처럼 따뜻하고 찬란했으며 내 영혼을 단번에 밝게 비추었다. 그것은 단순한 상상이 아니었다.

내 존재의 깊은 골짜기로 하나님께서 친히 내게 찾아오신 기적같은 사건이었다.

그 순간 로마서 5장 8절 말씀처럼 놀랍게 깨달았다. "우리가 아직 죄인 되었을 때에 그리스도께서 우리를 위하여 죽으심으로 하나님께서 우리에 대한 자기의 사랑을 확증하셨느니라." 나는 구원받은 죄인이었고 그 사랑은 조건 없는 은혜였다.

그날 이후 더 이상 옛사람이 아니었다. 예수의 피로 그 거룩한 생명의 혈통으로 다시 태어난 것이다. 유전자와 정체성, 그리고 삶의 이유는 전부 새로워졌다. 거룩하고 존귀한 자로 예수 그리스도의 이름으로 살게 되었고 죽음조차 두렵지 않은 강력한 믿음의 사람이 되었다.

> "그런즉 누구든지 그리스도 안에 있으면 새로운 피조물이라 이 전 것은 지나갔으니 보라 새 것이 되었도다" (고린도후서 5:17)

이 말씀은 그날 이후 삶 전체를 요약하는 선언이었다.

죽음을 이긴 믿음은 삶의 태도와 방향을 바꾸어 놓았다. 무슨 일이 있어도 '죽기까지야 하겠나'라는 말 한마디가 인생의 고비고비마다 다시 일으켜 세웠다. 극심한 고난과 실패, 인간관계의 오해와 배신, 경제적 위기까지도 그 믿음 앞에서는 버티고 견디고 다시 시작할 수 있는 힘이 되었다.

예수님을 만난 이후 하나님께서는 하나님의 자녀로 세상을 사는 원칙으로 두 가지 말씀을 강하게 심어주셨다.

첫째는 마태복음 5장 14절, "너희는 세상의 빛이라. 산 위에 있는 동네가 숨겨지지 못할 것이요." 둘째는 잠언 22장 29절, "네가 자기 일에 능숙한 사람을 보았느냐? 이러한 사람은 왕 앞에 설 것이요 천한 자 앞에 서지 아니하리라."

이 두 말씀은 '**빛의 사람**', 그리고 '**탁월한 자**'로 살아야 한다는 사명을 일깨워주었다. 하나님이 주신 이 말씀을 내 일상의 나침반으로 삼고 평범한 평신도의 삶을 통해 세상 속의 빛으로 살아가기로 결단했다.

그 결단은 단지 교회 생활에 국한된 것이 아니었다. 세상의 현장에서나 직장과 사회 속에서 그리스도인의 **정체성을 잃지 않으면서도 '탁월함'을 추구**하고자 했다. 영어와 일본어 회화 공부에 매진하고 일하면서 환경공학을 배우고 산업 현장에서 필요한 교육도 스스로 만들어 가며 속한 모든 환경에서 최선을 다해 살아갔다. 탁월한 자로 인정받기 위해 노력했고 그것이 단지 성공이 아니라 선한 영향력을 위한 준비라고 믿었다.

하나님은 직장에서도 도구로 사용하셨다. 단지 신앙이 있다는 이유만이 아니라 함께 일하는 사람들에게 **신뢰를 주는 성실함과 유연함, 그리고 책임감 있는 태도**로 사람들의 마음을 얻었다. 일터에서 기도했고 사람들 앞에서 말로 전도하지 않아도 삶의 태도를 통해 그리스도의 향기를 전하고자 애썼다. 그렇게 신앙은 '말'이 아니라 '삶'으로 증거되기 시작했다.

하나님은 41세 되던 해에 기업을 맡기셨다. 마흔을 넘긴 어느 시점 새로운 길을 걷게 되었고 그 길은 내 힘으로 된 것이 아니라 분명 하나님의 뜻이었다. 기업을 나의 것이 아닌 '하나님의 기업'으로 여기고 그분의 방식대로 그분의 철학으로 경영하고자 했다.

성경적 경영이란 단지 기도하고 십일조를 잘하는 것이 아니라 공정함과 정직함, 사람을 귀히 여기는 태도, 공동체적 책임을 다하는 것을 의미했다. 레위기 19장 13절 말씀을 실천하려 애썼다. "네 이웃을 억압하거나 착취하지 말며 품꾼의 삯을 아침까지 밤새도록 네게 두지 말라." 직원들을 가족처럼 여기려 했고 이윤보다 사람을, 경쟁보다 협력을 중요하게 여겼다. 그러자 어느 순간부터 하나님은 생각지도 못한 기회들과 복으로 응답해 주셨다.

지금 돌아보면 '은혜' 그 자체였다. 자살 직전까지 갔던 영혼이 이렇게 다시 살아났고 무기력과 허무 속에 죽어가던 청년이 지금은 생명을 전하고 사람을 세우는 자가 되었다. 내가 한 것은 아무것도 없다. 오직 예수님의 사랑이, 그 피 묻은 손이 나를 여기까지 이끌어 주신 것이다.

> "나의 나 된 것은 하나님의 은혜로 된 것이니"
> (고린도전서 15:10)

이제 더욱 단단한 믿음 위에서 남은 생을 살고자 한다. 어느새 인생의 후반전에 들어선 지금 과거보다 더 간절히 하나님을 붙들고 있고 더 온전히 주의 뜻에 순종하고자 한다. 기업의 경영자이자 가족의 가장으로서 그리고 이 시대를 살아가는 한 그리스도인으로서 여전히 "빛이 되라"는 부르심을 가슴에 품고 살아가고 있다.

삶의 마지막 날까지 이 믿음의 여정을 감사로 채워 가려 한다. 내가 살아온 것도, 살아가는 것도, 그리고 살아갈 것도 오직 하나님의 은혜일 뿐이기 때문이다.

03.
교회의 이단아

> 형식과 본질을 넘어서

　하나님을 만난 과정은 결코 자연스러운 일이 아니었다. 하나님을 만나기까지의 과정은 반항과 부정의 연대기와도 같다. 죽을 만큼 버티고 심지어 하나님을 믿기보다는 내 방식대로 살아가고자 했던 시간들이 있었다. 그러나 결국 하나님 앞에서 전적인 항복을 할 수밖에 없었다. 그런 의미에서 내 신앙은 태생적으로 반항적이고 비판적인 시각을 가진, 말하자면 '근본 없는(?) 신앙'이었다. 교회라는 공간이 낯설었고 그곳의 규범과 형식은 불편했다. 교회는 마치 낯선 나라처럼 느껴졌고 그 안에서 사람들의 예배와 기도, 성경 읽기 등 모든 것이 지나치게 형식적이고 때로는 무의미하게 느껴졌다. 교회에서 제시하는 규칙이나 전통은 내겐 아무런 의미가 없었다. 어린 시절부터 신앙을 자연스럽게 흡수한 사람들과는 모든 것이 달랐다. 교회는 하나의 '형식'에 불과했으며 신앙의 본질이 무엇인지 이해할 수 없었다.

　하지만 시작한 교회의 신앙 여정은 '야생마'처럼 뛰어든 시작이었다. 자이든 타의든 기존의 규범과 틀을 무시하고 나만의 방식으로 교회를 경험하게 되었다. 형식에 얽매이지 않고 본질을 추구하는 길을 선택했고 그 여정은 축복이었다. 교회 생활을 하면서 끊임없이 '왜?'라는 질문을 던졌다. "왜 이렇게 해야 하는가?", "왜 형식이 이렇게 중요한가?" 이러한 질문을 던지며 교회를 바라본 결과 점차 형식보다는 본질을 중요시하게 되었다. **본질을 추구하고자 하는 갈망은 신앙의 밑바탕**이 되었고 신앙생활을 더욱 깊이 있게 만들어 주었다. 내 신앙 여정이 '근본 없는(?)' 신앙처럼 보였을지 모르지만 그것이 결코 잘못된 여정이라고 생각하지 않는다. 오히려 그 반항적이고 의문을 품었던 시절이 큰 축복이었다. 내 신앙은 결국 형식에 얽매이지 않고 본질을 추구하는 여정이었다.

학습도 받지 않은 보조교사

교회를 다닌 지 한 달도 되지 않았을 때 나를 전도한 친구가 내게 말했다. "너 혼자 외로워 보이니까 나랑 함께 주일학교 보조교사 해볼래?" 마침 심심하던 차에 그 제안을 주저 없이 수락했다. 사실 그때 성경에 대해 아무것도 몰랐다. 하지만 교회에서 보내는 시간이 너무 즐거웠고 아이들과 함께하는 시간은 치유의 시간이기도 했다. 아이들의 순수한 웃음 속에서 놓쳤던 행복을 다시 찾을 수 있었다. 교회라는 공간에서 만난 그 작은 아이들은 삶에 큰 영향을 미쳤다. 그 후 여름성경학교가 시작되면서 레크리에이션 담당을 맡게 되었다. 교육에 관한 사역을 한다는 것은 성경 지식에 무식한 나로서는 감히 생각지도 않았다. 반면에 기타를 들고 아이들과 함께 노래하고 춤추며 웃는 시간은 더없이 소중했다.

그때의 경험은 큰 깨달음을 안겨주었다. 음악적 감각이 있었던 터라 중학교 시절 배운 코드(화성) 진행을 떠올리며 레크리에이션을 진행했다. 사실 그것은 처음 해보는 일이었지만 내면에 감춰 있었던 음악적 감각이 무의식적으로 발현되었다. 신앙 여정에서 중요한 '경험'이었다. 신앙에 대해 이론적으로 배우기 전에 먼저 신앙을 실제로 경험했고 그 경험 속에서 본질을 발견해 나갔다. 이렇게 교회에서 보조교사로 활동하며 신앙의 기초를 다지게 되었다. 배운 것은 단순히 교리나 규범이 아니라 그 본질을 추구하는 방법이었다.

학습도 받지 않은 성가대원

교회에서 조금씩 신앙의 기초를 다져가던 중 친구가 성가대 활동을 함께 하자고 했다. 딱히 성경 지식이나 교리를 요구하지 않는 자리이기에 주저 없이 함께 하자고 했다. 순수하게 음악을 좋아했던 터라 성가대 활동을 통해 그 기쁨을 느끼고 싶었다. 포크송이나 유행가에 익숙했지만 성가대 활동은 또다른 큰 즐거움이었다. 힘들이 재 시나시 않아 악보를 보고 바로 음을 잡을 수 있게 되었다. 음악을 사랑하는 마음은 빠르게 음악의 흐름을 파악하게 만들었다.

그렇게 즐거운 마음으로 신앙생활을 하며 그 이듬해 부활절 때 학습을 받으러 성가대석에서 강대상으로 올라갔다. 일순간 성가대석은 수군거림으로 가득했다. "저 사람은 아직 학습도 안 받았대!" 예배

후 어떤 권사님은 조용히 다가와, "성가대는 세례받은 사람만 서야 한다."고 걱정스레 조언했다. 그때 이렇게 대답했다. "저는 이미 성령으로 세례를 받았습니다. 세례식을 통해 받는 것은 그저 형식에 불과한 거예요." 그들에게 거리낌 없이 신앙을 고백하며 성가대 봉사에 열심히 임했다. 재미있는 것은 1년 뒤에 세례를 받으러 강대상에 올라갈 때도 똑같은 일이 벌어졌다. '세례도 받지 않았는데 어떻게 성가대를 했어?' 라며 수군댔다. 성가대원 대부분이 1년 전에 학습을 받은 모습을 보았음에도 불구하고 기억하는 분이 거의 없었다는 것, 그 상황이 너무 우스꽝스러워서 속으로 많이 웃었던 기억이 여전하다. 나에게 신앙은 죽음의 문턱을 넘나들며 사람들의 시선보다 하나님의 은혜가 더 중요했다.

먼저 결과를 만들고, 나중에 이론을 배운다

신앙의 방식은 항상 이렇듯 먼저 '결과'를 만들고 그 후에 이론을 배우는 방식이었다. 자격이 없거나 준비가 부족하다고 생각했을 때도 먼저 일을 시작했다. 그리고 그 일을 하면서 경험을 통해 배워나갔다. 그래서 보조교사가 되었고 성가대원이 되었으며 노래까지 작곡하는 사람이 되었다. 중요한 것은 신앙의 본질이었다. 그 본질을 추구하려는 열정이 신앙을 성장시키고 변화를 일으켰다. 교회에서 만난 사람들 중 많은 사람들이 형식과 규정에 얽매여 있었고 열정 없이 사역하고 있었다. 하지만 열정을 가지고 먼저 행동하고 그 후에 이론과 자격을 채워갔다. 중요한 점은 **'본질'을 추구하는 것과 '형식'을 구분할 줄**

아는 것이다. **교회의 생기를 불어넣는 존재는 그 형식에 얽매이지 않고 본질을 추구하며 살아가는 사람들**이다.

30대 후반에 만난 안산빛나교회 유재명 목사님은 바로 그런 목사님이셨다. 그분은 기존의 규칙과 규범에 얽매이지 않고 본질을 중요시하는 분이었다. 예를 들어 새가족팀장을 할 때 새가족 교육이 끝난 후에야 교회 내의 사역에 참여할 수 있다는 기존 교회의 틀을 깨고 '선사역 후교육'이라는 방식을 목사님의 허락도 받지 않고 적용하였지만 그것을 암묵적으로 허용(?)해 주셨다. 말도 안 된다는 반발도 있었지만 그 안에 흐르는 생명과 진리를 나는 확실히 느낄 수 있었다. 유 목사님은 본인이 담임목사이면서도 강압적으로 시스템을 만들지 않았다. 모든 것이 자연스럽고 때를 따라 물 흐르듯이 가는 유연성을 가진 목회자이시다. 형식보다는 본질을 추구하는 그분의 삶은 신앙의 본질을 이해하는 큰 열쇠가 되었다.

작곡을 하게 되기까지

1982년, 처음으로 노래를 만들었다. 그 노래의 제목은 '오 사랑 내 친구'였다. 이 곡은 갑작스러운 교통사고로 세상을 떠난 롤 모델 같았던 친구를 너무 그리워하며 잠 못 이루던 밤에 하나님께서 주신 자작시에서 영감을 얻어 만들었다. 그 시에 기타를 치며 멜로디를 붙였다. 그때 음악에 대한 이론이나 지식이 부족했지만 감정이 이끄는 대로 만들었다. 처음 만든 노래는 친구를 회상하는 서사시에 맞춰 60마디가 넘는 긴 곡이었지만 그것을 압축해 20마디로 줄이며 보다 간결해진 노래가 만들어지면서 중학교 때 배웠던 음악의 '기승전결' 구조와 '클라이맥스' '모티브'의 개념을 체득하게 되었다.

두 번째 곡인 '동행'은 놀라운 속도로 완성되었다. 불과 30분 만에 곡을 완성했는데, 이유는 첫 번째 곡을 만들면서 얻은 경험 덕분이었다. 원하는 구조와 음악적 원리를 이미 경험을 통해 배우게 되었고 그 과정을 바탕으로 더 빠르고 정확하게 곡을 만들 수 있었다. '음률이 가는 길이 있구나'라는 큰 깨달음을 체득한 곡이라고 할 수 있다. 언제나 결과를 먼저 만들어내고 그 뒤에 이론과 원리를 배웠던 이 방식이 맞았고 신앙의 여정도 이 방식의 여정이었다.

신앙의 여정은 결코 평탄한 길이 아니었다. 어쩌면 종종 '이단아'처럼 여겨졌을지도 모른다. 하지만 확신한다. **하나님은 형식보다 본질을 기뻐하신다**는 것을. 신앙이 형식과 규범에 얽매이지 않고 본질을 추구하는 신앙이었음을 고백하며 살아간다. 이런 삶을 통해 새로운 바람을 일으키시길 원하신다고 믿는다.

> "외식하는 것들이라 사람의 계명과 가르침에 의존하여 겉으로는 지혜 있는 것 같이 보이나 아무 유익이 없는 것이니라."
>
> (골로새서 2:23)
>
> "너희가 사람을 두려워하지 말고 하나님을 경외하며 그분을 사랑하라." (이사야 8:13)

04.

고정관념을 타파하는 생활 습관

우리는 매일 고정관념 속에 살아간다. 그것은 너무 익숙해 마치 공기처럼 존재하지만 정작 느끼지 못한다. 아침에 눈을 뜨면 세수를 하고 정해진 시간에 출근하고 점심을 먹고 저녁에 퇴근한다. 이 일상의 리듬이 틀렸다는 것은 아니다. 그러나 그 리듬이 왜 그렇게 되어야 하는지 한 번이라도 진지하게 생각해본 적이 있는가?

왜 밥은 꼭 세 끼여야 하는가?

왜 밤에는 자야하고 낮에는 일해야 하는가?

왜 회사는 아침 9시에 문을 열고 학교는 8시 반에 종을 울려야 하는가? 이 모든 것은 자연의 법칙이 아니라 인간이 만든 사회적 규범이다. 그렇다면 우리는 그것을 '절대적인 질서'처럼 믿고 따를 이유가 있는가?

물론 인간은 낮에 활동하도록 설계된 주행성(晝行性) 존재다. 하지만 하나님께서 우리에게 자유의지를 주셨다는 사실 앞에서는 '반드시 낮에만 활동해야 한다'는 법칙으로 굳어질 이유가 없다.

시편 기자는 이렇게 고백했다.

"하루는 말하고 밤은 지식을 전하나니." (시편 19:2)

낮과 밤 모두 하나님이 주신 시간이며 각각 다른 목적을 위해 존재한다. 즉, 하나님의 질서 안에서 낮과 밤은 선택의 영역이지 구속의 영역이 아니다. 산업화 이후 사람들은 같은 시각에 출근하고 같은 시간에 밥을 먹고 같은 시각에 퇴근하는 것을 '정상'이라 여겨왔다. 그러나 그 **'정상'이라는 단어 안에는 이미 창조의 다양성을 억압**하는 힘이 숨어 있다. 어쩌면 하루 세 끼 식사도 밤에만 자야 한다는 습관도 집단생활을 유지하기 위한 인위적 패턴의 결과물일지 모른다. 원래 인간은 배고프면 먹고 졸리면 자고 깨어 있으면 일하는 자유로운 존재였다. 하나님은 인간을 창조하실 때부터 그런 자연스러운 리듬을 허락하셨다.

즉, 행위의 시점보다 그 행위의 의미가 더 중요하다는 말씀이다.

오늘날 세상은 '하루 세 끼'나 '9시 출근' 같은 틀로 움직이지 않는다. 인터넷과 인공지능, 원격근무, 글로벌 협업의 확산으로 시간과 공간의 개념이 완전히 무너졌다. 한국의 밤은 미국의 낮과 연결되고 한 사람의 일과가 지구 반대편의 사람에게 실시간으로 영향을 미친다. 이런 세상에서 '아침형 인간'과 '저녁형 인간'을 구분하는 일은 이미 무의미하다. 이제는 시간보다 방향, 습관보다 창의, 틀보다 본질의 시대가 되었다. 그러나 아이러니하게도 변화의 한가운데서 우리는 여전히 '고정관념'이라는 감옥에 머문다.

새로운 방식을 두려워하고 익숙한 패턴을 벗어나면 불안해한다. 결국 하나님이 주신 창조적 사고의 능력을 스스로 제한하는 것이다.

새로운 생각, 새로운 질서, 새로운 도전은 새로운 틀 안에서만 살아 숨 쉰다. 낡은 부대 즉 고정관념 속에 담으려 하면 결국 터지고 만다.

고정관념은 단지 생각의 틀일 뿐 아니라 믿음의 한계이기도 하다.

예수님은 안식일에 병자를 고치심으로 그 틀을 깨뜨리셨다.

그분은 율법의 조항보다 사람의 생명을 귀히 여기셨다.

그렇다면 오늘 우리는 어떤 '안식일의 틀' 속에 갇혀 살고 있는가?

직장의 근무시간? 교회의 전통? 자녀에 대한 기준? 성공의 방식? 삶의 리듬? 이 모든 것이 우리가 만든 '작은 율법'일 수 있다. 하나님은 그 모든 틀을 깨뜨리고 자유의 생명으로 우리를 부르신다.

"진리를 알지니 진리가 너희를 자유롭게 하리라."

(요한복음 8:32)

이 말씀은 단지 신앙의 자유만을 의미하지 않는다. 사고의 자유, 관점의 자유, 삶의 형태의 자유까지 포함한다. 진리 안에 있을 때에만 우리는 고정관념에서 해방될 수 있다.

진리가 없는 자유는 방종이 되지만 진리 안의 자유는 창조와 생명을 낳는다. 고정관념을 깨뜨리는 것은 단순한 반항이 아니다. 그것은 창조주 하나님을 닮아가려는 적극적인 순종이다. 고정관념에서 해방될 때 우리는 하나님 안에서 참된 자유를 누린다. 그리고 자연히 육신의 자유도 함께 찾아온다.

언제 어디서든 자유롭게 일하고 쉬며 어느 나라에 있든 시차에 얽매이지 않고 어떤 장소에서도 평안히 잠들 수 있다.

그러나 굳어진 습관을 깨는 일은 결코 쉽지 않다. 어쩌면 '죽음의 경지'에 이르러야 가능한 일일지도 모른다. 그래서 많은 연습과 훈련 그리고 의식적인 반전의 실천이 필요하다. 익숙한 길 대신 낯선 길을 걸어보고 늘 하던 방식 대신 '반대로' 해보는 작은 실천에서부터 시작할 수 있다.

하나님은 지금도 새 일을 행하신다.

"보라, 내가 새 일을 행하리니 이제 나타낼 것이라."

(이사야 43:19)

하나님이 새로운 일을 행하시는데 우리가 옛 사고방식에 머문다면 그분의 계획에 동참할 수 없다. 그러므로 오늘 우리는 이렇게 기도해야 한다.

"주님, 내 생각의 틀을 깨뜨려 주옵소서. 세상이 정한 패턴보다 주님이 주신 리듬으로 살게 하소서."

아침이든 밤이든 일하든 쉬든 어디에 있든 하나님이 주신 창조의 자유 속에서 매 순간 새로움을 누리는 것 그것이야말로 진정한 믿음의 삶이 아닐까.

05. 쳇병

허상과 진실 사이에서

세상은 지금 온통 '쳇병'에 물들어 있다. '쳇병'이란 말은 억지로 만든 말이지만 '체하는 병'이라는 의미다. 본래 위장이 음식을 소화하지 못할 때 '체한다'고 표현하듯 마음이 진실을 소화하지 못해 겉으로만 번드르르한 채 허상을 좇는 것이 바로 이 '쳇병'이다.

이 병의 특징은 명확하다. 자신의 실제보다 더 나아 보이려 애쓰는 것이다. 못난 자는 잘난 체하고 무식한 자는 유식한 체한다. 학력이 낮은 사람은 많이 배운 사람인 양, 돈이 없는 자는 부자인 체하며 외모가 부족해도 온갖 치장으로 멋있는 척한다. 허세와 과장이 일상이 되어버린 세상 속에서 사람들은 서로가 서로를 속이며 끝내는 자신까지도 속이고 살아간다.

하지만 더 큰 문제는 이 쳇병이 교회 안으로까지 깊숙이 스며들었다는 데 있다. 교회는 본디 하나님의 진리 앞에 나를 비추는 정직한 거울이어야 하는데 어느새 **'거룩한 체', '기도 많이 하는 체', '사랑하는 체'하는 허위의 무대**가 되어버렸다. 신앙의 외형은 있으되 내용이 없고 경건의 형식은 있으되 능력은 없다. 문제는 정작 본인들이 모른다는데 있다.

성경은 이런 모습을 분명히 경고한다.

> "경건의 모양은 있으나 경건의 능력은 없는 자니 이런 자들에게서 돌아서라." (디모데후서 3:5)

쳇병에 걸린 신앙인은 입술은 주를 높이지만 마음은 세속의 욕망으로 가득하다. 예배는 드리지만 중심은 하나님께 드려지지 않는다. 찬양은 부르지만 영혼은 고요하지 않고 기도는 길지만 진정한 회개는 없다.

쳇병은 사람을 약하게 만든다. 남에게 잘 보이려는 허위의 무게가 너무 무겁기에 진짜 자기 자신과 직면하는 것을 두려워하게 만들기 때문이다. 쳇병은 한 개인의 문제가 아니라 공동체 전체를 병들게 만드는 감염성 높은 병이다.

그동안 살아오며 수많은 쳇병의 현장을 목격해왔다. 예배당에서는 기도 열심히 하고 찬양도 잘 부르지만 예배 후에는 서로 험담하고 직분자임을 내세워 권위를 주장하는 이들, 외모에만 집착하며 그럴듯하게 포장된 신앙의 껍질들. 이 모든 것들이 진실과는 거리가 먼… 체하는 신앙의 모습이었다.

예수님께서도 이런 사람들을 가리켜 "외식하는 자"라 부르셨다. 그들에 대한 책망은 단호하고도 날카로웠다.

> "화 있을진저 외식하는 서기관들과 바리새인들이여 회칠한 무덤과 같으니 겉으로는 아름답게 보이나 그 안에는 죽은 사람의 뼈와 모든 더러운 것이 가득하도다." (마태복음 23:27)

3부 / 변화의 동력, 나의 인생

그들은 경건해 보였지만 실상은 죄와 위선으로 가득한 무덤 같았다. 말로는 하나님을 부르짖었지만 그 삶엔 사랑도, 긍휼도, 진실도 없었다.

어릴때 부터 아버지는 "배울수록 겸손해야 한다. 벼 이삭이 익으면 고개를 숙이고 쭉정이는 언제나 고개를 들고 있다"고 늘 말씀하셨다. 이 말은 삶에 교훈 이상의 가치였다.

학창 시절부터 허세와는 거리가 먼 삶을 살았다. 물론 돈도 없었지만 군복에 검은 물을 들인 낡은 바지를 입고 다녔고 머리는 장발로 어수선하게 다녔으며 신발은 고무신을 즐겨 신었다. 잘 차려입는 것보다 중심이 진실하길 원했다. 사람들은 차림을 보고 조롱하거나 피하기도 했지만 꿋꿋이 걸었다. 왜냐하면 내 신념은 "사람이 외모를 보거니와 여호와는 중심을 보시느니라"(사무엘상 16:7)는 말씀 위에 세워져 있었기 때문이다.

이런한 신념에서 나오는 태도는 첫 사회생활에서도 변함이 없었다. 대기업에 입사하며 겉치레보다는 내면을 쌓는 일에 집중하였다. 어그러진 나의 모습에 여직원들은 무서워하거나 피했던 경우도 있었다. 하지만 결국 세월이 흘러 나의 진심이 닿았고 신뢰감은 더욱 쌓이게 되었다. 내면을 본다는 것은 아주 오랜 시간, 세월이 필요하다. 따라서 때로는 오해를 받는 경우가 많다. 내가 작곡한 '그날이 오면'이라는 가사에 보면 '그날이 오면 오해도 사라지고 그날이 오면 변명도 사라지고'라는 대목이 있다. 하나님께서 오해와 변명도 마침내 모두 씻어줄 것이라는 믿음으로 쓴 것이다.

사회생활에서 뿐 아니라 결혼을 준비할 때도 중심을 보려고 노력했다.

소개받은 여러 사람 중 화려한 장신구와 말투, 외형 중심의 태도를 가진 사람들에게는 마음이 가지 않았다. 또한 값비싼 경양식집에 가자고 하는 사람은 더 이상 만나지 않았다. 늘 회사에서 주는 점퍼를 입거나 허름한 모습으로 소개팅에 나갔다. 지금 생각하면 객기라고 할 만큼 평범하지 않고 지나친 행동이라고 생각 하지만 그때는 나름의 소신과 진심이었다.

쳇병은 결국 자기를 파괴하는 병이다. 자기 자신을 과장하고 속이다 보면 결국 자신의 정체성조차 잃고 방황하게 된다. 마음속 허상을 지우지 못한 사람은 끝내는 진실한 사랑도 진정한 공동체도 누릴 수 없다.

쳇병은 감정의 사치가 아니라 영혼의 파탄이다. 우리는 이 병을 경계해야 한다. 하나님 앞에서 진실하고 사람 앞에서 겸손할 때 신앙은 비로소 생명을 가진다.

> "하나님은 교만한 자를 물리치시고 겸손한 자에게 은혜를 주시느니라." (야고보서 4:6)

오늘도 묻는다. "나는 과연 체하고 있지 않은가? 진실한 내 모습으로 하나님 앞에 서 있는가?" 그리고 다짐한다. 거짓의 껍데기를 벗어버리고 겸손과 진실이라는 본질의 옷을 입는 삶. 그것이 하나님께서 기뻐하시는 참된 신앙인의 길임을 결코 잊지 않으려 한다.

06.
믿는 자의 특권

참 자유 안에서 누리는 창조

사도 바울은 "나는 비천에 처할 줄도 알고 풍부에 처할 줄도 알아 모든 일 곧 배부름과 배고픔과 풍부와 궁핍에도 처할 줄 아는 일체의 비결을 배웠노라"(빌립보서 4:12)라고 고백했다.

짧지만 강력한 이 한 문장은 믿는 자가 누리는 특권을 압축해서 보여준다.

환경이 어떠하든 중심을 지키는 힘. 형편이 바뀌어도 마음이 흔들리지 않는 자유.

오래전부터 **믿는 자의 특권이란 부하여도 자랑하지 않고 가난하여도 비굴하지 않는 것**으로 생각해 왔다.

아이들이 초등학교에 다니던 시절 우리 가정은 전세 1,750만 원짜리 반지하에 살았다. 창문 밖으로는 사람들의 발만 보였고 장마철이면 눅눅한 냄새가 방 안에 스며들었다. 습기 찬 시멘트벽에 곰팡이가 스밀 때마다 형편없는 처지지만 마음마저 주저앉을 수는 없다고 스스로 다짐하곤 했다. 사슴이 쓰러질 때조차 자태를 잃지 않듯 삶의 품격을 지키고 싶었다.

아이들에게 말로만 가르칠 수 없다고 생각했다. 그래서 행동으로 보여주려 했다. "형편이 어렵더라도 마음은 꺾이지 않는 법"이라는 것을 일상 속에서 살아내고 싶었다. 아이들이 방과 후 집으로 돌아올 때 그들의 눈빛에서 부끄러움 대신 당당함을 보이게 하고 싶었다. 가난은 결코 우리의 인격을 깎아내릴 수 없으며 오히려 영혼을 단련하는 불길이 될 수 있음을 알려주고 싶었다.

2000년 4월 1일, 그 반지하 방에서 작은 꿈을 시작했다. 전화기 한 대, 팩스기 한 대뿐인 그 소박한 장비가 우리의 전부였지만 그 위에 하나님을 향한 믿음을 얹을 수 있었기에 부족하지 않았다. 담임목사님과 아내와 함께 드린 조촐한 창립 예배가 그 첫걸음이었다. 회사 이름은 '빛나인터내셔널'. 환경사업을 한다고 목사님께 사업 취지를 말씀드렸으나 지금 돌이켜 보면 목사님이 볼 땐 참으로 무모하고 어설퍼 보였을 것이다.

우선 생활을 위해 중소기업 경영컨설턴트로 활동하며 한국표준협회와 중소기업연수원에서 강의를 병행했다. 수입은 넉넉하지 않았지만 단 한 가지 포기하지 않은 것이 있었다. 바로 가족 해외선교 여행이었다. 사람들은 "형편도 어려운데 무슨 해외냐"라고 말하기도 했다. 하지만 내게 그것은 단순한 여행이 아니었다. 믿음을 삶으로 가르칠 수 있는 현장이었고 아이들과 함께 주님의 마음을 나누는 귀한 시간이었기 때문이다.

우리는 융자를 받아 말레이시아와 태국으로 갔다. 그곳에서 자비량으로 선교 물품을 준비해 어린 자녀들과 함께 나누었다. 그 길은 여행이면서 동시에 선교였다. 무엇보다 그것은 우리의 삶이 주님의 손에 있다는 고백의 표현이었다.

그때 주님이 **주신 가장 큰 선물은 돈이 없어도 전혀 꿀리지 않는 영성**이었다. 세상은 끊임없이 '얼마를 가졌느냐'로 사람의 가치를 재단하지만 하나님은 그렇게 말씀하지 않으셨다.

"여호와는 나의 목자시니 내게 부족함이 없으리로다."
(시편 23:1)

이 말씀처럼 마음은 **형편에 상관없이 항상 당당**했다. 그래서 무엇이든 자신 있게 시도할 수 있었다. 부족함 없는 풍요는 통장의 숫자가 아니라 하나님의 손길에 자신을 맡기는 데서 오는 자유였다.

세월이 흘러 하나님의 은혜와 축복으로 경제적 여유가 생겼다. 그러나 가능한 한 예전의 생활방식을 지키려고 애썼다. 가정 중심의 삶, 의식주의 단순함, 사람 앞에서 무게를 잡지 않으려는 태도. 그것들이 오히려 더욱 자유롭게 했다. 주님의 말씀은 늘 마음을 붙잡았다.

"사람의 생명이 그 소유의 넉넉한 데 있지 아니 하니라."
(누가복음 12:15)

이 자유는 단순히 규제나 법에서 벗어나는 것이 아니다. 영혼이 사냥꾼의 올무에서 풀려난 상태다.

"우리 영혼이 사냥꾼의 올무에서 벗어난 새와 같이 되었나니 올무가 끊어짐으로 우리가 벗어 났도다." (시편 124:7)

그 말씀 속에서 내면의 고정관념과 아집이 무너지는 것을 경험했다. 그 자유는 전혀 새로운 눈으로 세상을 바라보게 했다. 늘 스스로에게 묻게 되었다.

"내가 하는 일이 옳은가? 내가 가는 길이 맞는가? 방향은 틀리지 않았는가?"

때로는 그 질문이 멈추게 했고 때로는 새로운 길로 나아가게 했다. 속박에서 풀려난 자유는 세상을 거꾸로 바라볼 용기를 주었다. 쪼개어 분석하고 다시 결합하며 새로운 가능성을 만들어내는 힘을 주었다. 그것은 단순한 기술이 아니라 참 자유인의 특권이자 하나님이 주신 특별한 선물이었다.

돌아보면 가난 속에서도 위축되지 않았던 당당함, 세상을 다양한 시선으로 바라보게 하신 창조적 자유, 이 모든 것은 스스로 만들어낸 것이 아니었다. 그것은 오직 하나님이 주신 특권이었다.

07.
나는 엄청난 변화주의자이다

신앙과 삶, 존재 전체를 바꾸는 영적 탈피의 여정

나는 스스로 엄청난 변화주의자이다. 더 정확히 말하자면 **변화를 통해 살아났고 변화를 통해 살아가고 있으며 변화를 통해 앞으로도 성장**하리라 믿는 사람이다.

대개 사람들은 크리스천이라고 하면 일정하고 고정적이며 보수적인 이미지를 떠올린다. 신앙이란 변하지 않는 진리를 지키는 일이고 교회는 세속적 변화에 흔들리지 않는 '안식처'로 여겨지기 때문이다. 종교는 본질상 전통과 보존의 무게를 지니며 신앙의 충실함은 곧 변화를 경계하는 태도로 해석되기도 한다. 그러다 보니 '변화'라는 단어는 신앙과 충돌하는 것처럼 느껴질 때가 많다.

하지만 그렇게 생각하지 않는다. **변화란 곧 본질을 향한 복귀이며 하나님께 더 가까이 가는 길**이다. 변화는 결코 진리를 흐리거나 신앙을 약화시키는 것이 아니라 오히려 **그 진리를 더 선명하고 강력하게 붙잡게 만드는 길**이다. 많은 크리스천이 '변화'와 '변질'을 혼동하지만 사실 이 둘은 전혀 다르다. **변질은 정체성과 본질을 잃는 것이고 변화**

는 본질에 도달하기 위한 과정이다. 그러므로 변화는 신앙의 핵심을 향해 가는 정직하고도 아름다운 여정이다.

신앙의 시작은 그야말로 '죽음 직전'의 항복이었다. 완전히 무너진 인생 한가운데에서 하나님 앞에 무릎 꿇고 두 손을 들고 외쳤다. "하나님 내 인생을 가져가십시오." 그 절박하고도 순전한 외침이 첫 신앙 고백이었다. 그 순간부터 비로소 다시 태어날 수 있었다.

기존의 나를 부정하고 싶었고 더 나은 나를 갈망했다. 그래서일까 변화를 통해 구원을 받았고 변화를 통해 하나님의 풍성한 은혜를 누리고 있으며 앞으로도 변화를 통해 하나님을 더 깊이 만날 것임을 확신한다.

예수님께서 첫 기적을 행하신 가나의 혼인잔치를 생각해 본다. 물이 포도주로 변한 사건은 단순한 화학적 전환이 아니다. 예수님과의 만남이 인간의 본질을 어떻게 바꿀 수 있는지를 상징하는 사건이다. 내 삶도 그와 다르지 않았다. 20살까지 부모와 사회로부터 주입받은 가치관과 습관, 두려움의 껍질 속에 갇혀 있었다. 그러나 21살 예수님을 인격적으로 만난 이후 완전히 다른 가치와 방향으로 전환되었다. 낡은 가죽부대를 찢고 새로운 포도주를 담는 전혀 다른 성격의 그릇이 되었다.

그 변화는 단순한 도덕적 각성이 아니라 삶 전체의 재정렬이었다. 인간관계, 시간 사용, 돈의 가치, 성공에 대한 기준, 인생의 방향까지 모두가 바뀌었다. 나 중심이 아닌 주님이 중심이 되었고 그 중심에서 흘러나오는 빛이 나의 존재를 다시 디자인하기 시작했다. 그리고 그 변화는 지금도 계속되고 있다. 신앙은 과거의 사건이 아니라 현재진행형의 삶이다.

성경은 변화의 이야기로 가득한 책이다. **예수님은 그 누구보다도 강력한 변화주의자**였다. 그는 당대의 고정관념을 깨뜨리셨고 율법의 틀 안에서 갇힌 자들을 자유케 하셨다. 안식일이라는 절대 불변의 규율 앞에서도 그는 밀 이삭을 자르며 제자들과 식사하셨고 병든 자의 손을 고치셨다. 그것은 단순한 율법 해석의 차원을 넘어 인간을 중심에 둔 본질 회복의 외침이었다.

예수님은 제자들을 부르실 때도 인간의 껍데기를 보지 않으셨다. 그들의 배경이나 학력, 성격, 지위보다도 순종의 가능성과 변화의 씨앗을 보셨다. 어부든 세리든 열심당원이든 상관없이 "나를 따르라"고 부르셨고 그들은 따라나섰다. 결과적으로 그들은 모두 하나님 나라의 일꾼으로 변화되었다.

그 원칙을 삶과 조직에서 실천하고자 했다. 그래서 우리 회사의 인재 등용 원칙에 '5 무시 원칙'을 고수한다. 즉 '학력 무시, 전공 무시, 경력 무시, 나이 무시, 성별 무시'이다. 외적인 조건이 아닌 내면의 가능성을 보고 사람을 세우는 것이 철학이다. 사람은 고정된 존재가 아니라 변화 가능한 존재이며 변화의 잠재력을 가진 존재이다. 그 가능성을 보는 눈이야말로 진정한 리더십이다.

사도바울을 생각해 본다. 예수 믿는 자들을 핍박하던 사울이 복음을 전하는 바울이 되기까지 그의 삶은 철저히 전복되었다. 회심의 순간 이후 그는 과거의 권위와 안락을 모두 내려놓고 순교의 길을 걸었다. 그는 자신이 '괴수 중의 괴수'였음을 고백하며 그 은혜에 합당하게 살고자 일평생 자신을 변화시켜 나갔다. 야곱도 마찬가지다. 약삭빠른 기질과 자기중심성으로 살아가던 그는 얍복 강가에서 하나님과 씨름

한 뒤 '이스라엘'이라는 새 이름을 얻고 하나님의 축복의 통로가 되었다. 변화는 이처럼 아픔을 동반하지만 그 아픔은 곧 하나님의 사람으로 빚어지는 재료이다.

매일 허물을 벗는 심정으로 산다. 매일 자아를 갈아엎고 새로워지기를 갈망한다. 어떤 이는 한 번도 자신을 벗지 못한 채 굳어진 생각과 낡은 습관 속에 갇혀 평생을 살고 어떤 이는 수십 번 스스로를 깎아내며 깊은 인생의 열매를 맺는다. 고통일지라도 허물을 벗는 자가 되고 싶다.

'변화는 반발을 수반한다.' 라고 평생 마음속으로 외쳐온 나도 **변화는 늘 불편하고 때로는 아프기도 하고 또한 종종 오해와 저항을 불러**온다. 그러나 그 고통의 자리에서야말로 새로운 나를 만날 수 있다. 변화는 살아있다는 증거이며 신앙이 식지 않았다는 징표이다. 변화는 곧 하나님의 음성에 민감하게 반응하고 있다는 반응이자 영혼이 성장하고 있다는 사인이다.

나는 변화주의자이다. 오늘도 변화를 꿈꾸며 변화 속에서 살아간다. 어제보다 오늘, 오늘보다 내일 더 하나님께 가까이 가기를 원한다. 더 사랑하고 더 낮아지고 더 비우기를 소망한다.

그러므로 오늘도 스스로에게 묻는다.

"지금 나를 불편하게 하는 것은 무엇인가?"

"오늘 내가 벗어야 할 허물은 무엇인가?"

그리고 묵묵히 다시 한번 허물을 벗는다.

나는 어제의 내가 아니다.

나는 변화를 택하는 사람이다.

나는 오늘도 새로워지는 강력한 변화주의자이다.

08.
목적 없는 일

소그리산과 속리산

1974년, 중학교 2학년 시절이다. 다니던 깡촌 중학교에도 시대를 앞서간 선생님들이 계셨다. 그중 한 분이 바로 영어 선생님이던 조○○선생님이었다. 어느 날 선생님은 한 미국인을 데리고 교실에 들어오셨다. 당시 시골 중학생들에게 영어의 본토 발음을 직접 들려주고자 했던 그 시도는 지금 돌이켜봐도 놀라운 열정의 표현이었다.

학생들 모두 긴장과 기대가 섞인 눈빛으로 미국인을 바라보고 있었다. 그 미국인은 우리가 배우던 영어 교과서에 나온 지명을 하나하나 읽기 시작했다. 문제는 "Sogri Mt."라는 표기를 읽을 때였다. 그는 연신 머뭇거리며 "소그리 마우틴? 수쿠리 마운틴?" 하고 어색하게 발음하며 선생님의 눈치를 살폈다. 교실에는 웃음이 터졌고 우리에겐 신기하고도 재밌는 광경이었다.

그러자 선생님께서 진지하게 말씀하셨다.

"교과서에 외국어 표기가 잘못되었다. 외국어 표기는 외국인한테 필요하기 때문에 외국 사람이 읽고 발음할 수 있도록 소리 나는 대로 표기하여야 한다."

그 한마디는 어린 나에게 큰 충격이었다. 그때까지 교과서를 오류가 없는 완벽한 문서로 생각하고 있었기에 "교과서도 틀릴 수 있구나"라는 사실이 참으로 충격적이었다. 그날 이후 길을 다닐 때마다 영어 간판을 유심히 보기 시작했다. 모두 한글 문자를 그대로 낱말 하나하나를 영어 발음으로 표기하는 한심함을 발견했다. 공무원들은 무식한 걸까? 영문 표기 지침을 왜 바꾸지 않을까? 한심한 생각도 들었다. 모두가 목적 없는 일을 하고 있었던 것이었다.

몇십 년이 흐른 후, '상록수역'이 'Sangroksu St.'에서 'Sangnoksu St.'로 바뀌어 있는 것을 보며 뿌듯한 감정을 느꼈다. 1974년에 문제를 인식한 한 소년이 수십 년을 기다려 마침내 제대로 된 표기를 보는 감격은 참으로 컸다.

이처럼 우리는 종종 목적 없이 일을 하거나 목적을 상실한 채 형식만을 따르는 경우가 많다. 그래서 무엇을 시작하기 전에 반드시 물어야 할 질문이 있다.

"이 일을 왜 하는가?"

"이것의 목적은 무엇인가?"

이 질문에 명확한 답이 있어야만, 그 일은 제대로 된 방향을 향해 나아갈 수 있다.

또한 **절차가 본질을 삼킬 때 문제**가 된다.

교회 내에서 이런 목적 상실의 현상은 빈번하게 일어난다. 각종 회의에서 "동의하십니까? 가하면 '예' 하십시오"라는 절차가 반복된다. 이런 형식은 법적 효력이 필요한 공동의회나 당회라면 의미가 있다.

하지만 단순한 부서 회의나 의견을 나누는 자리에서까지 일괄적으로 적용되면 오히려 의미없이 갈등의 불씨가 되기 쉽다.

정작 중요한 협의 사항은 제대로 논의되지도 못한 채 결국 회의는 회의록 형식만 남긴 채 끝나버린다. 더 이상 공동체를 위한 시간이 아니라 **누가 더 회의 절차를 잘 아는지를 겨루는 장**이 되어버리는 것이다. 아마도 과거에 선교사들이 한국에 왔을 때 한국 사람들이 회의 문화가 전혀 없는 유교문화권에서 약속을 쉽게 뒤집는 모습을 보고 이러한 회의 형식을 교육했으리라 추측하며 이해해본다. 하지만 100년이 지난 지금까지 불필요한 회의 절차를 버리지 못하고 그것을 보물처럼 생각하는 어른들이 참 애처롭기까지 하였다. 그들은 조직사회에서 간단한 양식 하나에 회의 내용을 적으며 회의를 마치는 실용적인 회의를 한 번도 접해보지 못했으리라.

어릴 적 제사 때 상차림 순서를 두고 싸우는 어른들을 떠올려 보라. 제사의 본질은 고인을 기리고 추모하는 것이다. 그러나 지역마다 가정마다 다를 수밖에 없는 제사의 순서와 절차를 두고 언성을 높이다 보면 본질은 실종되고 남는 건 고성밖에 없다. 오늘날 교회 안에서도 다르지 않다. **절차가 본질을 대체하고 형식이 목적을 지배하며 사람들은 그 틀에 얽매인 채 본질을 잊어가고 있다.**

예배의 목적은 하나님을 영화롭게 하는 것이다.

그러나 예배를 준비하고 진행하는 사람들 중에는 순서와 의전, 연습된 절차에만 몰두하다가 그 본질을 잃어버리는 경우가 많다. 예배를 돕는 안내자가 예배 시간에 왔다 갔다 한다든지 소리를 내며 분주하게 왔다 갔다 하는 모습은 예배의 중심을 흐트러뜨린다. 그것이 잘못

되었음을 인식하지도 못하고 그냥 '늘 그래왔으니까'라는 타성에 젖어 반복되는 현실은 더욱 안타깝다.

예배는 기계적이고 정돈된 프로그램이 아니다. 중심이 살아 있어야 하며 모든 참여자들이 하나님을 향해 영과 진리로 반응해야 진정한 예배가 되는 것이다.

하나님께 드리는 예배 행위가 형식으로 변질되었을 때 주님은 외면하신다. 예배의 본질은 외형이 아니라 내면의 진실함이다.

우리는 **목적 없는 열심보다 목적 있는 작은 실천이 더 중요**하다고 생각해야 한다. **목적이 없는 일은 열심히 하면 할수록 오히려 본래의 의미에서 멀어질 수밖에 없다.** 표면상으론 열정적이고 헌신적으로 보일지 모르지만 목적이 부재한 열심은 방향 없는 추진력일 뿐이다.

그러기에 교회는 모든 사역과 모임 회의와 결정에서 반드시 먼저 그 목적을 점검해야 한다.

회의는 무엇을 위한 것인가?

예배는 누구를 위한 것인가?

봉사는 어떤 영향력을 기대하는가?

교육은 어떤 영적 열매를 맺게 하는가?

하나님을 향한 분명한 목적이 있어야 하며 그 목적은 항상 형식보다 앞서야 한다. 형식은 목적을 달성하기 위한 수단일 뿐 결코 목적 그 자체가 되어서는 안 된다.

우리는 다시 본질로 돌아가는 길을 찾아야 한다.

오늘날 교회가 다시금 본질로 돌아가야 한다면 그것은 바로 "목적을 분명히 하는 것"에서부터 시작되어야 한다. '왜'라는 질문 없이 하는 모든 사역은 공허한 울림에 불과하며 사람을 만족시킬 수는 있을지 몰라도 하나님을 기쁘시게 하지는 못한다.

"Sogri Mt."는 단순한 오타 이상의 상징이었다.

"우리는 지금 무엇을 위해 이 일을 하고 있는가?"

"형식에 속고 있는 건 아닌가?"

"진짜 목적은 살아 있는가?"

무의미한 열심보다는 목적 있는 작은 실천이 하나님 나라를 더 빛나게 할 것이다. 그리고 그 길의 시작은 바로 '왜'라는 질문을 던지는 것에서 시작된다.

09.
약속과 책임

> 삶의 품격을 세우는 두 기둥

약속과 책임은 인간됨의 핵심을 이루는 덕목이다. 약속은 말의 무게요 책임은 행동의 무게다. 이 두 가지는 사람의 인격을 드러내며 삶의 품격을 결정짓는 기준이 되기도 한다. 특히 **리더에게 있어 약속과 책임은 신뢰의 토대이며 사람을 이끄는 내적 권위의 근원**이 된다. 사람은 입으로 세워지기보다 지킨 약속과 감당한 책임으로 존경을 얻는다.

"마음은 원이로되 육신이 약하도다" (마태복음 26:41)

이 말씀은 인간의 연약함을 품어주시는 하나님의 위로이자 사람에 대한 현실적인 상태 파악의 의미를 지니고 있다. 그러나 안타깝게도 많은 이들이 **이 말씀을 자기변명으로 혹은 자기 합리화의 도피처로 사용**하며 책임에서 도망치기도 한다. 약속과 책임은 본래 무겁다. 불편하고 때로는 억압처럼 느껴질 때도 있다. 그래서 인간은 본능적으로 책임을 회피하고 싶은 유혹에 빠진다. 하지만 바로 그 순간 우리는 사람됨의 진정한 실력을 보게 된다.

3부 / 변화의 동력, 나의 인생

30대 초반 직장생활 중에 미래에 대한 깊은 불안을 안고 있었다. 주변을 둘러보면 다들 묻는다. "언제까지 이 일을 할 수 있을까?", "언제 잘릴까?" 그러던 중 들려온 고등학교 친구 이○○의 소식은 작은 희망처럼 다가왔다. 그가 남원시에 있는 농공단지에서 획기적인 LED 전구를 개발했다는 이야기였다. 그것도 전력을 소비하지 않고 자체 발전이 가능한 전구라니 상상만 해도 놀라웠다.

학창 시절 조용하고 성적이 중상위권이었던 그 친구의 이미지를 떠올리며 '저 친구라면 믿을 수 있겠다'라는 판단이 섰다. 더군다나 김대중 정부 시절 벤처기업 육성을 국가적 과제로 삼던 때였기에 타이밍도 맞아 보였다. 직접 회사를 찾아가 설명을 들었다. 초절전형에다가 정전기와 자기장을 응용한 기술이라고 했다. 반신반의하며 "열역학 제1 법칙에 위배되는 것 아니냐 이게 가능하다면 노벨상감 아니냐?"라고 물었지만 그는 기술상 비밀이라며 자세한 설명은 어렵다고 했다.

확신은 없었지만 불안한 미래를 돌파하고 싶은 욕망과 친구에 대한 신뢰가 결정을 앞당겼다. 2,000만 원을 투자했다. 1년 안에 코스닥에 상장될 예정이라 했고 기대수익은 수십 배에 이를 수 있다는 이야기였다. 설령 그렇게 되지 않더라도 두 배만 돼도 좋겠다는 생각으로 계약서를 썼다.

집으로 돌아와 형에게 조심스럽게 제안했다. 평소 신중했던 형은 잠시 생각하더니 "나는 패스할게"라며 정중히 거절했다. 이해했다. 형은 이미 대기업에 다니며 안정적인 삶을 추구하고 있었으니까. 이어서 남동생에게도 전화했다. "형 믿고 투자할게"라는 말에 나는 곧바로 "아니다. 나 믿고 투자하면 안 된다. 사실을 전달했을 뿐이고 최종 결정은 네 몫이다"라고 분명히 했다. 책임의 전가는 형제지간에도 피해야 할 일이었다. 동생은 고민 끝에 2,000만 원을 투자하기로 했다.

당시 교회에서 아내를 유별나게 따르던 청년 양○○도 투자에 참여했다. 1,000만 원이었다. 세 명이 투자한 총액은 5,000만 원. 그 무게를 밤마다 느꼈다. 몇 달이 지나고 결국 그 회사가 코스닥 상장은커녕 자금난에 허덕인다는 소문이 돌기 시작했다. 친구에게 전화를 하니 급한 숨을 몰아쉬며 말했다. "1,000만 원은 우선 돌려줄게 나머지는 조금만 기다려줘." 그 말에서 이미 불신의 그림자가 짙게 드리웠다.

고민 끝에 그 1,000만 원을 내 동생에게 돌려주라고 했다. 나머지 금액은 결국 회수되지 못했다. 그러나 놀랍게도 동생과 양○○ 청년은 한마디 원망도 하지 않았다. "형, 괜찮아요. 내가 판단하고 내가 결정한 일이에요. 내 책임이에요." 그 말이 나를 더욱 괴롭게 했지만 동시에 감사했다. 결국 마음 깊은 곳에서 그들에게 진 빚을 오래도록 간직했다.

25년이 흘러 몇 해 전 나는 그 두 사람에게 각각 1,000만 원을 송금했다. 동생은 "형, 그럴 필요 없어"라 했고 양○○ 권사도 "장로님, 그건 제 판단이었는걸요" 하며 미안해했다. 결국 내가 투자한 2,000만 원과 이 두 사람에게 보전해 준 2,000만 원을 합하여 4,000만 원을 손해 보았다. 그러나 그것이 단순한 금전 문제가 아니라 내 마음속 약속과 책임의 문제였다고 설명했다. 금액의 문제가 아니라 삶을 살아가는 태도의 문제였다. 그 뒤 양○○권사는 내 주변에 그러한 장로님이 있다는 것이 너무 자랑스럽다고 이야기하곤 한다.

사람은 자신의 말에 책임질 때 진짜 성숙해진다. 그리고 시간이 흐른 뒤라도 그 책임을 감당할 줄 알 때 신뢰는 다시 세워진다.

최근 막내 여동생을 만났을 때 어머니 이야기를 들었다. 올해 아흔이 된 어머니가 무더운 여름 시골 수박밭에서 일당을 벌어 90세 된 기념으로 시골교회 마이크 시스템 교체를 위해 70만 원을 헌금하셨단다. "이제 헌금했으니 더는 일 안 나가도 되겄다."라는 말씀이 얼마나 담담하면서도 감동적인지 눈물이 났다. 70이 넘어 늦게 명예 권사가 되신 어머니는 지금도 수요예배, 목장 예배, 100일 작정 예배까지 한 번도 빠지지 않으신다. 자식들이 방문해 있어도 예배는 결코 양보하지 않으신다. 그런 어머니가 존경스럽고 장로인 내가 오히려 부끄러울 때가 많다.

우리는 자녀들에게 어떤 삶을 보여주고 있는가? **약속을 지키는 태도, 책임을 회피하지 않는 자세**, 그리고 **신실함을 말로만이 아니라 삶으로 증명**하고 있는가? 아니면 말만 무성한 잔소리꾼으로 남아 있는가?

우리가 자녀에게 물려줘야 할 최고의 유산은 정직한 품격이며 말에 책임지는 삶이다. 그것은 말보다 오래 남고 돈보다 더 강한 유전자가 되어 자녀의 인생에 내면의 기둥을 세운다.

"충성된 자를 누가 만날 수 있으랴." (잠언 20:6)

말의 충성은 약속을 지키는 데 있고 삶의 충성은 책임을 감당하는 데 있다. 우리 모두 이 시대에 충성된 사람으로 살아가기를 소망한다. 삶의 끝자락에서 "나에게는 신뢰할 수 있었던 삶의 증거가 있었다."라고 말할 수 있도록 말이다.

10.

사고파괴 자녀교육

인간은 하나님의 창조적 형상을 따라 지음 받았기에 창의적인 존재로 살아가도록 부름 받았다.

참된 지혜는 단지 지식이 아니라 창의적이고 분별 있는 사고를 통해 얻어진다는 생각을 가지고 있었기 때문에 지혜로운 자녀로 양육하기 위한 교육은 처음 아빠가 된 나에게는 절체절명의 숙제였다.

자녀교육에는 왕도가 없다. 그렇기 때문에 어디 가서 자식 자랑 할 것도 없고 자랑해서도 안 된다. 자식은 우리가 보는 것이 끝이 아니기 때문이다. 교육은 방향이지 결과가 아니다. 아직도 가고 있는 여정이기 때문에 '잘했다'라거나 '실패했다'라는 평가는 의미가 없다.

아빠가 되며 고민 끝에 실천한 독특한 실험을 자녀교육에 쏟았기 때문에 지금까지의 실험에 대해 조심스럽게 소개해보려 한다. 자랑이 아니라 회고이며 성공이 아니라 실험의 기록이다.

결혼 – 시작부터 다르게

나는 뜨거운 사랑을 해본 적이 없다. 정서가 메말라서인지 너무 이성적이고 계산적인 인간이어서 그런지 여하튼 결혼도 뜨거워서 한 것이 아니고 '이쯤 되면 해야 하는가 보다' 해서 엉겁결에 하게 된 것이다.

그러나 그 와중에도 신앙은 나침반이 되어 주었다. 결혼 전, 목사님들의 조언을 따라 결혼 상대에 대한 기도를 구체적으로 하기 시작했다. 나름대로 기준을 만들었고 그것에 충실히 기도했다.

- 크리스천일 것, 특히 나보다 믿음이 더 좋을 것
- 사치스럽지 않을 것
- 성격이 푹 익힌 호박 같을 것 (누르면 누른 대로 눌려 있고 다시 튀어 나오지 않을 것)
- 외모로 사람을 판단하지 않을 것
- 냄새에 둔할 것 (나의 발냄새가 유독 강했기 때문에)

이 기도 제목에 따라 소개팅이나 선을 볼 때 일부러 거지 같은 복장을 하고 나갔다. 외모로 판단하지 않는 사람을 만나고 싶었던 것이다. 지금 생각하면 꽤 우스운 일이지만 그때는 비장했다. 나름대로 철학도 있었다. '내면이 충실한 자는 외면을 가꾸지 않는다.'라는 다소 극단적이고 강박적인 생각이었다.

세수는 매일 하지만 머리는 3일에 한 번 감는다든지 친구들이 버린 옷을 주워 입거나 내 돈으로는 한 벌에 1만 원 이하의 옷만 사 입는 생활을 고수했다. 외모를 가꾸는 것보다 내면의 지성을 키우고자 했다.

하지만 그런 나에게도 하나님은 은혜를 베푸셨다. 지금의 아내를 만날 수 있었던 것은 전적으로 하나님의 은혜였고 그 아내를 소개해 준

청년 때 만난 형님이자 목사님의 사전 정리작업(?) 덕분이었다. 지금 와서 나는 우스갯소리로 말하곤 한다. "하나님이 다 들어주셨는데 3번째 기도 제목만 빼고 들어주셨어요."

육아 및 교육 – 실험의 시작

결혼한 지 13개월 만에 아들이 태어났고, 그로부터 17개월 뒤 딸이 태어났다. 두 아이 모두 너무나 예뻤다. 인형 같았다. 그런 아이들을 어떻게 키울까 고민이 시작됐다. 부모님에게 배운 것도 없고 학교나 교회에서도 구체적인 자녀교육에 대한 지침은 들어 본 적이 없었다. "건강하게 키워야지.", "하나님이 주신 선물이야." 같은 말은 많지만, 어떻게 키우라는 구체적인 방법은 없었다.

체질적으로 막연한 것을 싫어했다. 실천할 수 있는 목표가 있어야 했다. 그래서 퇴근 후 야간에 '한국어린이선교신학교'에 입학했다. 남자는 혼자였다. 대부분 유치원 원장이나 목사 사모님들이었다. 그곳에서 '몬테소리 교육'을 1년간 배웠다. 몬테소리 교육의 핵심은 5감 교육이었다. 즉, 시각, 청각, 후각, 촉각, 미각의 5가지 감각을 수시로 경험하게 하는 교육이다. **7세 이전의 교육은 지식을 암기하는 것이 아니라 감각을 열어주는 창의력 교육이 되어야 한다는 것이다.**

그 가르침은 '이것이 답이다'라는 확신을 주었다. 아내와 상의했고 우리는 곧바로 자녀를 대상으로 실험적인 교육을 시작했다.

노는 게 공부였던 어린이 - 오감 교육의 실천

우리 아이들은 초등학교 때 결석이 많은 어린이였다. 아들의 생활기록부에는 '결석이 많은 어린이'라는 문장이 버젓이 적혀 있었다. 이유는 간단하다. '우등상보다 개근상이 더 중요하다.'라는 말을 너무 많이 들었던 나는 청개구리 기질을 발휘하여 '결석이 많은 아이가 더 잘 될 수 있다.'라는 것을 증명하고 싶었다. 그러나 그 안에 숨어 있던 진짜 이유는 오감 교육 때문이었다.

시각을 키우기 위해 여행을 갔고 청각은 음악을 통해, 미각은 다양한 음식 체험을 통해, 후각은 요리와 향기를 통해, 촉각은 찰흙과 레고 등 다양한 감각 놀이를 통해 자극했다. 주말은 예배로 바빴기 때문에 평일에 학교를 빠지게 하고 여행을 떠났다. 감나무 아래에서 감을 주워 먹고 바닷가에서 라면을 끓여 먹으며 들판을 뛰놀며 자유롭게 놀았다.

아이들을 가르치기보다 직접 경험하게 했다. 아이들이 음악을 좋아해 피아노와 바이올린을 배웠고 태권도도 했지만 모두 취미로만 접근했다. 성적이나 시험, 진도표 같은 말은 우리 집에서는 금기어였다.

중학생 - 실험의 결과가 드러나다

중학생이 된 아들은 어느 날 갑자기 말했다. "엄마 아빠의 교육정책이 맞는 것 같아요." 이유를 묻자, "초등학교 때는 꼴찌였는데 중학교 오니까 상위권이 되네요"라고 했다. 아이는 창의력 기반한 흥미로운 방식으로 성장을 증명하고 있었다.

공부는 여전히 시키지 않았다. 학교 갔다 오면 1시간 낮잠을 자고 나서 자유시간을 보냈다. 시험이 다가와도 잔소리를 하지 않았다. 그러던 어느 날 아들이 도덕 시험을 치르고 와서 화를 냈다. "착하게만 살면 되는 도덕 시험문제를 왜 이렇게 비비 꼬아서 문제를 내냐"고. 도덕이나 체육처럼 노력과 힘을 들여 외워야 하는 과목은 적응이 어려웠던 것이다.

중2 때, 저녁을 먹고 나서 아들이 물었다. "아빠, 대기권은 몇 개 층으로 나뉘어 있어요?" 나는 "대류권, 성층권… 그 외에는 배운지 오래되어 잘 기억이 안 난다."라고 답했다. 그러자 아들은 박수를 치고 활짝 웃으며 말했다. "와~~ 알았다! 어차피 나이 먹으면 다 잊어버릴 걸 뭐 하러 공부해요? 이제 공부 안 해도 된다~~~" 하며 좋아했다. (훗날 아들 결혼식 때 축가를 만들어줄 때 귀한 가사 자료로 사용함) 말문이 막혔다. 나중에 '공부는 지식보다 머리를 확장시키는 두뇌 훈련'이라고 설명했지만 이미 아이는 다른 방향으로 결론을 내리고 있었다.

고등학생과 유학, 그리고 또 다른 도전

아들은 인구 70만이 넘는 안산시의 중상위권 고등학교인 K고등학교에 입학했다. 이 도시에서는 그때까지도 고교입시 평준화가 이루어지지 않았기에 이 학교에 들어갔다는 사실만으로도 중학교 시절 아들이 중상위권 성적을 유지했다는 것을 짐작할 수 있었다. 성적표를 꼼꼼히 들여다보는 부모는 아니었지만 어느 정도 아들의 위치는 알 수 있었던 것이다.

하지만 고등학교 1학년 중간고사 무렵 갑작스러운 일이 벌어졌다. 어느 날 시험을 보던 중 아들이 교실에서 뛰쳐나왔다. 얼굴은 창백했고 머리를 부여잡으며 극심한 두통을 호소했다. 급히 고려대 병원에 입원시켜 정밀 뇌파검사를 비롯한 여러 검사를 진행했더니 '심한 스트레스성 편두통'이라는 진단이 내려졌다.

아들과 마주 앉았다. 조심스럽지만 단호하게 말했다.

"공부가 인생의 전부는 아니야. 꼴등을 해도 괜찮아. 아프지 말고 학교는 편하게 다니면 돼. 건강이 가장 중요하단다."

아들은 다시 학교에 나가기 시작했다. 하지만 매일 밤 10시가 넘어서야 야간 자율학습을 마치면 피곤한 몸으로 귀가했다. 우리 부부는 늘 저녁 일찍 잠드는 편이었기에 아들이 집에 돌아올 무렵이면 이미 깊은 잠에 빠져 있을 때가 많았다. 자식의 인생보다 부부 자신의 인생이 더 중요하다고 생각하며 살아온 터라 아이에게 유난스러운 관심을 가지지 않았던 것이 사실이다. 하지만 상황은 다시 심각해졌다. 아들이 또다시 스트레스를 호소하며 괴로워했다.

중학교 2, 3학년 무렵부터 우리나라 교육 시스템에 대해 의문을 품기 시작했던 아들은 종종 우리 부부와 또는 친구들과 교육에 대해 열띤 토론을 하곤 했다. 그는 음악을 전공하고 싶은 학생이 굳이 물리나 생물을 공부해야 하는 현실이 부당하다고 주장했다. 예술을 하고 싶은 사람 모두에게 동일한 커리큘럼을 강요하는 것은 시간과 에너지의 낭비라는 것이 그의 논리였다. 그리고 그런 생각은 학교에서의 생활을 점점 더 힘겹게 만들고 있었다. 음악을 공부하겠다는 아들은 다른 과목들을 공부한다는 게 일종의 낭비라고 확신한 것이다.

결국 우리는 학교로 찾아가 담임선생님과 면담했다. 젊은 남자 선생님이었던 그는 진심을 다해 우리에게 이야기했다.

"제 친구도 음악 공부하러 독일까지 갔어요. 그런데 지금은 대리운전하고 있어요. 지금처럼 열심히 공부할 수 있는 시간이 가장 행복하다는 걸 나중엔 아이가 알게 될 겁니다."

선생님의 말씀은 분명 진심이었고 아이를 위한 마음이라는 것도 알 수 있었다. 하지만 우리는 결정을 내렸다.

"죄송합니다. 우리 아이는 오후 6시 정규수업까지만 학교에 머물겠습니다. 이후엔 보내주세요."

선생님은 당혹스러워하면서도 "지금까지 야간 자율학습을 안 빠지게 붙잡아달라는 부모님은 많았지만 오히려 보내달라고 한 부모는 처음입니다"라며 고개를 끄덕이셨다. 그날 이후 아들은 오후 6시가 되면 조용히 가방을 챙겨 혼자 귀가하게 되었다.

아들은 재즈기타를 배우고 싶다고 했다. 우리는 선생님을 초빙해 집에서 일주일에 세 번 과외를 시작했다. 악보를 읽고 손가락을 움직이며 소리를 만들어내는 아들의 모습은 진지했고 그 속엔 어떤 해방감 같은 것이 깃들어 있었다. 예술이라는 세계는 참으로 고독하고 또 인간으로서의 한계를 느끼게 하는 여정이라는 것을 알고 있었다.

스스로 교육관과 자녀관에 대해 깊이 성찰하게 되었다. '하나님이 주신 달란트를 거스르지 말아야 한다. 돈이 인생의 전부는 아니다. 미래는 돈이 아니라 가치로 판단되는 시대가 올 것이다. 그러니 자녀들이 청소년기에도 아름다운 삶을 누리게 하고 어른이 되어서는 자신이 원하는 일을 하며 즐겁게 살아가야 한다.' 이것이 그동안 삶의 지론이었기 때문이다.

그러나 이율배반적으로 아들을 설득하려 했다.

"음악은 취미로 하는 게 좋지 않겠니? 음악이 직업이 되는 순간 음악이 음악이 아닐 수도 있어."

그러자 아들이 조용히 말했다.

"그 대신 저를 외국 학교로 보내주세요. 한국에서 공부하면…, 정말 미칠 것 같아요."

우리는 결국 기도했다. 사업을 막 시작한 시기였기에 경제적으로도 여유가 없었지만 우리의 경제활동의 목적이 무엇이었던가? 결국은 자녀들의 미래를 위한 것이 아니었던가. 우리는 결단했고 아들은 단신으로 호주의 동부지방에 있는 아름답고 한적한 도시 퍼스로 떠났다. 감사하게도 믿음직한 선교사님이 가디언 역할을 해주셨다.

그로부터 석 달 뒤 딸도 호주로 보내게 되었다. 중학교 2학년이던 딸 역시 음악에 관심이 깊었고 킹스웨이 컬리지에서 고등학교 2학년까지 지내다가 음악을 더 잘 가르친다는 처치랜드 하이스쿨로 옮겨 고3을 마쳤다. 그녀는 스스로 음악의 꿈을 구체화해 나갔다. 본인들의 선택을 존중했던 것은 옳은 선택이었다.

말도 잘 통하지 않는 낯선 땅에서 부모도 없이 스스로를 책임지며 고군분투한 그들의 이야기를 들으며 우리는 아이들의 성장을 진심으로 느낄 수 있었다.

이는 자기 분깃을 먼저 달라는 탕자에게 자율적인 선택(심지어 잘못된 선택)을 할 수 있도록 허용하는 아버지의 모습과 이후 아들이 후회하고 스스로 돌이켜 돌아왔을 때 기쁜 마음으로 받아들이는 모습을 통해 자녀에게 결정권을 주되 그들이 언제든 돌아올 수 있도록 사랑과 인내로 기다리는 부모의 태도가 어떤 것인지를 잘 나타내고 있다.

또 다른 도전, 대학 진학

"각각 자기의 짐을 질 것이라" (갈라디아서 6:5)

고등학교를 졸업한 아들이 대학 진학을 고민할 시기가 왔다. 호주에서 졸업했으니 당연히 호주 대학으로 진학하는 것이 일반적인 흐름이었다. 유학생이라는 이유로 호주 내에서는 입시에 유리한 점이 있었다. 하지만 우리 부부는 다시 고민 끝에 제안을 하나 건넸다.

"미국에서 대학을 다녀보는 건 어떻겠니?"

호주에서 미국 대학으로의 직행은 쉽지 않았다. 입학전형이 달랐고 아들은 미국 유학을 위해 특별히 준비한 것도 없었다. 하지만 미국의 2년제 컬리지에 입학하면 비용도 절감할 수 있고 성적이 우수하면 명문대 편입의 길도 열릴 수 있었다.

"호주에서 편하게 대학을 다닐 것인지 아니면 미국에서 한 번 더 도전을 감수할 것인지 네가 선택해 보렴."

아들은 한 달의 숙고 끝에 미국에 있는 대학을 선택했고 샌프란시스코의 디아블로 밸리 컬리지(Diablo Valley College, DVC)에서 새로운 도전을 시작했다. 그리고 결국 그는 버클리 대학으로의(UC Berkeley) 편입에 성공했다. 물론 로스앤젤레스 대학(UC LA)과 샌디에이고 대학(UC San Diego)도 모두 합격했지만 그래도 가장 명문인 버클리 대학(UC Berkeley)

을 선택한 것이다. 우리는 어느 대학을 목표로 삼고 기도하지는 않았다. 다만 성실히 최선을 다한 후 결과에 순응하는 것이 순리라 믿고 살았을 뿐이다. 아들이 전 과목에 A 학점을 받았다는 사실도 나중에야 알았다. 오직 하나님의 은혜였다.

딸 화음이도 고등학교를 졸업한 뒤 귀국하더니 버클리 음대에 가고 싶다고 했다. 하지만 딸아이는 먼저 제주도 열방대학의 DTS 선교 훈련에 자원했고 국내외 선교 훈련학교를 1년에 걸쳐 마친 뒤 본격적인 입시 준비에 들어갔다. 딸은 뚝심이 강한 아이였다. 어릴 적 교육목적으로 손들고 있으라는 벌을 주면 3시간도 거뜬히 버티던 아이였다. 내가 먼저 손을 내리라 해도 요지부동이라 결국 내가 먼저 포기한 적이 한두 번이 아니었다.

이런 성격을 가진 딸아이는 결국 혼자 보스턴에 가서 입시를 보았고 4개월 뒤 당당히 합격 통보를 받았다. 지금은 구글에 근무하는 사위와 함께 두 딸을 낳고 사랑이 넘치는 가정을 이루며 행복하게 살고 있다.

지혜롭고 승부욕까지 있는 아들은 5년전부터 경영 후계자 수업을 성실하게 하고 있으며 지혜롭고 이쁜 아내를 맞아 아들을 낳고 행복의 여정을 시작하고 있다.

이것이 우리의 자녀교육이었다. 그 핵심은 우리 아이들에게 삶의 방향과 감각을 열어주는 데 집중했다는 사실이다. 점수보다 감각, 성적보다 가치, 입시보다 인생에 더 집중했던 실험이었다. 실패할 수도 있고 성공할 수도 있지만 최소한 우리는 아이들에게 스스로 살아갈 수 있는 힘을 길러주기 위해 최선을 다했다. 그리고 그것이면 충분하지 않을까. 일반적인 교육의 경로를 과감히 벗어나 창의와 신앙, 선택과 책임의 가치를 존중한 길. 그 여정은 우리 가족 모두에게 도전이자 은혜였으며 지금도 '완성되지 않은 실험'으로 남아 우리 삶의 이야기를 새로 써 내려가는 원동력이 되고 있다.

11.
나는 야미가 좋다

정식이 아닌 길에서 피어난 삶의 이야기

"사람은 외모를 보거니와 나 여호와는 중심을 보느니라."
(사무엘상 16:7)

'야미(闇)'. 일본어로는 '어둠'을 뜻하지만, 속어로는 '비공식적' '비정통' '뒷거래' 같은 뉘앙스로 사용되며 종종 '야매'라고 불리기도 한다. 일반적으로 부정적인 느낌을 시사하는 단어지만 공식적이지 않은 제도 바깥의 방식이라는 부분만 떼어 놓고 생각한다면 누가 뭐래도 야미를 좋아한다. 아니 솔직히 말하자면 야미를 사랑한다. 그리고 돌이켜보면 야미 같은 인생을 살아왔다. 무엇 하나 정식으로 시스템 속에서 순서대로 배워본 적이 없다. 어쩌면 인생 자체가 야미 그 자체였나.

우리 세대 대부분이 그러했듯이 자라던 시절은 지금처럼 배우고 싶다고 마음만 먹으면 무엇이든 접근할 수 있는 시대가 아니었다. 배움은 곧 돈이었고 돈은 곧 기회였다. 하지만 가진 게 없어도 살아야 했고 배우지 않고는 살아낼 수 없었다. 그래서 우리는 머리보다 몸으로, 책보다 경험으로, 교실보다 현장에서 배웠다. 이게 바로 야미다. 정식으로는 안 되었지만 그래도 배웠고 때로는 더 깊이 체득했다. 남들이 대단하다고 생각하지 않는 방식으로 내 길을 개척해 왔다.

　탁구도 야미로 배웠다. 라켓 하나 들고 무작정 구장으로 찾아갔다. 배드민턴도 족구도 마찬가지였다. 누구에게 하나하나 배운 것도 아니고 기술을 체계적으로 익힌 것도 아니다. 그냥 보고 흉내 내고 맞아가며 익혔다. 몸이 기억하게 만들었다. 그래서 아주 잘하진 못해도 제법 한다. 함께 운동하는 사람들과 어울릴 정도는 된다.

　언어도 마찬가지였다. 영어도 일본어도 학원 한 번 다닌 적 없었다. '스스로' 배웠다. 교재 하나 들고 입으로 중얼중얼 외우고 귀로 듣고 따라 하며 돈 한 푼 들이지 않고 익혔다. 영어 회화는 하루에 3시간 정도 10여 년간 카세트테이프로 듣기를 반복했다. 일본어를 습득한 방법은 영어를 습득한 방법과 조금 달랐다. 당시 일본어는 비즈니스 세계로 들어가는 열쇠가 되었다. "엔지니어가 되려면 일본어는 무조건 해야 된다."는 선배들의 충고에 "왜 우리를 36년 동안 식민지로 괴롭혔던 왜놈 말을 배워야 합니까?"라며 심하게 반발했었다. 이 또한 그동안 가졌던 고정관념의 폐해였던 것이다. 하지만 S그룹에 입사하여 보니 함께 일하는 엔지니어들의 상당수가 일본인이었기 때문에 자의 반 타의 반으로 일본인들에게 말부터 배워야 했다. 물론 고등학교 때부터 즐겨 쓰던 한문 실력이 큰 도움이 되었던 것은 사실이다. 야미로 배웠다. 독학의 한계는 확실하게 있다. 그러나 그 속에는 분명한 생명력도 있다.

　하모니카와 기타, 이 두 악기도 모두 야미로 익혔다. 악보도 모르고 음계도 모른 채 손가락을 따라 움직이기 시작했다. 어느 날엔가 자연스럽게 소리가 되었다. 가끔 사람들은 내 기타 주법을 보고 고개를 갸웃한다. "그렇게 연주하면 안 되지 않나요?" 묻는 이도 있다. 하지만 속으로 말한다. '당신은 당신대로 연주하고 나는 나대로 연주한다. 그러는 당신은 나처럼 악보 없이 코드기호 없이 아무 노래나 연주 할 수 있나? 나는 그렇게 할 수 있어.'

심지어 아버지학교의 교육도 야매로 배웠다. 현재는 두란노 아버지학교만 남아 있지만 30년 전에는 주관하는 곳이 하나 더 있었는데 '좋은아버지재단'이라는 곳이다. 그곳에서는 수료 시에 운전면허와 비슷하게 만든 아버지 면허증을 주었다. 교육을 통해 배우는 것도 중요하지만 아이들과 함께하면서 삶으로 배우는 것이 더 중요하다. 실패하고 반성하고 기도하면서 다시 다짐하며 나아가는 것, 그게 진짜 교육 아닐까? 진짜 아버지학교는 가정이라는 현실 속에서 열리는 법이다.

사람들은 말한다. "음악을 전공한 사람이 작곡하는 것이 상식적인 일이지만 배우지 않는 사람도 진짜로 작곡할 수 있는 거였어?" 그럴 때마다 나는 대학 시절 성경 공부 모임에서 들은 간사의 말을 떠올린다. "시베리아에서 포도 한 번 먹어보지 못한 사람이 포도로 박사학위를 받았다고 해보자. 그리고 평생 포도밭에서 포도를 키우고 맛본 농부가 있다고 가정하자 과연 누가 포도를 더 잘 아는가?" '성령도 그렇다. 신학을 학문적으로만 연구한 사람보다 기도하다가 진짜로 성령을 체험한 자가 성령을 더 잘 알 수 있다. 학문은 머리에 있지만 체험은 가슴에 있기 때문이다.

현실에서도 그런 경우를 수도 없이 봤다. 우스갯소리로 "표준협회엔 표준이 없고, 능률협회엔 능률이 없고, 영문과 출신은 영어 회화를 못 하고, 일어과 출신은 일본어를 못하고, 작곡과 출신은 작곡을 못 한다."라고 말하곤 했다. 사실 우리 세대에는 자기의 달란트에 맞춰 진학하는 것이 아니라 예비고사(학력고사) 점수에 맞춰 전공을 선택하는 일이 다반사였다. 전공과 직업을 삶의 질을 위한 도구보다 먹고 살기 위한 방편으로 삼았기 때문이다. 이렇게 달란트에 맞지 않는 전공을 택한 사람들이 사회에 나오면 그 전공을 살리지 못하는 경우가 태반이었다. 반면에 전공과 무관하게 현장에서 몸으로 부딪치며 익힌 사람들 중에는 오히려 진짜 실력자들이 많았다.

우리 회사에서도 마찬가지다. 기계설계를 위해 기계공학과 출신을 여러 명 채용했지만 결국은 환경공학과와 전기공학과 출신이 설계를 더 잘 해냈다. 지금도 우리 회사의 설계를 책임지는 사람은 환경공학을 전공한 사람이다. 오히려 기계설계과 출신들은 고정관념과 배워온 지식의 틀에서 벗어나질 못했다. 창의적인 능력을 가장 소중히 여기는 나는 그런 행태를 매우 싫어했다. 그래서 직원들에게 '우리회사 인력개발 5개 무시 원칙'을 자주 이야기해 왔다. 학력 무시, 전공 무시, 경력 무시, 나이 무시, 성별 무시. 중요한 건 지식보다 지혜이다. 당신이 진짜 할 수 있는지, 몸으로 익혔는지가 중요한 것이다.

> "그러나 하나님께서 세상의 미련한 것들을 택하사 지혜 있는 자들을 부끄럽게 하려 하시고, 세상의 약한 것들을 택하사 강한 것들을 부끄럽게 하려 하시며" (고린도전서 1:27)

사람들은 늘 자기 수준으로 상대를 평가한다. 자기 이해의 범위 밖에 있는 것을 인정하지 않을 뿐 아니라 오히려 틀렸다고 여기면서 자기가 알고 있는 것만이 세상의 전부라고 착각한다. '내가 지금 보는 것은 빙산의 일각도 안 될 것이다'라고 생각하면 저절로 겸손해진다. 빙산의 일각, 즉 나한테 보이는 것은 10%에 불과하다. 늘 마음속에 품고 있는 말이 있다. 돌아가신 아버지께서 어릴 적 귀에 못이 박히도록 하시던 말씀이다. "벼는 익을수록 고개를 숙인다." 그 말을 성경처럼 여기고 살아간다. 아버지의 지혜는 지금도 내 마음의 나침반이 되어 준다.

야미는 지식이 아니다. 야미는 체득이다. 몸으로 마음으로 익히는 것이다. 머리로 배우는 것이 아니라 살면서 익히는 것이다. 그것은 때로 정식 교육보다 깊다. 왜냐하면 그 안에는 피와 땀, 고통과 간절함, 그리고 진짜 간증이 있기 때문이다. 야미는 고독하다. 남들과 같은 길을 걷는 것이 아니기 때문이다. 그러나 그 길은 분명 강하다. 환경을 이겨낸 의지와 용기, 남들이 안 된다고 하는 것을 이뤄낸 고집이 그 안에 있다.

그래서 야미가 좋다. 공식의 틀 밖에서 비정통의 방식으로 자기만의 길을 묵묵히 걸어가는 야미 인생. 그것이야말로 진짜 실력이고 진짜 지혜며 진짜 인생이라고 믿는다.

12.

폼보다 본질을 좋아하는 나

'폼' 잡는 걸 별로 좋아하지 않는 성향은 꽤 오래되었다. 청소년 때부터 이어져 온 겉치레보다는 진심을, 포장보다는 실속을 더 중요하게 여기는 고집이다. 어쩌면 그 시절 주변 친구들과 어른들을 유심히 관찰하면서 생긴 감각인지도 모르겠다. 말만 번지르르하고 폼만 잡는 사람들을 보며 그 안에 깊이나 실력이 없다는 걸 본능적으로 느꼈다. 그리고 깨달았다. 말과 행동이 다르고 겉과 속이 다르면 그건 오래가지 못한다는 걸.

그런 생각은 시간이 지나면서 더욱 굳어졌다. 그동안 경험했던 인생의 크고 작은 순간들 모든 일에 있어서 '폼'이 아닌 '본질'에 마음을 두게 만들었다. 일례로, 사람을 만날 때 그가 어떤 옷을 입었는지보다 어떤 말을 하는지를 더 중요하게 생각했다. 어떤 직함을 갖고 있느냐보다 그가 진짜로 어떤 사람인지를 더 주목했다. 외모나 태도 등 '폼'으로 상대를 판단하려는 유혹도 컸지만 늘 그 너머, 그 중심을 보려고 애썼다.

그래서인지 언제나 본질이 느껴지는 사람들에게 마음이 끌렸다. 좋아하는 가수들인 송창식, 조영남, 양희은, 김세환 같은 이들은 옷이나 헤어스타일 같은 외형보다는 자신만의 소리와 진심 어린 무대로 사람들을 사로잡았다. 무대 위에서 그들은 꾸밈없이 노래했다. 그 진솔함이 오히려 더 큰 울림으로 다가왔다. 겉멋이 없어도 멋이 있었고 폼을 잡지 않아도 존재감이 뚜렷했다.

이들은 '겉치레에 속지 말라'는 삶의 교훈을 안겨주었다. 당시 그들의 음악은 사회적으로도 메시지를 담았고 그 진정성은 단순히 '노래를 잘한다'는 평가를 넘어서 깊은 울림이 되었다. 그들을 통해서 진정한 '폼'은 꾸밈이 아니라 진심에서 나온다는 것을 배웠다.

요즘도 마찬가지다. 진짜 실력자일수록 보여주기에 신경을 덜 쓴다. 반면 어설프게 포장만 요란한 사람일수록 그 안은 텅 비어 있는 경우가 많다. 명함에 직책과 경력이 가득 적혀있는 사람은 오히려 진짜 내실 있는 사람이 드물다. 살아오면서 깨달은 것은 겉모습이나 권위가 아닌 '실제 가치'를 만드는 것이 훨씬 더 중요하다는 사실이다.

성경 마태복음 23장 27절에는 이렇게 기록되어 있다. "외식하는 자들아 화 있을진저 너희가 흰 빛을 칠한 무덤 같으니 겉으로는 아름다우나 속은 죽은 사람의 뼈와 온갖 더러운 것으로 가득하도다." 겉모습만 번지르르하고 마음은 비힌 모습은 하나님 앞에서 설고 인성받을 수 없다. 그래서 더더욱 겉치레보다 내면을 중요하게 여긴다.

기타를 배우려는 사람이 가끔 "좋은 기타 좀 추천해 주세요." 하고 말한다. 늘 같은 대답을 한다. "이제 막 배우는 분이라면 값싼 기타부터 시작하세요. 비싼 기타는 그다음 문제입니다." 그 말을 들은 사람들은 종종 실망하는 눈치다. 좋은 목수는 연장을 탓하지 않고 명필은

붓을 가리지 않는다. 이것이 살아오면서 터득한 진리다.

50년 넘게 하모니카를 연주했지만 지금도 15,000원짜리 국산 하모니카를 쓴다. 물론 더 좋은 악기가 있지만 내 손에 익은 이 하모니카면 충분하다. 기타도 마찬가지다. 40년 넘게 기타를 쳤지만 30여 년 동안은 30년 전에 산 45,000원짜리 기타를 사용했다. 지금은 아들이 미국에서 사 온 100만 원짜리 기타를 쓰고 있지만 그냥 '기타'는 '기타'일 뿐이다. 음악은 악기에서 나오는 게 아니라 사람이 음악을 어떻게 대하느냐에 달려 있다.

오랫동안 같은 악기와 함께했던 이유는 단순하다. 익숙함이 주는 안정감 그리고 '나'와 악기가 만들어내는 하나의 소리 때문이다. 명품 악기를 들었다 해도 손길과 마음이 닿지 않으면 좋은 소리가 나기 어렵다. 반대로 싸고 오래된 악기도 마음과 손길이 닿으면 감동을 주는 소리가 된다. 그게 바로 본질이다.

탁구도 그렇다. 정식으로 배운 적은 없지만 오래 치면서 몸으로 익혔고 동네 시합에서 가끔 우승도 했다. 지금 사용하고 있는 라켓도 별거 아니다. 오래 써서 손에 맞고 익숙해진 도구일 뿐이다. 누군가 라켓을 빌려 달라고 하면 선뜻 내어준다. 도구에 크게 의존하지 않기 때문이다.

어느 날 교회에서 젊은이가 탁구 시합을 신청했다. 서로 진지했고 아무도 없는 체육관에서 묵묵히 경기를 했다. 내가 이겼다. 그는 말했다. "라켓이 제 것이 아니라서요… 내일 한번 다시 하시죠?" 그날 나도 탁구장에 있던 같은 낡은 라켓을 썼지만 별말 하지 않고 알겠다고 했다.

둘째 날, 그는 자신의 라켓을 가져왔다. 나는 여전히 낡은 라켓을 들었다. 다시 경기, 다시 이겼다. 그는 또 말했다. "탁구화를 안 신어서 미끄러졌어요…" 실은 나도 탁구화를 신지 않았다. 그냥 평범한 양말을 신은 운동화 차림이었다. 마음속으로 씁쓸하게 웃었다. 그래도 다시 "좋아요"라고 말했다.

셋째 날, 그는 선수처럼 전용 유니폼, 탁구화, 고급 라켓까지 갖추었다. 나는 평소처럼 탁구장에 굴러다니는 라켓을 들었다. 그렇지만 또다시 이겼다. 그는 당혹스러운 얼굴로 말했다. "네트에 자주 맞아서 제대로 대응하지 못했어요…" 사실 공이 네트에 맞은 건 몇 번 있긴 있었다. 하지만 그가 핑계를 댈 때 마음이 무거웠다. 특별히 목회 지망생이기에 더욱 안타까웠다.

이 젊은이는 앞으로 어떻게 살아갈까. 실패할 때마다 환경과 조건을 탓하며 시간을 보내는 건 아닐까. '언젠가는 알게 되겠지. 네트에 맞고 넘어가는 것도 실력이라는 것을.' 속으로 중얼거렸다.

잠언 22장 29절에는 이런 말씀이 있다. "네가 네 일을 능숙하게 행하는 자를 보았느냐? 그는 왕들 앞에 서리니 천한 자 앞에 서지 아니하리라." **실력과 준비가 결국 우리를 인정받게 한다. '폼'을 잡는 데 급급하지 말고 본질에 충실해야 한다**는 말이다.

요즘 세상은 '폼'이 너무 중요해졌다. SNS만 봐도 멋진 배경, 근사한 의상, 인위적인 미소가 넘친다. 진짜 삶은 보이지 않고 잘 꾸며낸 모습만 보인다. '폼'은 결국 보여주기 위한 기술일 뿐이다. 그 기술이 삶의 전부가 되어버린 시대를 안타깝게 바라본다.

물론 폼이 쓸모없다는 건 아니다. 때로는 외형도 진심을 전달하는데 필요하다. 겉을 다듬는 것이 안을 존중하는 방법일 수도 있다. 하지만 아직도 너무 멋진 옷을 입고 거울 앞에 서면 마음이 불편하다. 주일 예배를 위해 넥타이를 맸다가 거울을 보고 '너무 잘 어울리네?' 싶으면 슬며시 더 어울리지 않은 넥타이로 바꾼다. 그게 더 자연스럽고 편안하기 때문이다.

사도 바울은 고린도후서 12장 9절에서 이렇게 말했다. "내게 이르시기를 내 은혜가 네게 족하도다 이는 내 능력이 약한 데서 온전하여짐이라 하신지라."

약함 속에서 하나님의 은혜가 더 온전히 드러난다는 말이다. 우리 삶도 폼이나 겉치레가 아니라 약함과 본질 속에서 진정한 능력과 은혜를 경험할 수 있다.

오늘도 '폼'보다 '본질'을 좇는다. 꾸밈보다는 진심, 외형보다는 내용, 보여지는 방식보다는 살아가는 방식을 중요하게 여긴다. 그리고 그런 삶이 가장 '나다운' 삶이라고 믿는다.

때로는 마음에 작은 질문이 떠오른다.

'나는 오늘도 내 진짜 모습을 감추고 겉모습에 치중하고 있진 않은가?' '실패나 어려움 앞에서 변명하기보다 어떻게 본질을 붙잡을 수 있을까?' 그 질문에 답하며 오늘도 '폼'보다 '본질'을 향해 한 걸음 내딛는다.

삶의 가치는 결국 보이는 겉모습보다 보이지 않는 내면의 힘과 진심이 얼마나 깊고 단단한가에 달려 있다. 때로는 넘어지고 좌절할지라도 본질을 믿고 나아가는 사람은 결국 진짜 '폼'을 갖추게 된다. 그리고 그 '폼'은 남이 만들어준 것이 아니라 스스로 다져가는 것이다.

13.

고수는 하수를 알아도
하수는 고수를 알 수 없다

운동을 통해 깨달은 삶의 지혜

"지혜 있는 자의 마음은 그의 오른편에 있고 우매한 자의 마음은 그의 왼편에 있느니라." (전도서 10:2)

사람은 자기 수준만큼 듣고 자기 수준만큼 이해한다. 이는 단지 지적 능력의 문제가 아니라 경험과 통찰, 마음가짐까지 포함한 전인적 수용 능력의 문제다. 누군가의 강의나 설교를 듣거나 어떤 책을 읽을 때조차도 사람은 자기가 이해할 수 있는 만큼만 받아들이게 되어 있다. 마음의 태도가 열려 있든 닫혀 있든 또는 고의로 왜곡하려는 의도가 없더라도 받아들일 수 있는 한계는 결국 듣는 사람의 그릇 크기만큼이다.

이런 이치를 가장 단순하고 명확하게 깨달은 것은 다름 아닌 운동, 그중에서도 '탁구'를 통해서였다.

30대 초반부터 직장에서 탁구를 즐겼다. 정식으로 교습을 받은 적은 없었지만, 주변 사람들 사이에서는 제법 실력자로 통했다. 직장 내 탁구 대회에서 단식 우승을 한 적도 있었고 성도 수 3,000여 명의 큰 교회에서도 탁구 대회 우승 경력을 자랑하던 터였다. 어느 정도는 '나 정도면 꽤 잘 치는 편이야.' 하는 자신감도 있었고 탁구를 통해 사람들과 어울리며 즐거움을 누리는 시간이 참 많았다.

그러던 중 30대 중반 무렵, 200여 명 규모의 작은 교회를 다니던 시절에 특별한 사건을 경험하게 된다. 나에게 결정적인 인식의 전환을 가져다준 사건이었다. 교회 마당 한쪽에 컨테이너 건물이 있었고 그 안에는 탁구대가 설치되어 있었다. 자주 그곳에서 성도들과 함께 탁구를 치곤 했다. 그 교회에서도 역시 내가 가장 잘 치는 사람이었다. 실력에 대한 자부심이 있었고 탁구는 하나의 사교 수단이자 자기만족의 도구였다.

그러던 어느 날 교회에 새로운 청년이 등록했다. 안산시 대표 여자 탁구선수라는 소개를 들었다. 귀가 번쩍 뜨였다. 반가움과 동시에 호기심이 일었다. '한 판 해보자.'라는 생각이 자연스럽게 들었다. 그녀가 여자 선수라는 말에 약간의 호기를 부렸다. '그래도 내가 남자인데 사정없이 스파이크하면 5점 정도는 딸 수 있겠지' 하는 근거 없는 자신감이 있었다. 그래서 제안했다. "게임 한번 해요. 21점 게임인데 제가 15점 핸디캡 받을게요." 그녀는 웃으며 "좋아요"라고 대답했다.

그렇게 첫 세트가 시작되었고, 결과는 참담했다. 실제 점수는 21대 2. 거기에 핸디캡 15점을 더해도 21대 17이었다. 두 번째 세트는 더했다. 21대 16. 1점 내지는 2점 외에는 획득할 수가 없었다. 그녀의 공이 내 코트로 올 때는 도저히 맞받아칠 수 없는 상태로 왔다. 공격은 전혀 할 수 없었고 공이 실수로 네트나 모서리에 맞아 상대가 수비를 하지 못하는 경우에만 겨우 득점할 수 있었던 것이다. 실력 차이는 감히 비교 불가였다. 그녀는 분명 나를 배려해 점수를 '잡아준 것'이었는데 그마저도 상상할 수도 없는 차이로 너무 벅찼던 것이다. 아마도 그녀는 처음 내 자세, 스윙, 스텝, 임팩트 순간 등을 보면서 이미 '이 사람은 15점이 아니라 19점쯤은 핸디캡을 줘야 되겠다'라는 판단을 했을 것이다. 고수는 하수를 단번에 안다. 기술적 수준, 움직임의 의도, 습관적인 실수, 심지어 상대가 무엇을 모르고 있는지도 말이다.

반면 하수는 고수를 모른다. 아니, 모른다는 표현조차 부족하다. 고수의 세계가 어떤 것인지 그 수준에서는 무엇을 고민하고 어떻게 사고하는지를 상상조차 하지 못한다. 겉으로 보기엔 단순히 공을 주고받는 운동이지만 그 안에는 수많은 디테일이 존재하고 그것이 경기의 질과 결과를 결정짓는다. 하수는 고수의 기술을 단지 '폼이 멋지다' 혹은 '스매싱이 빠르다'라는 정도로밖에 이해하지 못한다. 그러나 진짜 고수는 타이밍, 코스, 회전, 그리고 심리전까지 고려하며 경기를 이끈다.

그날 단지 탁구 경기에서 진 것으로 끝난 것이 아니라, 오히려 삶의 중요한 교훈 하나를 배웠다. "고수는 하수를 알아도, 하수는 고수를 알 수 없다." 이 말은 단지 운동에서만 통용되는 진리가 아니다. 삶의 모든 영역에 그대로 적용된다. 지식, 기술, 인격, 통찰, 리더십, 심지어 신앙의 영역에서도 마찬가지다.

강의를 듣는 수강생, 설교를 듣는 성도, 상담을 받는 내담자의 경우를 보자. 그들 모두는 말을 하는 사람의 수준만큼 이해하는 것이 아니라 듣는 사람의 수준만큼 이해한다. 아무리 뛰어난 강의와 설교라도 그것을 받아들이는 이의 경험과 사고, 지혜의 깊이가 얕다면 그 깊은 뜻은 온전히 전달될 수 없다. 듣는 사람의 그릇만큼만 그 내용이 담기기 때문이다.

어떤 전문 기술을 익히고 있는 사람도 마찬가지다. 오랜 경험과 시행착오를 통해 체득한 기술을 단번에 흉내 낼 수 있다고 믿는 사람은 기술의 깊이를 전혀 모르는 사람이다. 리더십이나 조직관리도 그러하다. 진정한 리더는 구성원의 심리를 꿰뚫고 조직의 방향성과 문화까지 조율하는 통찰을 갖추지만 하수는 단지 명령하거나 지시하는 것만이 리더십이라고 착각한다. 말과 행동은 흉내 낼 수 있어도 그 본질을 따라갈 수 없는 법이다.

그날 이후로 어떤 분야든 모르는 사람 앞에서는 겸손해지려고 노력하게 되었다. 내가 알지 못하는 것 그 무언가가 분명히 있다는 사실을 인정하고 먼저 배우려는 태도를 가지는 것이 중요하다는 사실을 깊이 깨달았다. 겉모습만 보고 판단하지 않게 되었고 어떤 대화든 상대방의 깊이를 가늠하기보다는 내 그릇의 크기를 돌아보게 되었다.

전문 기술 분야도 다르지 않다. 수십 년을 현장에서 몸으로 익혀가며 기술을 체득한 사람은 몇 마디 말로 그것을 쉽게 설명할 수 없다. 그런 기술은 눈과 몸으로 깨달아야 하는 것들이기 때문이다. 그러나 하수는 그러한 기술을 말 몇 마디로 이해하려 들고 단순화시켜 자기가 아는 방식으로 오해하곤 한다. 리더십, 조직관리, 사람을 보는 눈, 심리적 감수성, 신앙의 영적 통찰 등 모두 마찬가지다. 실력이 없는 사람은 그 실력의 깊이를 짐작조차 하지 못한다.

그날 이후 스스로의 그릇을 돌아보게 되었다. 내가 얼마나 작은 그릇으로 세상을 보고 있었는지, 얼마나 쉽게 스스로를 평가하고 다른 이들을 평가했는지. 지금도 어떤 영역이든 앞선 사람 앞에서는 나를 낮추고 배우려는 자세를 견지하려고 노력하고 있다. 내가 모르고 있다는 것을 '내가 모른다'라는 사실조차 모를 수 있다는 것을 인정하는 것이 첫걸음이다. 그때 서야 비로소 진짜 배우는 자세가 생기고 마음의 귀가 열리기 시작한다.

고수는 하수를 기다린다. 하수가 스스로 낮아져 배우고자 할 때 고수는 기꺼이 손을 내민다. 문제는 하수가 고수를 알아보지 못하는 데 있다. 진정한 깨달음은 내가 얼마나 모르는지를 깨달을 때 시작된다.

14.

삶의 나침반, 그리스도

인생은 방향이다. 삶을 살아가면서 우리는 누구나 방향을 설정하고 그 방향을 따라 나아가야 한다. 그러나 어떤 사람들은 인생의 갈림길에서 끊임없이 헤매며 자신이 가야 할 길을 찾지 못하고 길을 잃기도 한다. 길을 잃은 삶은 결국 깊이가 없고 무엇보다 중요한 인생의 끝자락에서 제대로 된 결실을 맺지 못하게 된다. 비유하자면 비행기가 착륙할 때 급하게 내려가면 경착륙하게 되고 이는 사고로 이어질 수밖에 없는 것처럼 인생의 마지막이 제대로 된 목적을 향해 나아가지 않으면 결국 혼란스러워지고 후회로 끝날 수밖에 없다.

이러한 경착륙을 방지하기 위해서는 어떤 한 방향을 정하고 그 방향을 끝까지 고수하며 살아가야 한다. 가끔 우리는 한 가지 방향으로 나아가는 것이 어려운 일이라 여길 수 있지만 사실 그 방향을 정하는 것이 가장 중요하다. 인생에서 방향을 잃으면 모든 것이 헛되이 흩어지고 깊이도 없으며 결국 끝이 좋지 않게 된다.

반대로 한 방향으로 꾸준히 걸어가는 인생은 매우 의미 있고 가치 있다. "하나님이 우리에게 주신 목적은 혼자가 아닌 함께하는 삶을 살아가는 것이다."라는 생각을 담아 나는 어떤 방향을 향해 꾸준히 나아가려고 한다. 나아가는 방향이 명확하고 그 길이 하나님의 뜻에 맞다면 그 길을 따라가는 것이 진정한 행복과 의미가 있을 것이다.

그렇다면 '방향'을 어떻게 잡을 것인가? '방향'은 바로 목적과 이유에 해당한다.

인생의 방향은 하나님께서 주시는 뜻에 맞추어 설정해야 한다. 목적이 없다면 아무리 열심히 노력한다고 해도 결국 무의미한 길을 걷게 될 것이다. 목적 없는 수단은 매우 허탄하고 헛된 것이다. 우리의 인생에서 중요한 물음은 '왜'이다. "왜 나는 이 길을 가는가?" 이 질문에 대한 답이 바로 '목적'이다. 목적 없이 수단으로만 살아가는 인생은 결국 허무해지고 깊이가 없어진다.

많은 사람들이 인생의 목적과 수단을 혼동하는 경향이 있다. 수단과 방법은 매우 중요하지만 그것이 목적을 대신할 수는 없다. 예를 들어 우물을 판다고 할 때 '우물을 파는 이유'는 '물을 얻기 위함'이다. 그러나 수백 미터를 파도 수맥이 없다면 그 우물을 파는 것이 의미가 있을까? 우물은 수단일 뿐이며 그 목적은 물을 얻는 것이다. 이처럼 인생에서 수단과 방법은 그 자체로 중요하지만 그것이 결국 우리 인생의 목적을 대신할 수는 없다.

여기서 중요한 것은 '방향성(목적)'이다. 방향이 없다면 우리가 어떤 방법으로 움직이더라도 결국 그 방향이 틀어져 있을 수 있다. **수단과 방법은 언제든지 바뀔 수 있지만 목적은 고정되어야** 한다. 시대가 변하고 환경이 바뀌더라도 우리가 정한 방향이 하나님의 뜻에 맞다면 그 방향을 꾸준히 고수하는 것이 중요하다.

우리는 종종 잘못된 방법에 매몰되어서 목적과 방향을 잃어버린다. 때때로 '한 우물을 파라'는 말이 그릇되게 해석되기도 한다. 이 말이 의미하는 바는 '올바르게 정한 한 방향으로 나아가라.'는 것이다. 그 방향이 잘못되었으면 아무리 열심히 노력해도 결국 아무런 성과를 거두지 못할 것이다.

'카누의 법칙'과 방향의 중요성은 커다란 교훈이 되었다.

예전에 다녔던 회사에서는 여러 부서들이 있었고 각 부서마다 역할이 있었다. 그러나 그중 몇몇 부서, 특히 '관리'와 '품질' 부서의 직원들은 목적 없이 일을 하는 경우가 많았다. 마치 카누 경기를 할 때 한 배에 타고 있는 사람들이 각자 다른 방향으로 노를 젓는 것과 같았다. 다른 사람들은 똑같은 방향으로 노를 저어가고 있었지만 그 사람들은 전혀 다른 방향을 보고 열심히 노를 젓고 있었다. 그들은 자신이 옳다고 믿고 열심히 일하는 데 결과적으로 그들의 노력은 배가 앞으로 나가는 데 전혀 이바지하지 못했다. '우리는 한 방향을 향해 함께 가야 한다. 그렇지 않으면 아무리 열심히 해도 그 에너지가 잘못된 방향으로 쏠리게 된다.

그 당시 그 사람들을 보면서 정말 웃음을 참을 수 없었다. **방향이 다른 그들은 다른 사람들보다 오히려 더 열심히 일하고 있었고 자신이 하는 일이 옳다고 믿고 있었다.** 하지만 그들이 열심히 일할수록 그들의 방향이 틀리기 때문에 오히려 더 많은 에너지를 낭비하고 있었던 것이다. 그래서 **이런 사람들을 나는 '코미디언'**이라고 불렀다. 그들의 그릇된 열심을 보면 도저히 웃지 않고는 못 배겼었다.

이 경험은 큰 교훈을 주었다. 인생에서도 마찬가지다. 방향이 잘못

되면 아무리 열심히 일하고 열정을 다해도 결국 그 열정이 잘못된 곳으로 향할 수 있다.

"너희의 발걸음을 여호와께 맡기라 그가 너희의 길을 인도하시리라." (시편 37:5)

우리가 가는 길을 하나님께 맡기면 하나님은 우리의 발걸음을 인도하시고 우리가 나아가야 할 방향을 정확히 보여주신다.

오늘날의 사회를 보면 정치인들 중에도 방향이 잘못된 사람들 즉 '코미디언'이 많다. 그들은 국가와 국민을 위해 일한다고 주장하지만 실상은 그들의 정책이나 행동이 국가와 국민, 특히 미래세대에게 커다란 손실을 초래하고 있다. 그들이 정치에서 열심히 일하는 모습은 매우 거룩하고 비장하게 보일 수 있지만 그들의 정책이나 결정을 보면 결국 '방향'을 잃고 있다는 것을 알 수 있다.

"여호와께서 보시기에 정직한 길은 마침내 축복을 가져온다." (잠언 4:18)

올바른 방향을 가지고 나아가야만 진정한 축복을 누릴 수 있다. 그들은 마치 잘못된 방향으로 노를 저어가고 있는 사람들이라고 말할 수 있다. 그들의 열정이 아무리 크다 한들 올바른 방향으로 나아가지 않으면 결국 그들의 노력은 헛된 것이 될 것이다.

그렇다면 우리는 어떻게 방향을 정할 수 있을까? 먼저 중요한 것은 하나님께서 우리에게 주신 사명을 잘 이해하는 것이다.

하나님은 각 사람에게 고유한 사명을 주셨다. 우리는 그 사명을 잘 파악하고 그 사명을 중심으로 방향을 설정해야 한다.

두 번째로 방향을 정하기 위해서는 끊임없이 기도하고 묵상하는 시간이 필요하다.

하나님의 뜻을 분별하기 위해서 우리는 기도와 말씀 묵상을 통해 하나님의 인도를 받아야 한다.

마지막으로 우리의 방향이 올바른지 확인하는 방법은 그 방향이 하나님께서 원하시는 길인지 그리고 그 길이 사람들에게 긍정적인 영향을 미치는지를 살피는 것이다. 우리가 가는 길이 하나님의 뜻에 부합한다면 그 길을 가는 동안 여러 가지 어려움이 있을지라도 그 길이 결코 헛된 길이 되지 않을 것이다.

인생에서 가장 중요한 것은 방향이다. 우리가 가는 길이 정확하다면 그 길에서 우리는 성취와 의미를 느낄 수 있다. 방향이 잘못되면 아무리 열심히 일해도 그 노력은 헛된 것이 된다. "하나님이 나에게 주신 길은 어떤 길인가?" 이 질문을 깊이 묵상하며 하나님 뜻에 맞는 방향으로 나아가는 삶이 되어야 한다. 그런 삶을 살아간다면 우리의 인생은 깊이 있고 풍요로우며 끝이 아름답고 행복할 것이다.

15.
나를 기억할 것 같은 세 사람

벌써 인생의 황혼이 왔다. 인생길에서 스쳐 지나간 사람들 중에 특별한 모습으로 나를 기억하고 있는 사람이 있을까? 문득 되돌아보게 된다. 그렇게 스쳐 간 많은 인연들 중에 과연 누군가는 아직도 나를 기억하고 있을까?

첫 번째 사람 [군대에서 만난 김○○ 이병]

군대를 제대한 지 20여 년이 지난 어느 늦여름, 낯선 전화 한 통을 받았다.

"이병장님 아니세요? 저 김○○입니다. 수기사(수도기계화보병사단) 군수과에 김이병이요."

갑작스런 전화에 당황했지만 어슴푸레 기억이 났다.

"아, 그래요? 반갑습니다. 지금 어디 사세요? 한번 만나고 싶네요."

스쳐지나간 인연이었기 때문에 차분하게 인사를 건넸다. 하지만 그는 계속 흥분되고 떨리는 음성으로 말했다.

"저, 20년 동안 이병장님을 찾았습니다. 여러 통로를 통해서 오늘 전화번호를 알게 되었어요. 이병장님은 제 목숨을 살려주신 은인이십니다."

순간 20여 년 전의 기억이 어렴풋이 떠올랐다. 그는 깡마르고 까무잡잡한 모습에 늘 겁에 질린 이등병이었고 내가 군수과 서기병으로 근무하던 사무실에서 2, 4종계(전투복, 전투화 등 피복 보급 담당) 조수로 근무했었다. 그의 사수는 김모 병장으로 나보다 28일 빠른 고참이었는데 매우 까칠한 사람이었다. 그와 나는 이등병 시절에 크게 다투고 이후로는 서로 데면데면한 사이였다.

군수과는 각기 담당별로 창고가 따로 있어서 그 창고 안에서는 무슨 일이 벌어지는지 알기 힘든 폐쇄적인 환경이었다. 좋은 고참 밑에 있는 병사는 쉴 수 있는 시간이 많았지만 역으로 나쁜 고참 밑에 있는 병사는 지옥 같은 시간을 견뎌야 했다. 김○○ 이병은 제대를 앞둔 김 병장 밑에서 너무나 많은 가혹행위와 착취를 당하고 있었던 것 같았다. 그에게 원산폭격을 4시간 시키는 등 신체적 학대를 가했지만 그당시 그렇게까지 심한 줄은 몰랐다.

김이병은 늘 초조하고 불안한 표정으로 책상에 앉아 있었다. 어느 날 그에게 물었다.

"김 이병, 힘들지? 사수가 만만치 않을 거야. 하지만 힘든 일을 이기고 견뎌내면 사회에서 반드시 좋은 대가가 있을 거야. 혹시 죽기까지 힘들어 본 적 있어? 죽음 직전까지 가본 적 있어? 나는 자살 직전까지 가봤어. 그래서 네 얼굴에서 나를 보는 것 같아."

그는 눈물을 글썽이며 말했다.

"괜찮아요, 이병장님… 힘들긴 해도 두 달만 더 견디면 그 분 제대하시잖아요?"

틈만 나면 우울증과 자살 충동 그리고 크리스천이 된 사연을 들려주었다. 21살 대학 2학년 때 구원을 받고 교회 청년부와 고등학생들 앞에서 자신 있게 간증하던 시절이 떠올랐다. 그때 간증은 단순하지만 강렬했다.

"여러분, 힘듭니까? 그렇다면 자살 직전까지 가본 적은 있습니까? 그런 적이 없다면 힘들다고 말도 꺼내지 마십시오. 여러분은 지금 충분히 편안한 상태에 있는 것입니다. 살아 있다는 것만으로도 감사하고 행복하십시오."

그때 간증했던 그대로 겁에 질려 있는 김이병을 위로했다. **"사람이 죽기 직전까지 가봐야 성공할 수 있다.** 만약 죽기 직전에서 살아난다면 그것은 엄청난 축복이다."

그렇게 나는 제대했고 그는 기억에서 까마득히 사라졌다.

그런 그가 20년이 지난 지금 전화가 걸렸온 것이다. 그는 "부산에 살고 있어요. 꼭 만나야 해요."라고 했다. 그 후 출장길에 부산 근교에서 그를 만났다. 처음에는 살이 찐 모습에 못 알아볼 뻔했다. 다소 어색한 분위기였다.

"이병장님 동래 온천에 방 예약해 놨습니다. 제 아내도 오늘은 꼭 같이 자고 오라고 했습니다."

우리는 저녁 식사를 하며 20여 년 전 6개월간의 짧은 만남을 더듬었다. 가족탕이 있는 호텔방에서 함께 탕에 들어가 이런저런 이야기를 나누며 기억을 되살렸다.

탕에서 나온 뒤 더블 침대에 앉아 있던 그는 갑자기 아내에게 전화를 걸었다.

"드디어 만났어!"

그러고는 나에게 수화기를 건넸다. 그의 아내는 정중한 목소리로 말했다.

"신혼 때부터 남편이 자기 생명의 은인을 꼭 찾아야 한다고 해서 오늘 뵙고 싶었지만 두 분이서 편하게 보내시는 게 좋을 것 같아 온천호텔방을 준비했습니다. 다음엔 꼭 뵙고 싶습니다."

그 후에도 우리는 한 번의 만남을 더 가졌고 가늘지만 가끔 연락하는 인연을 이어가고 있다.

두 번째 사람 [부도 속에서 지킨 의리 – "같이 가야 의미가 있다"]

1997년, 국가적 위기의 해였다. IMF 외환위기가 몰아쳤고 일하던 H그룹도 부도를 맞았다. 기술연구소의 가스보일러 팀장으로 근무하고 있었던 터라 매일이 고난의 연속이었다. 급여가 밀리고 동료들의 얼굴엔 그늘이 짙어졌으며 미래에 대한 불안이 모든 걸 지배했다.

그런 와중에 우연히 신문 구석에서 '사원모집' 광고를 보았다. 환경기계업체, 영어·일어 능통자 우대. 마음이 흔들렸다. '그냥 한번 써볼까? 장난삼아, 심심풀이로' 그렇게 적은 자소서와 이력서를 우편으로 보냈다.

며칠 뒤 면접 통보가 왔다. 하지만 가지 않았다. '내가 나가면 우리 팀은 어떻게 되나. 도의적으로 맞지 않아.' 그냥 그렇게 넘어갔다.

의리를 저버리는 선택은 길이 아니었기 때문이다. 손해를 보더라도 함께 살아가는 길을 선택하는 것이 나의 길이었다. 이러한 신념은 어려운 결정의 순간에도 올곧은 판단이 되어 주었다.

부도가 난 회사를 버티며 마지막까지 자리 지켰던 날들. 혼란 속에서도 떠날 준비를 하지 않았다. 어쩌면 우스워 보였을지도 모른다. 그러나 그러한 삶의 태도는 자신에 대한 최소한의 예의였다. 진실하게, 바르게. 그렇게 스스로에게 부끄럽지 않게 살아가고 싶었다.

그러던 어느 날 한 달쯤 지나 전혀 예상하지 못한 일이 일어났다. 낯선 번호로 걸려온 전화 한 통.

"저는 T회사 김상무입니다. 전에 면접을 보기로 하셨는데 왜 오시지 않았죠?"

순간 당황했지만 담담히 대답했다. "당시에 일이 너무 바빴습니다."

그는 조심스럽게 다시 물었다. "혹시 지금은 시간이 괜찮으신가요?"

가볍게 대답했다. "예, 뭐… 지금은 조금 여유가 있습니다."

이왕 이렇게 된 김에 진지함보다는 장난스러운 마음으로 면접을 보기로 했다. 어차피 이미 지나간 기회 부담 없이 가보자는 생각이었다.

T회사는 IMF 위기 속에서도 흔들림 없는 이른바 잘나가는 회사였다. 선진국인 미국, 독일, 영국, 이탈리아, 일본등지에서 환경 기자새를 수입해 국내 상하수처리장에 공급하는 일을 하는 회사였다. 면접장은 다소 긴장된 분위기였지만 낯설지는 않았다. 공장장인 상무이사, 사장의 동생인 관리이사, 그리고 관리부장이 나를 맞이했다. 사장은 출장 중이라 자리에 없었다.

"일본어는 어느 정도입니까? 영어는요?"

솔직하게 답했다. "그 회사와 직접적인 관련 경력은 없었지만, 공대에서 기계설계를 전공했고 대학원에서는 환경공학을 공부했다."고 얘기했다. 그게 나름의 강점이 되었던 것 같다. 그리고 마치 회사를 면접 보듯 조심스레 질문했다.

"사장님의 학력과 전공은 어떻게 되십니까? 그리고 회사의 매출과 이익률은요?"

면접관들은 순간 놀란 눈치였지만 친절하게 하나하나 설명해주었다. 그들의 열린 태도가 인상적이었다.

면접을 마치고 집에 돌아와 씻고 있을 무렵 요란한 전화벨이 울렸다.

"저는 오늘 면접 보신 T회사 사장입니다. 혹시 ○○호텔 커피숍에서 잠시 뵐 수 있을까요?"

궁금증과 호기심을 안고 약속 장소에 나갔다. 사장의 첫인상은 깔끔하고 똑똑해 보이는 사람이었다. 예의도 바르고 짧은 시간 안에 신뢰를 주는 사람이었다. 그는 20분가량 차분히 자신의 생각을 이야기했다. 그리고 말미에 조용히 말했다.

"이 강옥씨는 우리 회사에 정말 필요한 분입니다. 꼭 함께 일해주시길 바랍니다. 희망하신 연봉도 그대로 맞춰드리겠습니다."

그러나 머릿속엔 내내 함께 고생한 우리 팀원들의 얼굴이 떠올랐다. 그들을 두고 혼자 새로운 회사를 선택한다는 것이 도무지 인간적으로 납득되지 않았다. 그래서 단호히 말했다.

"조건이 있습니다. 저 혼자 살겠다고 떠나면 제 자신을 용서할 수 없습니다. 최소한 두 명은 같이 가야 합니다. 그렇지 않으면 입사하지 않겠습니다."

그 말에 그는 크게 놀란 듯했다. 이미 한 달 전에 면접을 보고 합격 통보까지 해둔 이들에게 다시 연락해 합격을 취소하는 것이 그에게도 말이 안 되는 일이었을 것이다. 그럼에도 그는 무려 세 시간이 넘는 동안 나를 설득했다.

그러나 끝내 뜻을 굽히지 않았다. 그 역시 포기하고 결국 '조건'을 받아들였다. 2명을 더 면접 보기로 하고 결국 그중 기계설계 직원 한 명은 함께 가기로 결정되었다.

전기엔지니어였던 다른 직원은 "자신은 약전 전공이고 그 회사는 강전이라 안 맞는다"며 오히려 걱정 말라고 진심 어린 마음을 수차례 전했다. 그렇게 오랜 고민과 갈등 끝에 한명의 엔지니어를 데리고 새로운 회사를 선택했고 그 부도난 회사를 조용히 떠났다.

그 후로도 그들과는 늘 명절마다 안부 인사를 주고받는다. 고마움과 의리를 잊지 않는 그 마음은 지금까지도 내게 큰 감동이자 자랑이다.

돌이켜보면 그때 가장 솔직하고 인간적인 결정을 했다. 나만 살기 위한 선택이 아닌 함께 살기 위한 길을 택했다는 점에서 그 선택은 나답고 자랑스러웠고 무엇보다 아름다웠다.

무엇보다 내가 그들에게 도움을 준 것이 아니라 그들의 따뜻한 의리가 나를 살렸다는 생각이 든다. 지금도 그 결정을 후회하지 않는다. 오히려 인생에서 가장 자랑스러운 순간 중 하나로 기억하고 있다.

세상이 각박해질수록 의리는 더욱 빛난다. 서로 돌아보고 함께 가는 삶 그것이 신념이었고 지금도 변함없는 삶의 기준이다. 그날의 선택은 지금까지도 마음속에서 조용히 이렇게 말하고 있다.

"잘했다. 네가 지킨 그 약속이 진짜 너였다."

세 번째 사람 [아직 만날 날을 기다리는 누군가]

사실 기억하는 이 두 사람 외에도 어쩌면 어디선가 나를 기억하고 있을 또 다른 누군가가 있을지도 모른다. 내가 전해준 한마디 말, 행동 하나가 누군가에게는 전환점이 되었을 수 있다. 삶은 단절된 것이 아니라 연결되어 있고 진정성 있는 관계는 시간의 벽을 넘어 다시 만남을 허락한다.

누군가에게 특별한 기억으로 남아 있다는 것은 나의 존재를 증명하는 또 하나의 방식이다. 오늘도 그 믿음을 품는다. 누군가의 삶에 한 줄기 빛이 되었던 나를 그들은 분명히 기억하고 있으리라.

16.

끝이 좋은 사람

사람은 끝이 좋아야 한다. 시작은 무엇이든 아름답다. 그냥 좋다. 서로를 모르기 때문에 현재의 모습과 말만으로 반응하기 때문이다. 그러나 **그 사람의 인격이나 모든 것은 마지막을 보면 안다.** 즉, 헤어질 때 보면 아는 것이다.

> "일의 끝이 시작보다 낫고, 참는 마음이 교만한 마음보다 나으니라." (전도서 7:8)

인생에서 많은 만남과 헤어짐을 겪었다. 인생은 만남과 헤어짐으로 연결된 개인의 역사임이 틀림없다.

회사를 세 번 옮겼다. 그때마다 상사는 물론 사장에게도 깍듯이 예의와 모양을 갖춰 퇴사했다. 이러한 나의 행동은 '인생 살다 보면 언젠가는 그들을 꼭 한 번은 만날 수 있다.'라는 생각이 밑바탕에 깔려 있기 때문이었다. 즉, 누구든 어디에서 만나든 떳떳하고 기쁘게 만날 수 있어야 한다는 것이다.

첫 이직은 S그룹을 떠나면서 시작되었다. 퇴사 후 15년 뒤에 우연히 같이 근무했던 상사를 만났을 때 그는 "다시 한 번 근무할 수 없냐? 특별채용이라는 것도 있다."라며 반갑게 말을 건넸다. 물론 '대기업에서 그게 가능할까?'라는 생각이 들었지만 빈말이라도 감사한 기억으로 남아 있다.

재미있는 점은 그 상사를 좋아하는 사람은 거의 없었다는 것이다. 그는 매우 성취 지향적이었고 실적을 올리기 위해 부하직원들을 강하게 이끄는 스타일이었다. 동료들과 함께 있을 때면 그 상사의 뒷담화를 하는 것이 일상이었다. 그러나 겉으로는 소극적이나마 동조하는 듯했지만 내심으로는 그를 이해하려고 노력했다. 사람은 기본적으로 너나 할 것 없이 선한 게 하나도 없다는 하나님의 음성을 기억하고 있었기 때문이다.

> "할 수 있거든 너희로서는 모든 사람과 더불어 화목하라."
> (로마서 12:18)
> "사람의 행위가 여호와를 기쁘시게 하면 그 사람의 원수라도 그
> 와 더불어 화목하게 하시느니라." (잠언 16:7)

첫 직장에서 3년이 지난 어느 날 그 상사에게 면담을 요청했다. 워크홀릭에 빠진 나는 그 부서에서 벗어나고 싶다는 절박함 속에서 공황장애 증세까지 겪게 되었다. 다른 부서로의 이동을 요청했지만 그는 극구 반대했다. 그동안 이룬 실적을 높이 평가하며 나를 놓고 싶지 않았던 것이 성취 지향적인 그분의 마음이었기 때문이었다. 그러나 결국 다른 대기업으로 이직했고 그는 안타까워하며 성공을 기원해 주었다. 끝을 잘 마무리했기에 15년 뒤 다시 만났을 때도 반감 없이 기쁜

재회가 가능했다.

  두번째 이직을 하여 환경전문회사 T엔지니어링에 부하사원과 함께 입사하였다. 수도권매립지프로젝트 40억원의 사업을 일본E회사와 한치의 오차도 없이 수행하였으며 그밖의 영국, 독일, 이태리, 프랑스, 네덜란드, 미국등의 협력사와 열심히 일하게 되었으나 결국 사업을 시작해야겠기에 사장님을 만나 죄송함을 표현하고 사직하게 되었다. 그 사장은 "이강옥 씨가 우리 회사에 끼친 영향은 돈으로 환산할 수 없다."라며 덕담을 해주었다. 이후로 25년이 지난 지금까지 서로 연락하며 지낸다.

  교회를 옮길 때는 더욱 끝이 좋아야 한다. 내가 살고 있는 안산은 60만 인구에 교회 수가 900~1,000곳 정도 되는 도시다. 1990년 이곳에 처음 왔을 때 우리 부부는 집에서 가까우며 이단이 아니어야 한다는 기준을 가지고 교회를 선택했다.

  처음 등록한 교회는 성도 200여 명 정도의 가족 같은 교회였다.

  담임목사님은 인격도 훌륭하고 정이 많으신 분이었지만 우리 부부는 그런 것보다 말씀에 대한 갈급함이 더 컸다. 교회는 인간관계도 중요하지만 말씀과 성령의 운행하심이 약하면 끊임없이 영적 갈망이 생기기 마련이다. 3년째 되는 해 우리는 12월 마지막 주일을 끝으로 교회를 떠나기로 결단했으나 목사님과의 정때문에 교회를 떠난다는 인사를 드리기가 힘들어서 결국 몇 해를 더 다니게 되었다. 이후로 4년이 지난 뒤 목사님께 교회를 떠나겠다는 말씀을 드렸다. 목사님은 놀라며 이유를 물으셨고 우리는 조심스럽게 서울에 있는 형 같은 목사님의 미자립 교회를 돕고 싶다는 말로 이유를 에둘러 설명했다.

사택을 나오는 길에 총신대에 다니던 목사님 아들이 나를 붙잡았다. 그는 매우 총명한 친구였다. 그는 "교회를 떠나는 이유를 꼭 듣고 싶다."라며 집요하게 물었다. 이유를 도저히 솔직하게 말할 수 없었다. 다만 "아빠의 은혜, 배려는 평생 잊지 못할 것 같구나."라며 말하고 쓸쓸하게 교회를 떠나왔다.

그 후 4개월간 예배당을 찾아 방황하다 현재 섬기고 있는 안산빛나교회에 정착하게 되었다. 그렇다면 현재 30년전에 떠나온 그 목사님과의 관계는 어떻게 되었는가? 물론 잘 지내고 있다. 재개발로 교회가 이전하면서 감사 예배에 초대받아 감사헌금도 드리고 옛 성도들과 함께 기쁘게 재회하기도 했다.

헤어질 때 끝을 아름답게 하는 것은 크리스천의 의무이다. 친구, 직장, 교회, 사회 모임 어디에서든 우리는 끝이 아름다워야 한다. 그것이 인격이며 하나님을 믿는 자의 품격이다.

우리 어머니 송영희 권사의 심성과 유전도 무시 못 한다. 아버님은 간암으로 소천하시기 전까지 예수님을 믿고 3년간 신앙생활을 하셨다. 어머니는 18세에 시집와 시어머니와 함께 산 중턱의 절을 다녔다. 그 절에는 부부 스님이 있었고 어머니와 깊은 인간적 교분이 있었다. 어머님은 예수님을 영접한 이후 크리스천의 삶을 살아오셨지만 전부터 알고 지내던 그 부부 스님과는 종종 만나며 좋은 관계를 유지하고 계셨다.

아버지 소천 이후 그 여자 스님이 시주받으러 왔을 때 어머니는 "형님, 이제 우리 집에 오지 마세요. 자녀들이 모두 교회에 다니니 나도 마음을 정리해야 합니다"라며 정중하게 사정을 말씀드리고 마지막 시주를 넉넉히 하며 관계를 정리했다. '역시 우리 어머니답다'라고 생각했다. 끝을 좋게 하는 것이야말로 지혜니까.

이 모든 이야기를 장황하게 펼친 이유는 단 하나다. **끝을 아름답게 맺는 것 그것이 크리스천의 의무이자 삶의 품격**이다. 친구든 직장이든 교회든 사회 모임이든 우리는 언젠가 헤어지게 마련이다. 그 순간 어떤 표정으로 작별하느냐가 곧 내 인생의 결말을 만든다.

시작은 누구나 잘할 수 있다. 그러나 안타깝게도 끝을 아름답게 하는 사람은 드물다. 끝이 좋은 사람이고 싶다. 그리고 그 끝에 하나님이 미소 지으시길 소망하며 그렇게 오늘도 관계들을 마무리해 간다.

이렇듯 끝을 아름답게 만드는 일은 우리 인생에서 중요한 덕목이다. 우리는 언제 어디에서든 다시 만날 수 있다. 그러니 끝맺음을 좋고 아름답게 하는 것이 중요한 것은 두말할 필요가 없다.

"너희 안에서 착한 일을 시작하신 이가 그리스도 예수의 날까지 이루실 줄을 우리는 확신하노라." (빌립보서 1:6)

17.
핑계를 넘어서 정공법으로

'핑계'라는 말을 좋아하지 않는다. 아니 좋아하지 않는 정도가 아니라 듣기조차 불편하다. 그 이유는 간단하다. 사람들은 자신의 한계를 마주할 때만치 그것이 외부 요인 때문인 양 핑계를 만들어낸다. **실패의 자리에 핑계는 항상 동반되어 있다.** 어떤 이는 운이 없었다고 하고 어떤 이는 환경 탓을 한다. 듣다 보면 다 그럴싸해 보인다. 하지만 그 핑계들이 진정으로 사람을 성장시킨 적이 있는가? 내 대답은 '아니오'다.

직장생활이나 어떤 단체에서 일을 할 때도 안 좋은 상황이나 문제가 발생하면 그 문제를 정면으로 바라보는 자세를 취했다. 그야말로 '정공법'이 최고의 열쇠이자 축복이었다.

> "바르게 행하는 자는 걸음이 평안하려니와 굽게 행하는 자는 드러나리라." (잠언 10:9)

이 성경 말씀은 모든 일에 떳떳하고 상사에게 아부하지 않고 비굴하지 않게 사는 방법을 알려주었다. 즉, "너는 정공법으로 살아라."라는 하나님의 명령이었던 것이다.

30대 중반쯤 직장 다닐 때였다. 부하 사원이 잘못을 저질렀다. 그 일이 회사에 적지 않은 손실을 입혔기 때문에 고민했다. 숨기거나 어물쩍 넘어갈 수도 있었다. 하지만 결국 무기이자 특기인 정공법을 택하기로 했다. 상사에게 말했다. "이사님 이러한 일이 생긴 것은 이유 여하를 막론하고 저의 책임입니다. 그 사원에게 해가 가지 않게 해 주십시오! 제가 책임지겠습니다." 그 해법은 통했다. 이사님은 "앞으로 이런 일이 생기지 않도록 해. 열심히 해보자."하며 도리어 용기를 주었다.

우리는 인생을 살아가며 수많은 장애물을 만난다. 그 장애물 앞에서 있을 때 가장 먼저 드는 감정은 두려움이다. 그리고 그 두려움을 감추기 위해 우리는 핑계를 만든다. "나는 못 배웠기 때문에.", "나는 부모를 잘못 만나서.", "내 출신이 시골이니까.", "운이 없어서.", "타고난 능력이 없어." 등등. 이 말들을 내뱉는 수간 그 사람은 이미 그 자리에 멈추기로 결심한 것이다.

하지만 진정한 극복은 멈추지 않는 데서 시작된다. 넘어진 자리에서 다시 일어나는 사람, 울며 씨를 뿌리되 끝까지 그 손을 멈추지 않는 사람이 결국 기쁨으로 단을 거둔다.

이것은 하나님께서 우리에게 주신 실제적인 약속이다. 고난을 참아낸 자에게는 반드시 기쁨의 결실이 있다.

누군가는 말한다. "나는 제대로 배운 적이 없어서 아무것도 할 수 없어." 그러나 우리는 배움보다 더 큰 힘이 있다는 것을 알아야 한다. 그것은 바로 배우고자 하는 마음이다. 학벌이 없다고 자격증이 없다고 해서 인생이 끝나는 것이 아니다. 수많은 위인들이 학교 밖에서 자신을 단련했고 그 누구보다 깊고 넓게 배웠다.

지혜는 학력이나 출신과는 관계없다. 배우고자 하는 열망과 삶을 대하는 태도에 따라 지혜의 정도가 달라진다.

"나는 부모를 잘못 만났어." 이 말은 실제로 많은 사람들에게 설득력 있게 들릴 수 있다. 부모는 선택할 수 없는 존재이고 가정환경은 때로 무겁고 답답하게 우리를 짓누르기도 한다. 하지만 이 말 앞에 멈추지 말자고 말하고 싶다. 부모는 우리의 출발선일 수는 있어도 결승선은 아니다.

하나님은 우리의 삶을 환경이 아닌 그분의 목적과 섭리로 이끄신다. 우리가 어떤 집에서 태어났든지, 어떤 부모 밑에서 자랐든지 하나님 안에서는 새로운 시작이 가능하다.

출신지나 환경 역시 흔한 핑계다. 결혼하여 처삼촌께 인사를 하러 갔더니 "이 서방은 전라도 출신이라서 지금 다니는 회사에서 성공할 수 없어 차라리 본적을 바꾸지?"라는 말씀을 하셨다. 어처구니가 없었다. "그럼 모든 사람들이 그런 식으로 이익을 찾아 본적을 바꾸면 나라가 어떻게 되겠습니까?"라고 완곡히 말씀드렸다. 허탈하였다. 실제로 이제까지 출신 지역으로 말미암은 차별이나 손해를 받아 본 적이 없다. "나는 시골에서 자랐어. 배경도 없고 인맥도 없어."라고 말할 수 있다. 그러나 성공한 수많은 이들이 배경 없이 시작했다. 심지어는 아무것도 가진 것 없이 시작한 사람들일수록 그 결핍이 오히려 무기가 되기도 한다.

하나님은 우리가 어디서 시작했느냐보다 어떻게 걸어가느냐를 보신다. 시작은 작고 초라할 수 있지만 끝은 그와 같지 않아도 된다.

경제적인 이유를 핑계로 대는 이도 많다. "나는 가난했어. 그래서 할 수 없었어." 그러나 가난은 우리를 제한하는 조건이 될 수도 있지만, 더 큰 의지와 결단의 자양분이 될 수도 있다. 실제로 가장 극심한 가난을 겪은 사람들이 후에 가장 큰 부흥과 열매를 이루기도 한다.

"일곱 번 넘어질지라도 다시 일어나는 자는 의인이라"
(잠언 24:16)

하나님은 넘어진 자를 비난하지 않으신다. 오히려 다시 일어나는 자를 귀히 여기신다. **넘어지는 것보다 일어나지 않는 것이 문제다.**

또 어떤 이는 "내가 전공을 잘못 골랐어.", "기술이 없어서.", "좋은 도구가 없어서."라며 외부 조건을 탓한다. 하지만 그 누구도 완벽한 조건에서 시작하지 않았다. 완벽한 준비는 현실에서 존재하지 않는다. 우리가 지금 가진 것이 비록 작고 부족하더라도 그것을 통해 최선을 다하면 하나님께서 채워주신다.

"네 손이 일을 얻는 대로 힘을 다하여 할지어다" (전도서 9:10)

지금 손에 쥐어진 작은 일 작은 기회에 충성힐 때 하나님은 너 큰 것을 맡기신다.

주변의 많은 사람들은 소위 말하는 '대박'을 기다린다. 작은 일은 별로 신경 쓰지 않으면서 큰일을 도모하려 한다. 결국 그런 사람들의 대부분은 20년, 30년, 심지어 50년 동안 발전 없이 그 자리에서 맴도는 인생을 살고 있는 것을 보게 된다. '조그마한 산을 넘으면 밑에서는 보

이지 않았던 더 큰 산을 볼 수 있다.'라는 작지만 중요한 진리를 알지 못하는 것 같아 마음 한켠이 아프다. 작은 산도 올라가 보지 않고 큰 산만 오르려는 한심한 사람들이 너무 많다.

종종 '공동묘지에는 핑계 없는 무덤이 없다.'라는 말을 떠올린다. 인생을 끝낸 모든 사람들은 다 사연이 있다. 하지만 그 사연이 그들을 변화시키지 못했다면 결국 그 고백은 아무 의미 없는 핑계로 끝날 뿐이다. 반면 고난의 사연 속에서도 끝까지 포기하지 않고 이겨낸 이들은 삶이 그 증거가 된다. 그들의 침묵은 핑계가 아니다. 오히려 극복의 열매를 통해 말하고 있는 것이다.

신앙 안에서 우리는 극복의 본을 예수 그리스도에게서 본다. 그분은 세상에서 가장 억울한 핍박과 고난을 당하셨지만 단 한 번도 환경을 탓하지 않으셨다. 오히려 그 고난을 통해 인류를 구원하셨다.

우리의 구원자조차 고난을 피하지 않으셨다면 우리가 이 땅에서 마주하는 작은 시련 앞에서 핑계를 댈 이유는 없다.

우리는 매일 선택의 갈림길에 선다. **극복할 것인가 포기할 것인가. 핑계를 댈 것인가 도전을 선택할 것인가.** 그 선택이 오늘의 나를 만들고 내일의 삶을 결정짓는다.

하나님께서 능력을 주시는 한 나는 어떤 환경도 뛰어넘을 수 있다.

오늘도 다짐한다. 상황에 눌리지 않기로. 조건을 탓하지 않기로. 핑계는 버리고 극복의 길을 걷기로. 그리고 언젠가 인생의 끝자락에서 걸어온 길을 돌아볼 때 이렇게 말하고 싶다.

"나는 핑계를 택하지 않았다. 나는 걸었다. 나는 넘었다. 그래서 지금 이 자리에 서 있다."

18.

광야의 길 위에서

2022년 8월 하순, 아들로부터 다급한 전화가 걸려 왔다.

"아빠, 전화를 왜 안 받으세요? 큰일 났어요. ○○팜을 통해 2공장 부동산에 가압류가 걸렸대요!"

그 한마디가 앞으로 이어질 긴 고난의 시작을 알리는 신호탄이었다. 이어서 14개의 특허권에도 가압류가 되었다는 소식을 확인했을 때 눈앞이 아득해졌다.

그 몇 달 전 30,000두의 돼지를 키우던 ○○팜의 돼지우리에 대형 화재가 발생했다. 강풍을 타고 불길은 인근 야산까지 태워버렸고 그들은 우리 회사에 200억 원에 달하는 손실 보상을 요구하며 민사소송을 제기했다. 마치 말기 암 선고를 받은 환자처럼 담임목사님과 믿을 만한 몇 명의 친구 장로들에게만 간절히 기도를 요청하며 지냈다. 사회에서 만난 ○○장로 부부에게 기도를 부탁한 적이 있었다. 그런데 그 장로 부인 권사가 "그래도 잘못했으니까, 가압류가 들어오지 괜히 들어오겠어?"라며 지나가는 말로 하는 얘기를 들었다. 웬만하면 상처를 받지 않는 스타일이지만 역시 '인간의 죄성'을 확인할 수 있었다.

> "방백들을 의지하지 말며 도울 힘이 없는 인생도 의지하지 말찌니" (시편 146:3)

그 뒤로 더욱 하나님께만 매달리는 계기가 되었다. 그 권사를 지금도 미워하지 않는다. 그저 인간에 내재하여 있는 죄성을 확인할 수 있는 정도로 생각하고 오직 '하나님'만 신뢰할 수 있음을 감사하게 생각할 뿐이다.

밤마다 잠이 오지 않았다. 변호사들은 겁을 주었고 경험자라 불리는 이들은 재산을 빼돌리는 요령을 알려주곤 했다. 지인들은 "2공장만이 아니라 1공장 그리고 개인 재산까지 모두 가압류될 것이다."라며 불안감을 더했다. 하지만 아들을 향해서는 언제나 담담히 말했다. 아직 어려움 없이 자란 아들이 불안에 따른 잘못된 선택을 할까 봐 걱정되었기 때문이다.

"아들아 괜찮다. 하나님이 함께하신다."

아들은 오히려 나를 걱정하며 혹시 내가 극단적인 선택을 할까 봐 그런지 잠도 같이 자겠다고 했다. 그 모습이 마음 한켠에 깊은 의지가 되었다. 아들에게 자주 이렇게 말했다.

"하나님께서 너를 사랑하시기에 미리 학습과 훈련을 주시는 거야. 이번 일을 통해 네 안에 큰 내성이 생기고 성숙함이 올 것이다. 감당할 시험밖에는 주지 않으시는 하나님을 신뢰하자."

고독했지만 함께 할 아들이 있었다. 그리고 회사에는 능력 있고 충성된 직원들이 있었다. 아들은 더 좋은 변호사를 찾기 위해 직접 서울로 다니며 상담했고 그런 아들의 뒷모습에서 믿음직스러움을 느꼈다.

주님은 끊임없이 내려놓는 훈련을 시키셨다. 욥이 고백한 말씀처럼, "주신 이도 여호와시요 거두신 이도 여호와시니 여호와의 이름이 찬송을 받으실 지니이다"라는 말씀을 붙잡고 모든 것을 내려놓겠다고 결단했을 때 마음은 한결 편안해졌다.

　그러나 인간의 연약함은 쉽게 사라지지 않았다. 순간순간 거친 파도처럼 밀려드는 두려움과 염려는 폭풍처럼 흔들었다. 아들은 인터넷을 통해 여러 변호사를 만나고 나는 여러 인맥을 통해 사람들을 찾아 다녔다. 결국 아들을 통해 ○○로펌의 변호사를 선임하면서 마음속에 이렇게 정리했다.

　'이제 하나님께 온전히 맡기고 변호사는 송사에 관한 일을, 나는 내 일에 충실하자.'

　비즈니스와 교회 사역 그리고 안산 지역 조찬 기도회 운영위원장의 일에 다시 집중하며 하나님이 청년 시절 주신 한 가지 은혜를 떠올렸다. '문제가 오면 정공법으로 맞선다. 피하지 않는다.' 그 신앙적 근육이 끈질기게 지탱하고 있었다.

　신공장 착공 관련하여 K은행지점장과 만났다. 그들은 가압류된 사실을 알고 몇 개월 안으로 돌아올 대출 기한을 말하며 이자가 7% 정도까지 오를 수 있었고 경우에 **따라** 지금을 회수해야 한다는 암울하고 절망적인 이야기를 했다. 지점장도 "우리 지점의 우량업체인데 이러한 상황은 워낙 큰 사건이라서 상부에서 판단합니다. 이제는 지점의 관할이 아니라서 미안합니다."라고 했다. 이러한 상황 가운데 2023년 3월, 아들 내외와 사돈 부부와 함께 태국 치앙마이 여행을 다녀왔다. 낮에는 관광, 밤에는 가정 세미나(?)를 열며 인생의 경험을 나누고 자녀 세대는 우리가 겪었던 시행착오를 줄이며 더 행복한 길을 걷기를 바랐다. 무엇보다 회사의 법적 문제를 두고 함께 기도하는 시간이 너무나도 은혜로웠다.

여행을 마친 후 필리핀 단기선교 팀에 합류하러 가는 길에 한국에서 놀라운 소식을 들었다. 5년 동안 팔리지 않던 1공장이 드디어 매매될 것이라는 소식이었다. 하나님께서 우리의 사정을 아시고 기도를 들어주시는가 보다 하며 기뻐했지만 한편으로는 온갖 것을 빨아들이고도 남을 만큼 거대한 블랙홀 같은 송사 문제가 남아 있어 기쁨보다 더 큰 두려움으로 다가왔다. 더구나 신축 공장 건축은 주저할 수밖에 없었다. 혹여 송사에서 패소한다면 투자한 모든 것을 잃을 수도 있었기 때문이다.

그때 주님의 음성이 내 영혼 깊은 곳에 들려왔다.

"5년간 팔리지 않던 공장이 지금 팔리는 것은 나의 사인이다. 염려하지 말고 정공법으로 나아가라."

그 확신 속에 2023년 5월, 드디어 신공장을 착공했다. 50억 원에 달하는 자금의 투입이다. 그리고 6개월 만에 입주할 수 있었다. 준공 예배 때 흘린 감사의 눈물은 하나님이 친히 일하셨음을 고백하는 증거였다. 공장이 2배로 확장되었는데도 불구하고 꽉 채우고도 남을 만큼의 일들이 밀려왔다. 5년 전에 영업했던 일들도 공장 확장을 기다렸다는 듯이 쏟아져 들어왔다. 만약 이전 공장이었다면 다른 공장을 임시로 임대하여야 했을 정도로 많은 일들이었다.

2024년 6월 27일, 드디어 3년간의 치열했던 법정 다툼의 판결 선고 시간이 다가왔다. 나는 평상시처럼 숙면을 취했다. 이게 **맡긴 자**

의 여유로움이 아닐까? 하나님을 믿는 자의 특권 아닐까? 그런데 판결 두 시간 전 미국에 있는 사위로부터 다급한 영상전화가 걸려 왔다. 조금 전 자기 가족이 탄 승용차와 전철이 부딪칠 뻔한 사고로 내 딸이 쇼크로 쓰러져 응급실로 실려 갔다는 소식이었다. 온몸이 덜컥 내려앉았다. 그러나 잠시 뒤에 딸아이가 깨어나 안정을 취하고 있다는 문자가 왔다. 안도의 숨을 내쉴 때쯤 변호사로부터 전화가 왔다.

"축하합니다. 100퍼센트로 승소했습니다."

그 순간 눈물이 터졌다. 출장 중이던 아들에게 전화를 걸자 아들은 믿기지 않는 듯 펑펑 울며 말했다. "아빠, 이게 정말이에요?"

속으로 되뇌었다.

"끝없이 내려놓게 하시더니 결국 주님이 하셨습니다. 하나님 감사합니다."

하지만 이야기는 거기서 끝나지 않았다. 상대방이 항소를 제기했기 때문이다. 여전히 1년이 넘는 시간 동안 방어해야 하는 과정 속에 있다.

주님께서 아직도 내 안에 내려놓아야 할 것이 남아 있음을 점검하게 하시는구나. 광야의 길이 끝나지 않았음을 알게 하시는구나. 그러나 그 길 끝에서 반드시 주님의 얼굴을 뵙게 될 것임을 믿는다.

광야는 고난의 길이지만 동시에 하나님의 동행을 가장 깊이 경험하는 길이다. 그래서 오늘도 감사한 마음으로 그 길을 걷는다.

4부
내가 만든
나의 노래

변화하지 않는 교회

01.

체육선생님과 하모니카

'작은 오케스트라'라고 하는 하모니카를 정말 사랑한다. 작고 단순한 모양새지만 불기만 하면 자연스럽게 화음을 만들어내는 이 신비로운 악기는 어린 시절을 지탱해 준 가장 친한 친구였다. 처음 손에 쥐었던 순간부터 지금까지 하모니카는 내 인생에서 음악을 향한 문을 열어준 열쇠였다.

하루에 한 시간 이상 1년 365일을 꼬박 3년 동안 하모니카를 불었다. 그렇게 입술이 헐도록 하모니카를 불다 보니 어느 순간부터는 귀가 화음을 기억하고 손이 자연스럽게 반응하기 시작했다. 어떤 음악을 듣든 화음을 곁들일 수 있었고 합창곡을 들으면 소프라노와 알토, 테너, 베이스의 각 파트가 따로따로 들릴 정도였다. 이건 연습만으로 얻은 결과는 아니었을 것이다. 하모니카는 내 감각을 그리고 나의 세계를 변화시켜 주는 특별한 선물이었다.

그런 하모니카 사랑은 아이에게도 전해졌다. 딸이 태어나자마자 그녀의 이름을 '화음'이라 지었다. 사람들은 처음엔 고개를 갸웃했다. 생소하고 흔하지 않은 이름이라 어색하다는 이들도 있었지만 이보다 더 아름다운 이름이 없었다. 그 이름 안에는 음악처럼 조화롭게 세상과 사람들과 어울려 살아가길 바라는 아버지의 간절한 소망이 담겨 있었기 때문이다. 지금 서른이 넘은 딸은 그렇게 지어진 본인의 이름을 자랑스러워하며 살아간다. 이름을 통해 누군가의 꿈과 사랑이 함께 전해질 수 있다면 그것만으로도 참 감사한 일 아닐까.

하모니카를 떠올릴 때마다 마음을 크게 울리는 사람이 있다. 바로 중학교 시절의 체육선생님, 김돈배 선생님이다. 이름만 불러도 마음이 따뜻해지는 분. 그분은 인생의 전환점을 만들어준 어른이었다. 아마 선생님은 지금도 내가 누구인지 기억하지 못하실 것이다. 늘 조용히 뒷자리에 앉아 눈에 띄지 않던 작은 아이였으니까. 하지만 그분은 단 한 마디의 말로 내 인생을 송두리째 바꿔 놓으셨다. 나를 음악의 세계로 이끌어 주셨고 안에 있던 작은 가능성을 스스로 발견하게 해주셨다.

다녔던 중학교는 전라북도 진안군 백운면이라는 작은 시골 마을에 있었다. 백운중학교. 이 지역에 생긴 첫 번째 중학교였고 나는 그 학교의 1회 졸업생이었다. 그 시절에는 초등학교 졸업 후 바로 중학교에 진학하는 것이 일반적이지 않았다. 어린 나이에도 농사일을 돕던 형들이 한참 뒤에야 공부를 다시 시작하는 경우가 많았기 때문에 우리 반에는 두세 살 많은 형의 친구들이 섞여 있었다. 심지어 초등학교 2~3년 선배들도 함께 중학교 1학년으로 들어왔기 때문에 학생들의 나이 차이는 제법 컸다.

학교에는 교사 인력이 부족해 선생님 한 분이 여러 과목을 맡았다. 농구선수 출신으로 덩치가 우람했지만 매우 유쾌하고 유머가 넘쳤던 체육 담당 김돈배 선생님도 음악 수업까지 담당하셨다. 첫 수업 날, 선생님은 이렇게 말씀하셨다. "인생에서 악기 하나쯤은 다룰 줄 알아야 한다. 하모니카나 피리(리코더) 중에 하나를 준비해 와라." 당시 하모니카는 450원, 피리는 70원이었다. 그 시절 시골 가게에서 카스텔라 빵 하나가 5원이었으니 하모니카값은 꽤 큰 돈이었다. 어머니께 조심스럽게 말씀드렸다. 속으로는 '피리나 사주시겠지' 싶었는데 의외로 어머니는 "하모니카를 사려므나."라고 하셨다. 지금 생각해도 신기한 순간이다. 아마 그날 어머니 마음에 뭔가 좋은 일이 있었거나 내게 작은 기쁨을 주고 싶으셨던 것 같다.

실제로 그 하모니카가 손에 처음 쥐어졌을 때 얼마나 설레었는지 모른다. 작은 상자 안에 반짝이는 금속과 벌집 같은 구멍이 있는 나무 재질로 구성된 악기인데 그 중요함, 그 무게감은 마치 인생을 바꿔줄 열쇠 같았다.

다음 날 학교에 가보니 하모니카를 들고 온 학생은 몇 명 되지 않았다. 대부분은 피리를 가져왔고 아무것도 준비하지 못한 친구들도 많았다. 그런 상황을 보며 선생님은 준비 못 한 학생들을 단 한 번도 꾸짖지 않으셨다. 그 당시에 악기를 갖는 사치는 절대로 평범하지는 않았다. 선생님은 '형편이 안 돼서 못 가져왔겠지.' 그렇게 마음을 헤아리시며 수업을 이끄셨다.

그날부터 매일 방과 후 집으로 돌아와 논두렁이나 마당에서 하모니카를 불기 시작했다. "해는 져서 어두운데 찾아오는 사람 없어~" "검은 구름 하늘 가리고 이별의 날은 왔도다~" 지금 생각하면 다소 우울한 가사였지만 그 멜로디에 마음을 실어 연주할 수 있었던 시간은 참 소중했다. 악보는 필요 없었다. 손가락이 기억하고 입술이 반응하고 마음이 따라갔다. 3개월쯤 지났을 때 웬만한 노래는 전부 외워 연주할 수 있었고 음악이라는 것이 결국 몸으로 체득되는 것이라는 것을 느꼈다. 물론 어릴 적부터 노래를 즐겨 부르던 가족 분위기 또한 큰 영향을 주었겠지만 그 시작을 가능하게 해주신 건 단연코 김돈배 선생님이었다.

대학에 들어가서는 기타를 독학했다. 그 시절 쎄시봉의 가수들처럼 기타를 치며 하모니카를 목에 걸고 노래하는 모습은 오랜 로망이었다. 그 꿈은 오래 걸리지 않았다. 이미 하모니카는 내 몸에 익어 있었고 기타라는 악기가 더해지자 음악은 더욱 입체적으로 내 안에 자리 잡았다.

이따금 그런 생각을 해본다. '그 체육선생님은 왜, 음악도 전공하지 않으셨을 텐데 우리에게 그런 말을 해주셨을까?' 당시에는 단순히 수업을 위한 지침처럼 들렸지만 지금 생각해 보면 "인생에서 악기 하나쯤은 다룰 줄 알아야 한다."는 그 말에는 삶을 더 풍요롭게 살아가라는 진심이 담겨 있었던 것 같다.

덩치가 곰처럼 크고 배도 불룩하게 나왔으며 겉모습만 보면 '음악'과는 거리가 멀어 보였던 김돈배 선생님. 하지만 그분은 가장 아름다운 인생의 선물을 남겨주신 분이었다.

지금 여전히 그분이 그립다. 환갑을 훌쩍 넘긴 지금도 문득문득 그 때의 논두렁, 그 하모니카 소리, 그 따뜻한 말씀 한마디가 떠오른다. 그리고 자신에게 묻는다.

나는 누군가에게 그렇게 오래도록 그리운 사람이었을까? 누군가의 삶에 마음속에 음악처럼 스며든 사람이었을까?

02.
나의 음악 생활

> 하모니카에서 시작된 인생의 선율

우리 형제들은 어릴 때부터 노래를 참 좋아했다. 초등학교 시절 저녁을 먹고 나면 할머니와 할아버지께서 우리에게 노래를 시키곤 하셨다. 그때마다 2살 아래인 남동생은 고음으로 노래를 잘 불렀고 할머니께서는 '초성이 참 좋다'고 칭찬하셨다. 그 당시에는 '초성'이 무슨 뜻인지 몰랐지만 그 말이 이상하게도 기억에 남아 지금까지도 잊히지 않는다.

이러한 어린 시절의 경험은 음악에 대한 사랑을 키우는 데 큰 영향을 주었다. 특히 중학교 1학년 때부터 미친 듯이 3년간 불었던 하모니카는 음악적 감수성을 길러주는 데 큰 역할을 했다. 하모니카를 통해 자연스럽게 멜로디와 화성의 흐름을 익히게 되었고 이는 나중에 작곡을 시작하는 데 밑거름이 되었다.

대학교 2학년 봄에 신앙생활과 함께 성가대 활동을 시작했다. 그 이듬해인 1981년에 처음으로 노래를 만들었는데 그 밑천은 중학교 때 배운 음악 실력과 대학교 1학년 때부터 독학했던 기타 덕분이었다. 그러나 그 밑바탕은 어릴 때부터 노래와 함께 놀았던 소중한 체험과 하모니카 덕분이었다고 말할 수 있다.

화성학을 배우진 않았지만 동기(Motive)가 떠오를 때 그 동기로 인해 전개되는 노래의 선율이 자연스럽게 그려지는 것을 보며 '노래는 흘러가는 길이 있구나'라는 것을 처음부터 느낄 수 있었다. 중학교 때 학문으로만 배운 동기(Motive)는 노래의 가장 중요한 단초가 되는 것으로 일반적으로 노래의 처음 2마디 정도를 할애한다. 하지만 때로는 동기가 중간에 나오기도 한다. 시험문제에 많이 나온 내용이다. 이렇게 배운 동기의 의미를 처음 노래를 만들 때 비로소 영으로 체득하게 된 것이다.

또한 기타를 배우면서 어떤 노래만 들어도 단조인지 장조인지 들으면 알 수 있게 되었다. 중학교 때 배운 단 3도, 장 3도 등도 기타 코드를 바꿔가며 체득할 수 있었던 것이다. 그때마다 '아, 중학교 때 배운 이것이 이런 뜻이구나'라고 깨닫게 되며 내 뼛속으로 들어오는 것을 느낄 수 있었다.

1981년 6월쯤 포장마차를 시작했다. 친구들에게 15만 원을 빌려 포장마차 손수레를 사고 방산시장에서 중고 팥빙수 기계를 구입하여 명일동 500번 종점에서 팥빙수와 꽈배기 장사를 하였다. 믿음으로 시작했기 때문에 교회 장로님을 모셔 와 길거리에서 사업 예배를 드렸다. 매일 결산을 보고 주일이면 십일조와 감사헌금을 드렸다. 가난한 부모님에게 손을 내밀기에는 죄책감이 있었고 스스로 독립하려는 마음뿐이었다.

약 2개월을 하다가 임시 휴업하고 우리 교회 고등부 수련회를 따라

갔다. 강원도 문막 가까이에 있는 간현 유원지에서 청년부 형들과 기타 하나 동전 한 닢 가지고 열차를 타고 하모니카를 불며 재미있게 놀다가 서울로 돌아왔다. 돌아오자마자 청천벽력 같은 소식을 접하게 되었다. 어제까지 간현 유원지 계곡에서 함께 있었던 친구이자 롤모델이었던 임○○이라는 친구가 원주에서 트럭에 치여 사망했다는 것이었다.

말도 필요 없이 즉시 친구들과 원주로 달려갔고 원주 기독교병원 영안실에 차가운 몸으로 안치되어 있는 친구를 만나게 되었다. 친구들과 함께 사망한 지 4일 후 영안실에서 하룻밤을 보냈다. 영안실에서 함께 보낸 이유는 국화꽃으로 관을 장식하기 위해서였다. 그때만 해도 냉동시설이 없어 냄새가 코를 찔렀지만 그 냄새가 오히려 향기로 느껴졌을 만큼 그 친구와의 이별은 아름다운 추억으로 지금도 간직되어 있다.

친구가 천국에 간 후 심령이 매우 공허했다. 왜 하나님이 이렇게 훌륭한 아들을 데려가야 했는가에 대한 의문과 회의감도 있었지만 무엇보다 성우회라는 믿음의 조직을 만들어 캠핑도 가고 수련회도 갔던 아름다운 추억 때문에 친구가 떠난 후 1년간은 가슴에 구멍이 뚫린 듯 허전했으며 함께 열심을 다해 신앙생활을 나누었던 그 친구가 머리에서 맴돌고 떠나지 않았다. 그때 그 친구를 생각하며 지은 '오 사랑 내 친구'라는 자작시를 가슴에 품고 읊으며 다녔다.

1981년 12월, 고향에 내려와 하얀 눈을 볼 때도 그 친구 생각이 떠나지 않았다. 하얀 눈이 소복이 쌓여 있던 어느 주일 고향에 있던 교회를 다녀오는데 '오 사랑 내 친구 언제나 오려나'라는 한 구절에 딱 맞아떨어지는 멜로디가 불현듯 떠올랐다. 그 음절을 기억하려고 계속 반복적으로 읊으며 집에 돌아온 즉시 기타로 한 음씩 쳐가며 악보에 옮기기 시작했다. 그러자 이어 '이 겨울 지나면 꽃이 되어 오려나'라는 가사에도 멜로디가 떠오르는 게 아닌가. 순식간에 친구를 기억하며 만들었던 긴 서사시에 몇 페이지의 악보를 적게 되었고 너무 긴 나머지 거기에서 한 소절씩 줄이고 압축해 가며 클라이맥스를 살리며 불과 며칠 만에 곡을 완성했다. 깜짝 놀랐다. 중학교 때 음악 시간에 배웠던 동기 클라이맥스 장조 단조 등이 오버랩되며 이해가 되었다. 참으로 하나님이 주신 기회이자 천국에 먼저 간 임○○이라는 친구가 준 선물로 생각하지 않을 수 없었다.

그 뒤 얼마 안 되어 만든 '동행'이라는 노래는 불과 하루 만에 만들어진 두 번째 곡이었다. 이 노래는 가곡 풍이면서 동시에 학생운동권에서 불리던 노래와 비슷한 가사와 느낌으로 지어졌다. 만든 노래는 모두 나의 의도로 만들어진 것만은 아니었다. 순간적으로 하나님께 끌려다니며 만든 노래이기 때문에 깜짝 놀라기도 한다. 어떻게 이런 가사와 멜로디가 나왔는지 스스로 놀랄 때가 대부분이다. 이것이 하나님이 주신 노래라는 확신을 갖게 된 이유이기도 하다.

가끔은 "음악 전공도 안 했는데 어떻게 작곡을 하나요?"라고 묻는 사람들이 있다. 질문자가 음악을 전공했고 비꼬아 물어온다면 속으로 '음악 전공한 당신은 왜 노래를 못 만드시나요?'라고 되묻고 싶었다. 물론 속으로만 말하는 게 대부분이다.

학교에서 배웠던 음악의 구성 요소들은 그 당시엔 책 속의 이론일 뿐이었지만 직접 불던 하모니카와 연주하던 기타를 통해 손끝에서 실제 음악으로 탄생했다. 모든 음악의 기초가 되는 3화음, 장조와 단조 그리고 코드 진행의 규칙성도 어렴풋하지만 직접 몸으로 체득하게 되었다. 무엇보다도 감동을 주는 음악에는 반드시 클라이맥스가 존재한다는 것을 알게 되었고 그 클라이맥스를 위한 준비와 상승은 작곡자의 의도와 설계에 달려 있음을 경험했다.

그 시기 교회에서 주일학교 교사로 봉사하고 있었다. 여름성경학교 때는 항상 레크리에이션을 맡았고 찬양 시간에 기타를 들고 아이들 앞에 서야 했다. 악보 없이 즉흥으로 찬양을 이끌어야 하는 상황 속에서 나는 자연스럽게 조옮김의 원리를 터득했다. 볼펜에 고무줄을 묶어 만든 임시 카포를 기타 프렛 위에 올려놓고 높이고 낮추며 키를 맞췄다. 처음에는 어설펐지만 반복되는 실전 경험이 점점 음악적인으로 단련시켜 주었다.

노래를 들으면 단조인지 장조인지 코드 진행은 어떻게 흘러갈지 거의 즉각적으로 파악할 수 있는 능력도 이 시기에 얻게 되었다. 악보 없이 즉흥 연주를 해야 하는 환경이 오히려 귀를 열고 감각을 예민하게 만든 셈이다. 이것은 이론으로 배운 것이 아니라 삶 속에서 체득한 실전 감각이었다.

종종 이렇게 생각하곤 했다. 포도를 한 번도 먹어본 적 없는 '포도박사'와 비록 박사는 아니지만 '포도를 먹어본 사람' 중 누가 진짜일까? 성령 체험이 없는 목사와 성령을 체험한 평신도 중 누가 진짜 말씀을 잘 알고 있을까? 세상은 참 재미있는 역설들로 가득하다.

음악이란 내가 만든 것이라기보다 하나님이 허락하신 영감의 결과물이었다. 그래서 더욱 두렵고 겸손해질 수밖에 없었다.

내가 만든 노래를 내가 부르면서 감동하지 못하면 그 노래는 세상에 내놓아선 안 된다. 그런 노래는 살아있지 않다. 마치 영혼 없는 설교문처럼 감정 없는 가사는 청중의 마음을 울릴 수 없다.

설교자도 마찬가지다. 알고 있는 어떤 목사님은 설교문을 다 쓰고 난 후 읽어 보았을 때 그 자리에서 혼자 눈물을 흘릴 정도로 감동이 오지 않으면 반드시 설교문을 고쳐 쓴다고 했다. 노래도 마찬가지다. '와, 이런 멜로디가 어떻게 나왔을까?' '이런 가사를 내가 어떻게 썼을까?' 그런 놀라움이 담긴 노래만이 누군가의 마음도 움직일 수 있다.

동기(Motive)는 언제나 불쑥 찾아온다. 아주 짧은 찰나에 그저 스쳐 지나가는 바람처럼 온다. 그 순간 그것을 잡지 못하면 영원히 잃는다. 아무리 애써도 다시 떠올릴 수 없다. 그래서 늘 주변에 작은 녹음기를 두거나 휴대전화에 메모장과 음성녹음을 활성화해 둔다. 단 한 순간의 음률이라도 놓치지 않기 위함이다.

그렇기 때문에 만든 노래들은 노력의 산물이 아니다. 하나님이 허락하신 것이다. 그래서 그 모든 노래는 하나님의 선물이며 나는 그분의 통로였을 뿐임을 고백한다. 이런 깨달음이 더 겸손하게 만들었고 더욱 하나님을 의지하게 만들었다. 하나님의 능력을 의지할 때 비로소 사람의 마음을 움직이는 감동이 흘러나올 수 있다는 것을 믿는다.

7, 80년대 대학가요제는 젊은이들의 로망이었다. 역시 그 무대를 꿈꾸었지만 조직을 만들 용기도 사람을 모으는 사교성도 없었다. 결국 혼자서 '짱아는 항상 슬퍼'라는 자작곡을 들고 교내 예선에 나갔고 결과는 예상대로 탈락이었다. 하지만 그 경험은 한 가지를 알려주었다. 혼자는 할 수 없다는 것. 음악도 인생도 사람과 함께할 때 비로소 완성

된다는 진리였다.

믿음의 공동체 안에서는 다른 길이 열렸다. 극동방송에서 주최하는 복음성가 창작대회. 그 무대는 복음성가 가수를 지망하는 자에게 최고의 등용문이었다. 그 대회를 위해 '그날'이라는 곡을 만들었다. 복음성가 가수가 되고 싶은 열망은 컸지만 나는 무대에 서는 것보다 뒤에서 만드는 것을 더 편안해했다. 그렇게 만들어진 4인 보컬 팀 '믿소랑'은 교회 청년들과 함께한 소중한 추억이 되었다.

'믿소랑'은 복음성가대회 본선에는 진출하지 못했지만 국가 주최 직장인 문화제에서는 경상북도 대표로 선발되어 KBS 대구방송국에 출연하는 기회를 얻었다. 자작곡 '사랑 만들기'가 심사위원들의 주목을 받았고 창작곡이라는 점에서 좋은 평가를 받았다. 그 시절 나는 노래를 잘한다고 착각했다. 지금 돌아보면 너무 부족하지만 그때의 열정은 진짜였다.

1988년 S그룹에 입사하면서 용인의 종합연수원으로 향했다. 연수 기간 중 기타를 메고 만든 '동기가'는 모두의 사랑을 받았다. '역사상 최고의 동기'라는 조교의 칭찬은 지금도 잊지 못한다. 노래로 사람들을 하나로 모을 수 있다는 걸 처음 실감했다. 그것은 인생에서 가장 순수하고 뜨거웠던 시절이었다.

다시 한번 도전, 그러나 깨달음은 더 컸다

1999년, 후배 청년들에게 기회를 주고 싶었다. 안산빛나교회 청년들로 '믿소랑 2기'를 결성하고 '서로 사랑해'라는 곡으로 극동방송대회에 도전했다. 3차까지 통과했지만 최종 예선을 앞두고 한 멤버가 이탈했다. 연습 중 "너는 좀 음치인 것 같아."라고 말했던 것이 상처가 되었던 것 같다. 그 일은 깊은 교훈을 주었다.

    사람과 함께하는 일은 정말 어렵다. 시기, 질투, 자존심, 개인주의가 뭉쳐진 현실 속에서 하나됨이란 말처럼 쉽지 않았다. 그래서 프로 그룹들이 돈이라는 끈으로 동기부여가 되어 겨우 유지된다는 사실에 씁쓸한 현실도 깨닫게 되었다.

    이 모든 여정 속에서 알게 되었다. 하나님이 주신 음악은 자랑이 아닌 고백이어야 한다는 것을. 그분이 주신 노래는 언제나 내 마음을 먼저 울려야 한다는 것. 이것이 나의 음악 인생이다.

03.

가족을 위한 나의 노래

나는 기본(Basic)을 좋아한다. 아니, 더 정확히 말하면 기본을 중시하는 삶의 태도를 아주 오래전부터 삶의 기준점으로 삼아왔다. 많은 사람들이 너무나도 쉽게 기본을 잊고 더 멋져 보이고 더 눈에 띄는 일을 먼저 하려고 한다. 예를 들어 가정을 돌보지 않은 채 돈벌이에만 매달린다든지 자기 가족을 돌보지 않으면서 구제 사업에 몰두한다거나 정작 자신이 속한 교회엔 소홀하면서 외부 단체 활동에는 열심을 내는 모습들을 자주 본다. 물론 그 자체가 나쁘다고는 할 수 없겠지만 항상 순간순간 스스로에게 질문하곤 했다. '기본을 먼저 하고 있는가? 우선순위를 지키고 있는가?'

그 물음은 삶의 방향을 조율하는 내비게이션과도 같았다. 나에게는 '기본'이란 단어가 단지 의무의 차원이 아닌 가장 소중한 것을 먼저 돌보는 삶의 자세였다. 그것은 바로 가정, 그리고 가족이었다.

청년 시절부터 취미로 작곡을 하며 마음속에 품었던 작은 꿈이 있었다. 언젠가 자녀가 태어나면 직접 노래를 만들어 그 탄생을 축복하고 싶다는 마음이었다. 그 무렵 '가람과 뫼'라는 남성 듀엣이 불렀던

「생일」이라는 노래가 큰 인기를 끌었는데, '온 동네 떠나갈 듯 울어 젖히는 소리~'라는 가사가 인상 깊었다. 언젠가 자녀에게 그런 사랑스러운 노래를 만들어주고 싶었다.

그러나 현실은 녹록지 않았다. 첫 아이가 임신되었을 때는 직장에서 가장 바쁜 시기였고 노래를 만들겠다는 다짐은 어느새 지나버린 시간 속에 파묻혀 있었다. 인형처럼 예뻤던 둘째 딸이 태어났을 때도 마찬가지였다. 여전히 분주했고 삶은 일과 책임 속에서 숨 가쁘게 흘러갔다. '이렇게 또 기회를 놓쳤구나' 하는 아쉬움이 밀려들었지만 마음 한 구석에는 '지금은 아니더라도 언젠가 자녀들의 결혼식에서 꼭 축가로 만들어주겠다'라는 다짐을 스스로에게 약속으로 새겼다.

그러던 중 2017년 미국 유학 중이던 26살 딸에게서 결혼하고 싶은 남자가 있다는 소식이 들려왔다. 미국에 사는 신앙 좋은 청년인데 우리 부부는 믿음직하고 착한 사위를 맞이하게 된 것이다. 마침내 오래된 약속을 실현할 기회가 왔다. 나는 주저하지 않고 가사를 쓰기 시작했다.

"내 눈에 넣어도 아프지 않았던 우리 딸 화음(딸 이름)아!
어느 날 찾아온 또 다른 사랑에 너를 기쁘게 보낸다.
화음아 잘 살아라, 하모니(딸의 미국 이름) 행복해야 해
하나님의 귀한 선물 인용(사위의 한국 이름)에게 너를 보내며
축복하노라."

이어서 사위에게 보내는 마음도 담았다.

> "어느 날 찾아온 커다란 미소가 예뻤던 인용아
> 주님이 함께한, 주님을 사랑한 네 삶을 축복하노라.
> 인용아 잘 살아라, 커티스(사위의 미국 이름) 행복해야 해
> 하나님의 귀한 가정 사랑한다.
> 항상 기쁘고 감사하여라."

마음 깊은 곳에서부터 올라온 사랑과 기도의 언어였다.
그리고 2022년 여름, 아들에게도 결혼이라는 인생의 전환점이 찾아왔다. 참으로 예쁜 며느리가 들어 온 것이다. 이번에도 즉시 노래를 준비했다. 아들이 중학생 시절에 했던 한마디가 생각났다.
"공부하면 뭐 해? 어차피 어른 되면 잊어버릴걸. 도덕 시험 왜 이래? 왜 비비 꽈? 어차피 착하게 살면 되지."
그 말이 재미있고 인상 깊어서 랩처럼 앞부분에 넣었고 이어서 따뜻한 축복의 노래를 완성했다.

> "어느 날 꿈 같이, 나비처럼 날아온 지혜(며느리 이름)
> 잠자던 지명(아들 이름)이 깨워 같이 가는 그 길 아름답구나.
> 어디서 왔을까? 하늘에서 내려왔니?
> 커다란 눈망울, 사슴 닮은 지혜야.
> 하나님 계획은 너무 신실해, 너무 완벽해.
> 둘이 하나 되어 가는 길, 축복한다.

둘이 둘이 하나 되는 길, 사랑한다.
행복해라. 잘 살아라."

과연 자녀의 결혼식에서 아버지가 만든 축가를 직접 부르는 일이 있을까? 괜한 자랑처럼 비춰지지 않을지 망설임도 있었지만 자녀들이 오히려 적극적으로 원했고 결국 기쁜 마음으로 무대에 섰다. 예식장에 모인 모두가 감동했다. 특히 상대 집안인 사돈 가족이 더 좋아했다. 결혼식은 단순한 행사가 아니라 가족 간의 문화와 사랑이 교류되는 하나의 축제였다. 나의 작은 노래가 그 순간을 더욱 빛나게 한 것이다.

그 순간 스스로와 했던 오래된 약속을 지켰다는 뿌듯함과 감격으로 가슴이 벅차올랐다. 약속은 나에게 생명과도 같기에 더욱 그러했다.

같은 해 여름, 아내는 늘 그랬듯 연례행사처럼 미국에 있는 딸네 집에 두 달간 머물렀다. 혼자 지내는 동안 마음에 작은 허전함이 남았다. 물론 자유로움도 있었지만 무엇보다 아내의 소중함을 더 깊이 절감하는 시간이었다. 특히 친하게 지내던 장로님의 아내가 대장암 4기로 투병 중이라는 사실은 더욱 아내를 소중히 여기게 했다.

그때 마음속에서 떠오른 생각이 하나 있었다. '이제 아내를 위한 노래를 만들어야겠다.' 그런데 이상하게도 자녀들 축가처럼 술술 써지지 않았다. 가사는 물론 멜로디마저 생각처럼 떠오르지 않았다. 왜일까? 아마도 아내라는 존재가 그만큼 더 깊고 무거운 사랑의 대상이었기 때문일 것이다.

시간을 들여 고심 끝에 마침내 「그대」라는 헌정곡을 완성하였다.

"나 노래하리 저 높은 곳을 향하여

그대와 노래하리 영원히 함께 할 그 나라

그대 사랑하오, 그냥 내 곁에 있어 줘서

내가 아플 때 울어주고

주님만 바라보게 했던 그대

이 세상 끝 날까지 주님 나라에 같이 갈

오직 그 한 사람 그대

사랑해요. 감사해요,

우리 함께 노래해요. 저 높은 곳을 향하여.

나 기도하리 저 높은 곳을 향하여

그대와 기도하리 영원히 함께 할 그 나라

그대 고맙소. 그냥 내 곁에 있어 줘서

내가 지칠 때 손잡아 주고

주님만 의지하게 했던 그대

이 세상 끝 날까지 주님 나라에 같이 갈

오직 그 한 사람 그대

고마워요. 그대 감사해요.

우리 함께 걸어가요. 저 높은 곳을 향하여"

이 노래를 암 투병 중인 권사님과 장로 부부들과 함께 교회에서 특송으로 불렀고 많은 이들이 눈시울을 붉혔다. 단지 아내에게만 바치는 노래가 아닌, 서로를 위해 기도하며 살아온 모든 부부의 이야기가 되었던 것이다.

　이 책이 인쇄될 즈음 어머니 구순 축하예배를 온 가족 잔치로 진행될 계획이다. 형으로부터 예배인도와 축가 부탁을 받았다. 축가를 갑자기 만들려다 기존 '아버지' 곡조에 가사를 붙였다. 이 또한 하나님의 은혜다.

"어머니 이손 놓지 마세요 어머니 이손 꼬옥 잡아요.
어머니 은혜 아니었다면 우리가 어찌 있겠소.
세월은 흘러가고 사람들 모두 떠나고 어머니 홀로 있어도 이제는 우리가 함께 할께요.
어머니 이손 놓지 마세요 어머니 제발 놓지마세요.
어머니 우리 어머니 어머니 함께 가요.
어머니 이손 놓지마세요. 어머니 이손 꼬옥 잡아요
어머니 사랑 아니었다면 우리가 어찌 있겠소"

　내가 누구를 위해 살고 있는가? 나에게 가장 소중한 사람은 누구인가? 그리고 나는 오늘도 기본에 충실하고 있는가?
　나는 여전히 이 질문을 품고 산다. 결국 나의 기본은 가정이다. 가정은 내 사역의 시작이자 끝이며 나의 정체성이다. 교회에서의 충성과 헌신도 중요하지만 가정 안에서의 신앙, 삶 속에서의 신앙이 더욱 근본적인 신앙생활이라 믿고 있다.
　내 인생의 노래는 결국 가족을 위한 노래다. 그리고 나는 그 노래를 앞으로도 조용히 부르며 살 것이다.

04.
나의 노래들

1. 오 사랑 내 친구
2. 동행
3. 그날
4. 타오르는
5. 짱아는 항상 슬퍼
6. 서로 사랑해
7. 하나 되어요
8. 왜
9. 꿈을 꾼 후에
10. 그날이 오면
11. 이대로가 좋아요
12. 주님을 봅니다.
13. 친구에게
14. 울지 말아요
15. 십자가
16. 그대(부부송)
17. 바벨론 강가에서
18. 개운찬가
19. 여수룬이여
20. 새가족환영송
21. 지성소
22. 주사랑 감사해
23. 여호와 나의 목자
24. 아셀의 축복
25. 수많은 사람들
26. 성만찬의 사랑
27. 정복의 영성으로
28. 안산지역 조찬기도회
29. 아무것도 잡지 못했소
30. 어느 젊은 여선교사의 편지
31. 화음아(결혼축가)
32. 주님 사랑할수록
33. 후회 없는 길
34. 아버지
35. 어머니
36. 어느 날 꿈같이(지명 결혼축가)
37. 내가 네게(그 사랑)

오사랑 내친구

이강옥

Copyright 1981.12 by 이강옥
All Rights Reserved

동행

이강옥

1깜 깜 하 고 외 로 운 　 진 　 리 의 이 　 길
2험 　 하 고 높 은 산 　 주 　 님 가 신 　 길
3주 와 함 께 가 는 길 　 어찌 그 리 아 름 다 운 지요

피 로 찌 든 　 주 님 　 의 　 　 길 이 련 　 가
골 고 다 의 언 덕 길 　 피 로 물 든 　 길
두 렴 없 네 슬 픔 없 네 　 괴 로 움 없 　 네

가 　 도 　 가 　 도 끝 이 없 고 　 동 행 　 하 나 없 는 　 데
지 금 은 희 미 하 게 보 이 나 　 뚜렷 이 보 　 이 　 리
늘 푸 른 풀 밭 누 　 이 시 며 　 맑 은 물 로 인 도 해

내 　 주 님 옆 에 계 셔 　 동 행 　 해 주 　 네
주 와 함 께 동 행 하 면 　 뚜렷 이 보 　 이 　 리
넘 　 치 는 생 명 양 식 　 부 족 함 없 　 네

Copyright1982.1 이강옥
이강옥

그날

이강옥

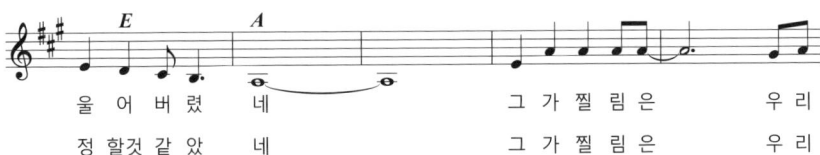

Copyright 1986 이강옥
All Rights Reserved

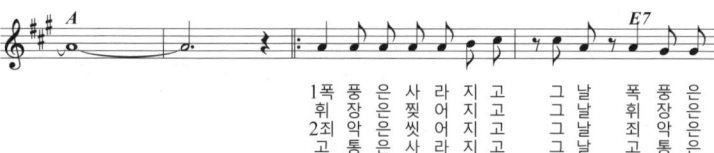

4부 / 내가 만든 나의 노래

타오르는(군가)

이강옥

Copyright 1983 이강옥
All Rights Reserved

짱아는 항상 슬퍼

이강욱

Copyright 1986 이강욱
All Rights Reserved

서로 사랑해

<이강옥>

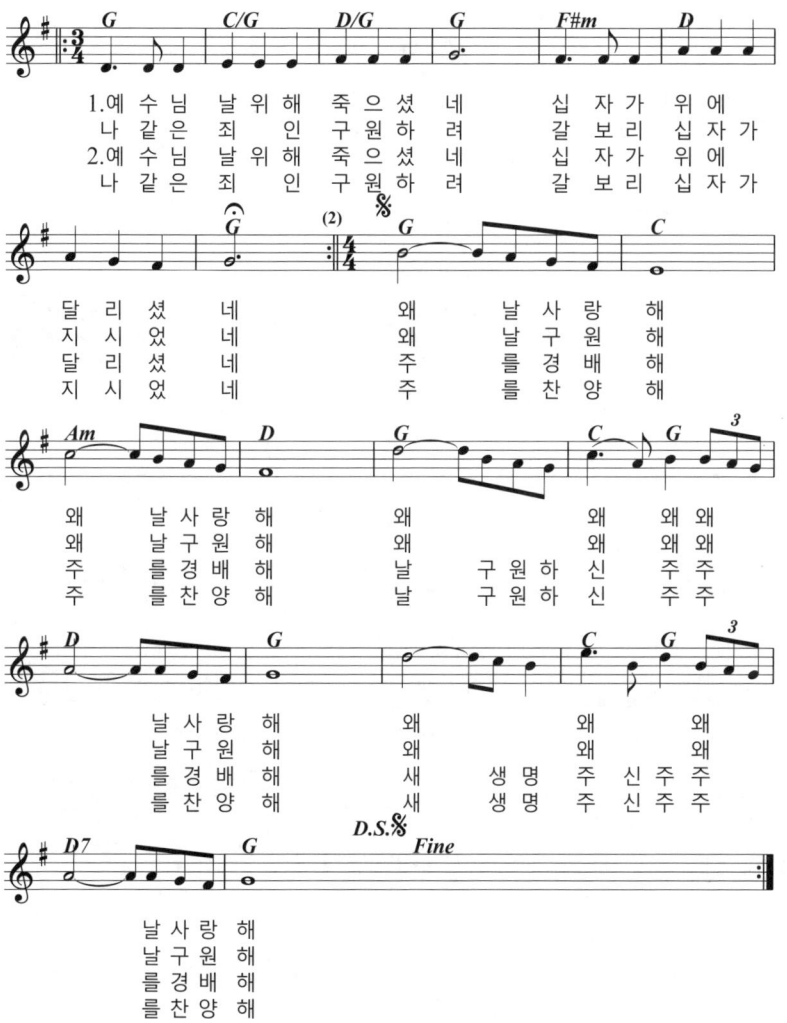

꿈을 꾼 후에

이강옥
Arranged YIROMI

그날이 오면

이강옥

Copyright 2001.1.2 이강옥
All Rights Reserved

주님을 봅니다

이강옥

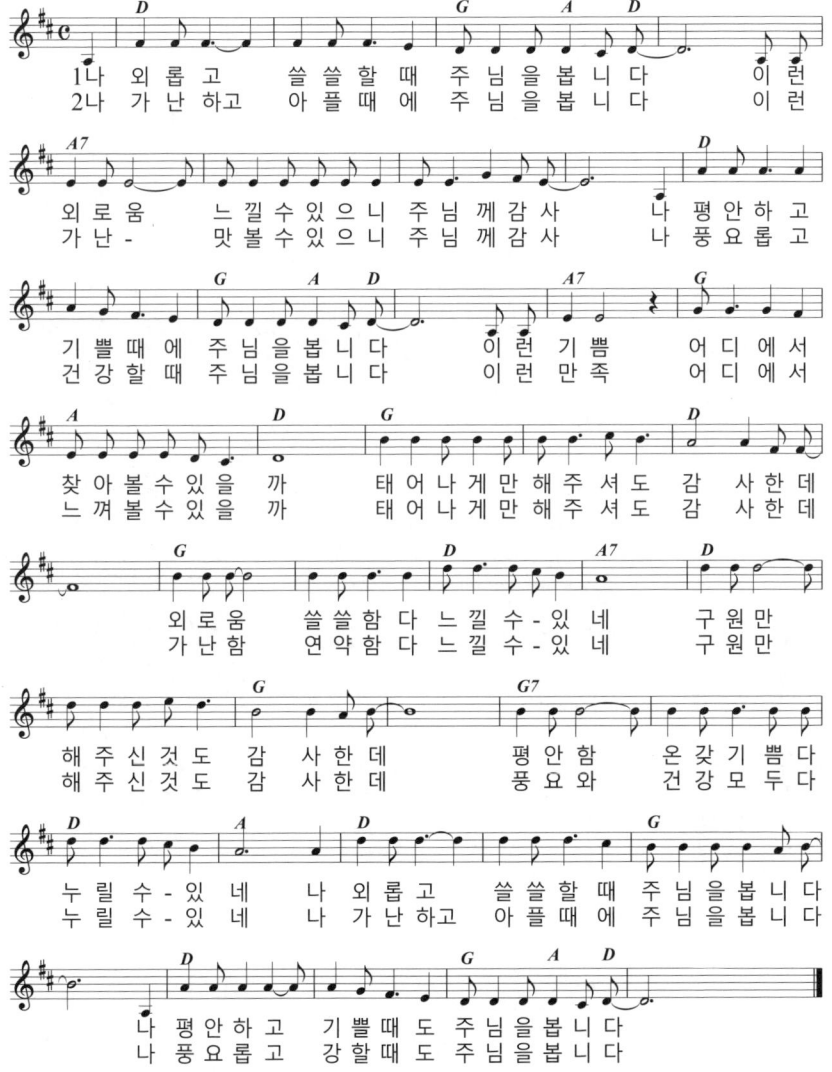

십자가

<이강옥>

그 대

<이강옥>

Copyright © 2020.8.15 <이강옥>
All Rights Reserved

새가족환영송

이강옥

Copyright 2011.1.15 이강옥
All Rights Reserved 이강옥

지성소

<이강옥>

주사랑 감사해

<이강옥>

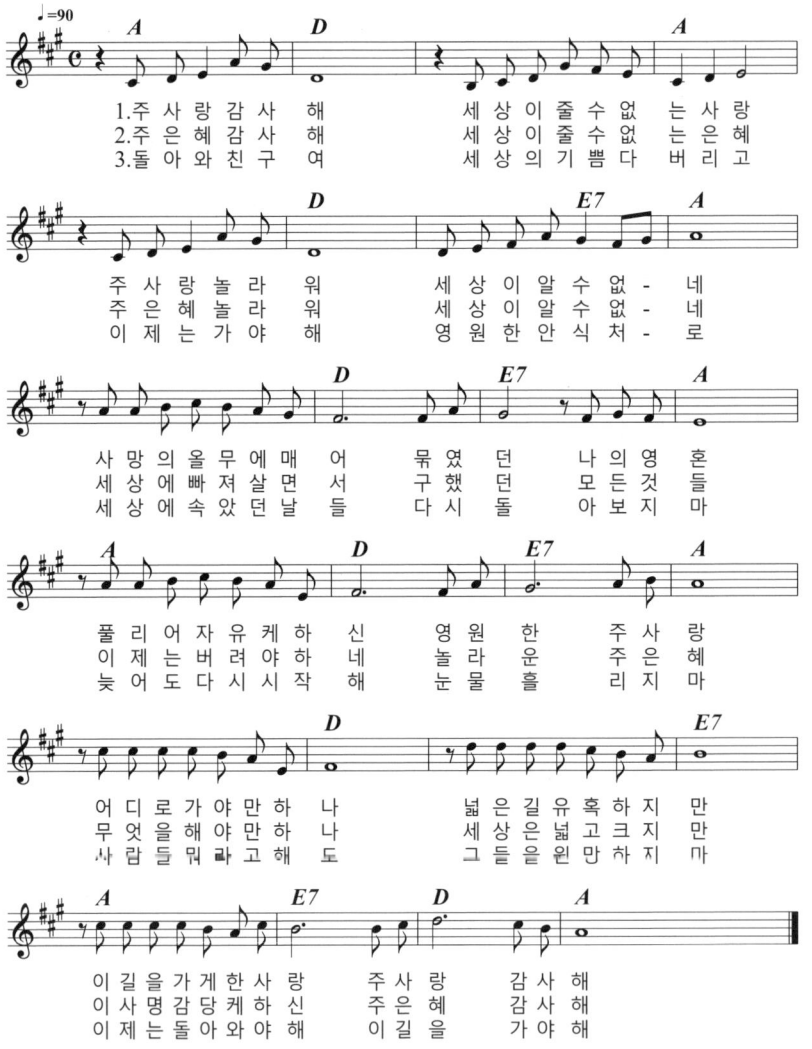

수많은 사람들

<이 강옥>

정복의 영성으로

<이강옥>

* 내죄, 미움, 성품, 환경

아무것도 잡지 못했소

<이강옥>

어느 젊은 여선교사의 편지

<이강옥>

1.지 금 쯤 앞 뜰 에 는 내 가 - 심 었 던 꽃 들 이 피 고 있 겠 죠
2.오 늘 밤 유 난 히 도 보 고 - 싶 어 요 고 향 에 가 고 싶 어 요

오 늘 은 하 루 종 일 고 향 생 각 에 마 음 이 헤 맨 답 니 다
끝 까 지 말 리 셨 던 엄 마 의 얼 굴 눈 물 에 아 른 거 려 요

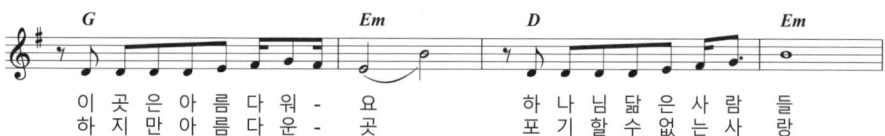

이 곳 은 아 름 다 워 - 요 하 나 님 닮 은 사 람 들
하 지 만 아 름 다 운 - 곳 포 기 할 수 없 는 사 랑

도 처 에 들 려 오 는 순 교 의 소 식 나 는 두 렵 지 않 아 요 내 게
이 곳 에 작 은 씨 앗 되 려 합 니 다 이 땅 에 묻 히 렵 니 다 한 알

만 약 천 개 의 목 숨 이 있 다 면 이 - 땅 에 모 두 드 리 리 이
의 씨 앗 되 어 이 땅 에 심 길 때 이 - 땅 에 많 은 꽃 피 리 이

땅 에 내 심 장 을 - 묻 겠 소 온 세 상 꽃 만 발 하 도 록
꽃 들 열 매 맺 어 - 흘 으 리 온 세 상 꽃 만 발 하 도 록

Copyright © 2018.11.15 <이강옥>
All Rights Reserved

화음아!!

<이강옥>

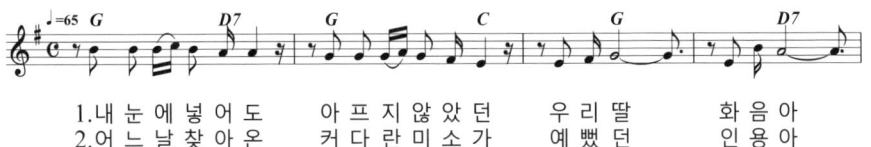
1.내 눈에 넣어도 아프지 않았던 우리 딸 화음아
2.어느 날 찾아온 커다란 미소가 예뻤던 인용아

어느 날 찾아온 또 다른 사랑에 너를 기쁘게 보낸다
주님이 함께한 주님을 사랑한 네 삶을 축복하노라

화음아 잘 살아라 하모니 행복해야 해
인용아 잘 살아라 컬티스 행복해야 해

하나님의 귀한 선물 인용에게 너를 보내며 축복하노라
하나님의 귀한 가정 사랑한다 항상 기쁘고 감사하여라

Copyright ⓒ 2017.12.9 <이강옥>
All Rights Reserved

후회없는 길

어머니

<이강옥>

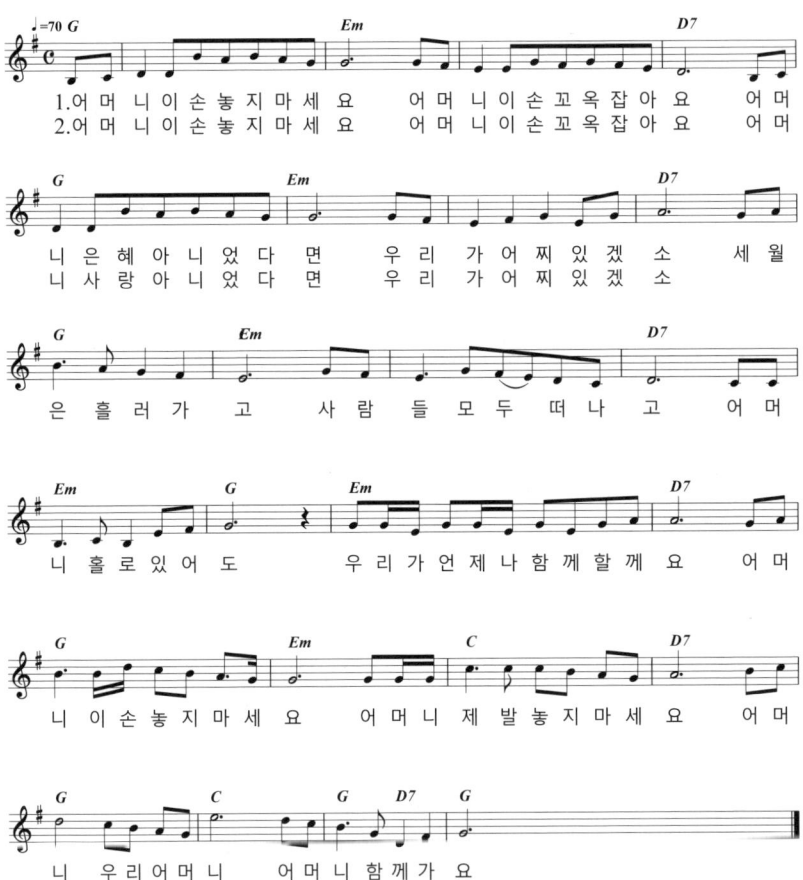

Copyright © 2018.919 <이강옥>
All Rights Reserved

어느날 꿈같이(지명결혼축가)

<이강옥>

내가 네게(그 사랑)

사: 엄지우 곡: 이화음

Copyright 2008.7.30 <이화음>
All Rights Reserved 이화음

부록 (주제별 리더십 교재 워크시트)

책에 싣지 못한 워크시트는 이메일(vinna6292@gmail.com)
요청시 언제든지 송부예정

1. 교회여, 왜 늦는가? - 변화와 변질 사이, 본질로의 회복을 위하여 (본문 28p)
2. 정체성 - 변화를 이끄는 동력 (본문 34p)
3. 도시를 변화시키는 선한 영향력 (본문 38p)
4. 교회와 선교의 미래 - 다음 세대를 위한 교회, 시대를 읽는 선교 (본문 41p)
5. 목회자와 장로의 정체성 혼란 - 교회의 성장과 안정을 가로막는 요인 (본문 46p)
6. 성소수자와 애완동물 - 크리스천의 태도 (본문 58p)
7. 고정관념을 깨면 일이 보인다 - 교회의 성장과 안정을 가로막는 요인 (본문 83p)
8. 십자가는 부적이 아니다 (본문 100p)
9. 흔들리는 세상 속에서 중심을 붙잡는 리더십 (본문 112p)
10. 무질서 속의 질서(교회사회의 성향) (본문 119p)
11. 창조적 기업경영정신과 리더 (본문 123p)
12. 서번트 리더십 - 빛과 소금으로 다시 세우다 (본문 127p)
13. 직책과 직급(직분) (본문 134p)
14. 교회에서의 고객 (본문 138p)
15. 교회와 직장에서의 토론문화 (본문 143p)
16. 달란트와 은사 (본문 148p)
17. 고유기술과 관리기술 (본문 151p)
18. 하늘의 시간표를 앞서 읽는 사람 (본문 155p)
19. 크리스천 기업인의 시대 해석법 (본문 172p)
20. FBI 리더십 - 하나님의 뜻을 이루는 진짜 리더가 되는 3가지 태도 (본문 177p)
21. 지혜(Wisdom)와 지식(Knowledge) (본문 183p)
22. 시대적 고난 속 하나님의 선물과 리더의 태도 (본문 187p)
23. 6C - 크리스천 리더십 (본문 192p)
24. 일터에서 하나님의 나라를 이루는 크리스천 리더 (본문 200p)
25. 고정관념을 타파하는 생활 습관 (본문 228p)
26. 참 자유 안에서 누리는 창조 (본문 236p)

주 제: 교회여, 왜 늦는가? — 변화와 변질 사이, 본질로의 회복을 위하여

● 시대를 분별하라 — 성경과 신문 사이

본문 말씀	"행함이 없는 믿음은 그 자체가 죽은 것이라." (야고보서 2:17)
핵심 요약	칼 바르트는 "한 손엔 성경을, 한 손엔 신문을 들라"라고 말했다. 신앙은 현실과 소통해야 하며, 시대를 분별하지 못하는 교회는 고립될 수밖에 없다.
질문하기	나는 지금, 이 시대를 어떻게 이해하고 있는가? 내가 속한 교회는 시대와 어떤 방식으로 소통하고 있는가?
실천 과제	주간 뉴스 중 교회와 사회에 연관된 이슈를 찾아, 말씀과 연결 지어 보기 다음 주 예배 전, 시대적 주제에 대한 기도 제목 1개 준비해 오기

● 교회여, 본질로 돌아가라 — 형식과 내용의 분리

본문 말씀	"너희는 이 세대를 본받지 말고 오직 마음을 새롭게 함으로 변화를 받아…" (로마서 12:2)
핵심 요약	형식이 본질을 가릴 때, 교회는 생명력을 잃는다. 복음은 형식이 아닌 삶으로 살아져야 한다.
질문하기	우리 공동체 안에 '형식에 고착된 모습'은 무엇인가? 복음을 '살아내는 예배'란 무엇이라고 생각하는가?
실천 과제	예배나 모임에서 한 가지 형식을 바꾸거나 새롭게 제안해 보기 '복음의 본질'을 나의 삶에 적용할 수 있는 행동 1가지 실천하기

● 개혁은 가능하다 — 그러나 인내가 필요하다

본문 말씀	"사랑은 오래 참고…" (고린도전서 13:4)
핵심 요약	교회 안의 변화는 선언으로 이루어지지 않는다. 인내와 사랑, 공동체적 신뢰가 필요하다.
질문하기	변화에 대한 두려움이 내 안에 있는가? 내가 속한 공동체 안에서 '1cm씩의 변화'는 어떤 모습일까?
실천 과제	변화에 대한 건설적 제안을 익명으로 받아 보는 시간 마련하기 '작지만 의미 있는 변화', 한 가지를 팀과 함께 실천해 보기

🟢 교회여, 시대를 품어라 — 복음을 위한 언어의 확장

본문 말씀	"사람아 주께서 선한 것이 무엇임을 네게 보이셨나니…" (미가서 6:8)
핵심 요약	이제 교회는 세상을 가르치는 입장에서 벗어나, 세상과 대화하고 공감해야 한다. 열린 마음, 귀, 손이 필요하다.
질문하기	우리 교회는 이웃의 언어로 복음을 전하고 있는가? 내 주변 사람들의 '아픔의 언어'를 들은 적 있는가?
실천 과제	비신앙인 친구와 신앙 이야기를 할 때 사용하는 '용어' 점검해 보기 'Open Mind, Open Ear, Open Hand' 세 단어를 삶에 어떻게 적용할지 써보기

🟢 나의 작은 실험들 — 평신도의 자리에서

본문 말씀	"작은 일에 충성된 자에게 큰 것을 맡기리니…" (마태복음 25:21 참조)
핵심 요약	목회자가 아니어도 평신도는 교회를 위한 실험과 개혁의 주체가 될 수 있다. 작은 변화는 누적되어 큰 힘이 된다.
질문하기	내가 할 수 있는 작은 변화의 실험은 무엇이 있을까? 지금까지 시도한 변화 중 기억에 남는 것이 있는가?
실천 과제	목장이나 셀모임에서 새로운 소통 방식 한 가지 제안하기 예배, 찬양, 기도 중 개선할 부분을 간단히 메모하고 나누기

🟢 교회여, 다시 시작하라 — 잠자는 영혼을 깨우는 복음

본문 말씀	"잠자는 자여 깨어서 죽은 자들 가운데서 일어나라…" (에베소서 5:14)
핵심 요약	익숙함에 안주한 교회는 점점 생명력을 잃는다. 지금은 회복과 부흥의 시작점이다. 하나님은 여전히 새 일을 행하신다.
질문하기	나는 지금 영적으로 깨어 있는가? 교회 안에 '잠든 영역'은 무엇이라고 느끼는가?
실천 과제	나의 신앙 여정에서 '잠들었던 시기'에 대한 회고록 써보기 '새롭게 깨어날 기도 제목' 3가지를 작성하여 함께 기도하기

◈ 변화와 변질 — 성경 속 인물들의 경고

본문 말씀	"사람은 중심을 보느니라." (사무엘상 16:7)
핵심 요약	진정한 변화는 성령 안에서 일어난다. 겉모습이 아닌 중심의 변화가 필요하다. 반면, 중심을 잃은 변질은 위선을 낳는다.
질문하기	나의 변화는 성령에서 비롯되었는가, 아니면 외적인 영향 때문인가? 바울처럼 변화한 경험이 있는가? 그 변화는 어떻게 유지되고 있는가?
실천 과제	나에게 도전이 되었던 성경 인물의 변화 이야기를 찾아보기 '나의 변화 이야기'를 5문장으로 정리해 공동체에서 나누기

◈ 결론 — 복음으로 돌아가라

본문 말씀	"시험에 들지 않게 깨어 기도하라." (마태복음 26:41)
핵심 요약	교회여, 변화는 본질을 위한 통로다. 지금이야말로 복음의 중심으로 돌아가야 할 때이다.
질문하기	지금 우리 교회에 필요한 '가장 시급한 복음적 변화'는 무엇인가? 나는 복음을 어떻게 '살아내고' 있는가?
실천 과제	교회 공동체 내에서 '복음의 본질을 회복하기 위한 소그룹 토의' 진행 한 주간 '복음을 삶으로 실천하는 행동' 1가지 선정하여 실천
마무리 다짐	오늘, 이 워크시트를 통해 느낀 점, 적용하고 싶은 변화, 기도 제목을 자유롭게 기록하세요.

변화하지
않는 교회

"본질을 회복하지
않는 교회, 변화하지 않는 사람들과
공동체에 대한 직언"

변화하지 않는 교회

본질을 회복하지 않는 교회,
변화하지 않는 사람들과 공동체에 대한 직언

초판 1쇄 인쇄 2025년 12월 10일
초판 1쇄 발행 2025년 12월 20일

지은이 이강옥
펴낸이 김춘자
펴낸곳 목양북

등록 2024년 3월 22일 제2024-047호
주소 경기도 용인시 처인구 양지면 학촌로53번길 19
전화 070-7561-5247 **팩스** 0505-009-9585
이메일 mokyang-book@hanmail.net

Copyright ⓒ 킹덤처치연구소 2025

ISBN 979-11-995524-0-1 (03230)

* 본 저작물은 신저작권법에 의하여 한국 내에서 보호받는 저작물이므로
  무단전재와 복제를 엄격히 금합니다.
* 책 값은 뒤표지에 있습니다.
* 잘못된 책은 교환하여 드립니다.